SHIRLEY FENTON HUIE

VERGETEN

MINGUS
UITGEVERIJ MINGUS
BAARN

Opgedragen aan vrouwen en kinderen overal ter wereld, die lijden onder mannenoorlogen.

Omslagontwerp: Chaim Mesika BNO
Omslagfoto (voorzijde): Angus & Robertson / Riet Dekker-de Roder

Verspreiding voor België: Standaard Uitgeverij, Antwerpen

CIP-GEGEVENS KONINKLIJKE BIBLIOTHEEK, DEN HAAG

Huie, Shirley Fenton

Vergeten / Shirley Fenton Huie ; [vert. uit het Engels
door C. Mouwen]. - Baarn : Mingus. - Ill.
Vert. van: The forgotten ones : women and children under
Nippon. - Pymble, NSW : Angus & Robertson, 1992.
ISBN 90-6564-238-2
NUGI 646
Trefw.: vrouwen ; Nederlands Oost-Indië : geschiedenis ;
Wereldoorlog II / kinderen ; Nederlands Oost-Indië ;
geschiedenis ; Wereldoorlog II / interneringskampen ;
Nederlands Oost-Indië.

Inhoud

Dankbetuigingen

Mijn dank gaat allereerst uit naar mijn informanten, de opmerkelijke Hollands/Australische vrouwen die me aan tafel, telefonisch en over grote afstanden per brief hun verhaal vertelden, en die verhalen kracht bijzetten door me hun minuscule dagboekjes, receptenboekjes, borduurwerk, zakdoeken en doosjes, speciaal gemaakt om kostbaarheden te bewaren, te laten zien, die sinds die lang vervlogen tijd allemaal intact waren gebleven. Sommigen vroegen zich af hoe ik hun wanhopige jaren van ellende kon navertellen zonder de ervaring zelf te hebben gehad. Het was niet nodig. Het zijn hùn verhalen en ze zijn in hun eigen woorden verteld. Jammer genoeg konden veel schrijnende en aangrijpende verhalen door ruimtegebrek niet worden opgenomen. Dit spijt me zeer en ik hoop dat het me zal worden vergeven. Het was niet míjn beslissing.

Ik dank ook de volgende personen voor hun hulp en aanmoediging: Russell Braddon voor het schrijven van het voorwoord en voor zijn goede raad; Sir Laurens van der Post voor zijn vriendelijke woorden: 'een zegenwens voor uw werk'; Sir John Carrick; Athol Moffitt; Burt van Dam en Harry Ryneberg van JAPRAG; Bob Warnas van de *Dutch Australian Weekly*; het Nederlandse Consulaat (Sydney); de Nederlandse Ambassade (Canberra); het Rijksinstituut voor Oorlogsdocumentatie (Nederland); het Centraal Bureau voor de Statistiek (Nederland); het Nationaal Instituut voor Oorlogsslachtoffers (Nederland); het Australisch Oorlogsgedenkteken; de Waverley Library; Mitchell Library; Nowra Library; Australian National Library, en vooral Kaoru Nakajima van de afdeling Azië; Wies Zwarteveen voor haar vertalingen; Dennis Pile voor zijn geduld; Judy Knight voor haar sorteerwerk; Yukiko Kikuchi en Tom Fenton-Kerr voor hun moeilijke vertaalwerk; Tim Bowden voor zijn vergeefse moeite om financiële ondersteuning voor het project te krijgen; dr. Wim Zylstra, die me te hulp kwam toen mijn zenuwgestel bezweek door de spanning van het luisteren naar zoveel aangrijpende verhalen, en zijn vrouw Penny, die op basis van zijn jeugdherinneringen de mooie plattegrond van kamp Struiswijk tekende.

En niet te vergeten mijn redactrice bij Angus & Robertson, Susan Hawkeswood, wier volharding ertoe bijdroeg orde te scheppen in een warboel.

Voorwoord

In oorlogstijd in vijandelijke handen vallen is nooit bevorderlijk geweest voor de kwaliteit van het leven; in de Tweede Wereldoorlog in Japanse handen vallen was een beproeving. Natuurlijk is alles betrekkelijk. Hoewel Hirohito's kampen een overlevingskans van slechts vijfenzestig procent betekenden, was die in Hitlers gaskamers en Stalins goelags onmetelijk veel kleiner. Hoewel Japanse bewakers redeloos bleken, hun gevangenen verachtten en onderhevig waren aan schreeuwaanvallen, leken ze wel engelen vergeleken met de sadisten van de SS en NKVD. Het is echter niet bepaald tactvol mensen aan wie de Japanners de hand hebben geslagen daaraan te herinneren.

Het beste dat hun Chinese gevangenen konden verwachten was parate executie.

Het minste dat hun krijgsgevangenen konden verwachten was minachting.

Het beste waarop hun mannelijke geïnterneerden konden hopen was dat ze niet zouden worden beschouwd als door overgave onteerde krijgsgevangenen.

En de grootste angst van hun vrouwelijke geïnterneerden was dat hun kinderen zouden worden afgeslacht en zijzelf zouden worden verkracht en vermoord.

Zulke collectieve verkrachtingen of massamoorden bleken ten slotte niet te hebben plaatsgevonden; gevangenschap was voor elke vrouw echter net zo aangrijpend als voor een man.

Er waren weliswaar geen vrouwen naar Thailand overgebracht, zoals heel wat Hollandse soldaten, om in bergachtig oerwoud een spoorweg naar Birma aan te leggen, maar geen van hun echtgenoten hoefde – in een door ziekte geteisterd kamp, op het randje van verhongering en overgeleverd aan bewakers die nauwelijks menselijk leken – zijn kinderen groot te brengen.

Mannen en vrouwen, opeengepakt op hun respectieve kampterrein, stonden voor dezelfde ontmoedigende taken. Ze moesten beiden latrines graven, kampkeukens bouwen, een billijke methode bedenken om ontoereikende rantsoenen te verdelen, heimelijk een radio bemachtigen en ernaar luisteren, ondervoeding en ziekte verdragen, contact leggen met Indonesiërs die bereid waren hen eten en medicijnen te verkopen, en een intern bestuur opzetten dat hun kamp kon leiden *en* met hun kortaangebonden Japanse commandanten kon onderhandelen.

Voor bijna al deze taken waren mannelijke geïnterneerden en krijgsgevangenen òf beter uitgerust, òf in een betere positie dan vrouwelijke. Ze waren fysiek sterker, moesten vaak in ploegen buiten het kamp werken (en konden dan stelen en handelen met zwarthandelaren), en namen als militairen of koloniale bestuurders hun pasklare bestuurlijke hiërarchie mee het kamp in.

Tenslotte leken weinig vrouwen zo slecht uitgerust om de beproeving van Japanse krijgsgevangenschap te overleven als de Hollandse vrouwen uit Java en Sumatra.

Ze hadden niet alleen nooit hard gewerkt of gelopen, ze hadden ook nooit gekookt, de huishouding gedaan, luiers verschoond, kinderen in bad gedaan, of enige oorlogsontbering geleden.

Hoewel hun vaderland door het Derde Rijk onder de voet was gelopen en was bezet en hun koningin en prinsessen naar Londen hadden moeten vluchten, was het leven voor Hollandse vrouwen in Oost-Indië onveranderd gebleven. Zich opmaken, nagels verzorgen, naar de kapper gaan, lunchen en bridgen met vriendinnen, toilet maken om met hun echtgenoot te gaan dineren, en vertroeteld worden door bedienden – dat was het leven van deze vrouwen, die op het punt stonden om, mèt hun kinderen, door de Japanners in primitieve kampen te worden opgesloten.

Hoe verging het hen dus, deze verwende dames uit een nu ontmanteld rijk? De paar kleren die ze mochten meenemen werden vodden; hun weinige sieraden verkochten ze om eten voor hun kinderen te kopen; er was geen make-up voor hun gezicht of lak voor hun nagels; hun haar was blijvend ont-permanent; en wanneer ze naar elkaar keken, beseften ze weldra dat ze allemaal een hol gezicht en ruwe handen hadden, mager en onaantrekkelijk waren.

Zoals de meeste vrouwen waren ze echter ook sterk. Zonder te weten of de overwinning en bevrijding dit jaar, het volgende jaar of over tien jaar zouden komen; zonder te weten of ze ooit met hun echtgenoot zouden worden herenigd – en, als dat het geval was, of hun echtgenoot hen nog begeerlijk zou vinden – bouwden ze hun kamp op, weerstonden ze de verleiding om volgens de wet van de jungle te leven, brachten hun kinderen groot, verzorgden hun zieken, begroeven hun doden en haatten degenen die hen gevangen hielden onverzoenlijk.

En toch is hun verhaal grotendeels onverteld gebleven, hoewel hun kinderen zich hen als beschermend en onbevreesd herinneren, en Australische krijgsgevangenen in het gebied hen ongelooflijk hulpvaardig vonden.

Misschien was Nederland, geobsedeerd als het was door de vijf gruwelijke jaren waarin het zelf bezet was, ongenegen een traan te laten om de slechts drie jaar durende internering van zijn eens verwende koloniale dochters.

Misschien gaf de Engelssprekende wereld de voorkeur aan boeken over ten ondergang gedoemde kinderen, zoals Anne Frank, of onfortuinlijke verzetsheldinnen, zoals Violette Szabo, of onoverwinnelijke mannen die geweldige ontsnappingen tot stand brachten, zoals Steve MacQueen, of beruchte spoorwegen aanlegden, zoals Sir Alec Guinness. Wat de reden ook mag zijn, de Hollandse vrouwen die in 1942 door de Japanners werden geïnterneerd, moesten vijftig jaar wachten voordat een Australische, Shirley Fenton Huie, besloot hun verhaal bekend te maken. Ze is zo hoffelijk geweest hen woordelijk te citeren. Het resultaat is een verbale kaleidoscoop, niet van één kamp afzonderlijk, maar van alle vrouwenkampen; een anekdotisch verslag, zonder schaamte, subjectief, niet van het lijden van enkelingen, maar van gemeenschappen van vrouwen en kinderen.

Houd in gedachten, wanneer u hun woorden leest, wat hun achtergrond was, hoeveel erger hun beproeving was dan die van hun mannen, en hoe royaal Australische ex-krijgsgevangenen hun lof verkondigen. Als hun geobsedeerdheid door voedsel u begint te irriteren, denk er dan om dat zij het zonder humor niet zouden hebben overleefd. En verheug u vooral op de reactie van tientallen jongetjes op de nadering, aan het einde van de oorlog, van een groep bevrijde Hollanders.

Te jong om zich hun respectieve vaders zelfs maar te herinneren, laat staan te herkennen; te zeer het produkt van een vrouwenkamp om zelfs maar te begrijpen wat een vader nu eigenlijk is, riepen ze hun moeder, in een zó spontaan en onschuldig koor van schelle stemmetjes dat het in de oorlogsliteratuur beslist een klassieke regel wordt. U mag het niet missen!

RUSSELL BRADDON

Shirley Fenton Huie woonde van 1972 tot 1981 met haar gezin in Indonesië en bezocht, terwijl ze in Midden-Java was, een politieke vrouwengevangenis, waar zo'n vierhonderd vrouwen en kinderen al meer dan tien jaar zonder vorm van proces gevangenzaten. Het was een verontrustende ervaring. Enkele jaren later keerde ze als weduwe terug naar Australië om in Queensland te gaan wonen, waar ze een Hollandse ontmoette die zelf tijdens de Japanse bezetting op Java gevangen had gezeten. Het verhaal van deze vrouw over haar verschrikkelijke ervaringen leidde, via onderzoek, tot de onthulling van een weinig bekend aspect van de Tweede Wereldoorlog – de opsluiting, onder steeds moeilijkere omstandigheden, van 70.000 vrouwen en kinderen in Indonesië door de Japanse bezettingstroepen.

Shirley Fenton Huie heeft in vele delen van de wereld gewoond, waaronder Columbia, Honduras, Guatemala, de VS, Korea, Singapore, Indonesië, Nieuw-Zeeland en het Verenigd Koninkrijk. Haar twee eerder gepubliceerde boeken, *And the Second Prize Is (...) Across Australia by Bus* en *Tiger Lilies: Women Adventurers in the South Pacific*, zijn verschenen bij Collins/Angus & Robertson.

Ze heeft vier kinderen en woont in Sydney en in 'Lothlorien', Kangaroo Mountain, aan de zuidkust van Nieuw-Zuid-Wales.

Woordenlijst van niet-Nederlandse woorden

anak	kind
atap	dak van palmbladen
baboe	huisbediende
bale-bale	bamboebed op korte poten
becak (betjak)	driewielertaxi
billiken	gevlochten bamboestroken (zie gedek)
boeka	open
boenkil	geperste koek van pinda's en afval, gebruikt als varkensvoer
cepat	vlug
Dajak	inheemse bewoner van Kalimantan (Borneo)
djati	teakboom
djongos	mannelijke bediende
frangipani	welriekende Indonesische bloeiende boom (genoemd naar een Italiaanse markies met die naam, die parfum maakte)
fushimbang	nachtelijke wachtdienst
gedek	platen van gevlochten bamboestroken
gedekken	handelen, of komen en gaan, door de gedekomheining van het kamp
gerobak	wagen
giyugun	soldaat in vrijwillige dienst
goedang	pakhuis
haloes	beschaafd
hancho	huisleidster (gevangene)
heiho	Indonesische soldaat die voor de Japanners werkt
Hezbollah	militaire aanhanger van de Masjoemi, de mohammedaanse onafhankelijkheidsbeweging
Insulinde	oude naam voor Indonesië en naam, gekozen voor Euraziatische Onafhankelijkheidspartij
Ismodjo	zeer oude naam voor Indonesië
kain	sarong
kampong	dorp of dicht bevolkte stadswijk
kandji	rijstzetmeel
kangkong	inheemse Indonesische groente
kasar	onopgevoed
kebadja	lange blouse met mouwen
kedjawen	binnenland
Kempetai	Japanse geheime politie
ketela	cassave (maniok)
Kiotskay!	Geef acht!
Kiray!	Buig!
koeasa	opzichter
komitjo	leidster van een groep huizen (gevangene)
lengkong	bocht

mari sini	kom hier
mau	willen
merdeka	vrijheid, nationale onafhankelijkheid
minum	drinken
Misty Lagoon	Japanse vliegbasis, 50 kilometer ten zuiden van Oaroi. Een luchtmachtopleiding en basis voor een elitegroep piloten en technici
moentah	overgeven
nakal	ondeugend of stout
negara	staat (natie)
Nowray!	Sta op!
oebi kajoe	cassave (maniok)
Oejoeng Pandang	moderne naam voor Makassar
padi	rijstplant
pasar	markt in de openlucht
pasisir	kustgebied
patjol	schoffel
Pemoeda	Revolutionaire Jeugdbrigade
perlindoengan	beschermingskamp
PETA	Pembela Tanah Air (Verdedigers van het Vaderland)
romusha	Japanse dorpelingen die overzee werden gestuurd om als slaven voor de Japanners te werken. Slechts 70.000 van de 260.000 keerden terug, waardoor de dorpen waren gedecimeerd
sajonara	vaarwel (als het zo moet zijn)
selamat djalan	adieu (pas op jezelf; als men blijft)
selamat tinggal	adieu (pas op jezelf; als men gaat)
seledak	wilde spinazie
singkong	cassave (maniok)
sirap	dakspaan
Solo	Soerakarta
tenko	appel
Tenno Heika	keizer Hirohito
terima kasih	dank u
tikar	gevlochten slaapmatje
wadjan	wadjan, wok
Yasukuni-heiligdom	Japans walhalla in Tokio voor de geesten van de tweeëneenhalf miljoen helden die sinds de Meiji-Restauratie in 1868 hun leven hebben gegeven voor de keizerlijke zaak
yasumai	op de plaats rust

FILIPIJNEN
PAPOEA-
NIEUW-
GUINEA
INDONESIE
AUSTRALIE
MALEISE SCHIEREILAND
Zuidchinese Zee
MEDAN
KOEALA
LOEMPOER
Pematangsiantar
SEREMBAN
Tobameer
Balige
Sibolga
JOHORE
SINGAPORE
BORNEO
PONTIANAK
SUMATRA
Rantauprapat
BALIKPAPAN
BANGKA
Moesi
PALEMBANG
Bengkoeloe
Java Zee
OEJOENG P
(MAKAS
Banten
JAKARTA
Tjisaroea
CERIBON
SEMARANG
SOERABAJA
BOGOR
Soekaboerai
BANDOENG
Tasikmalaja
JAVA
PATI
TJILATJAP
Magelang
JOGJAKARTA
Kediri
Kertosono
Modjokerto
MALANG
Banjoewangi
BALI
DENPASAR
Sigli
Tjalang
MEDAN
Balige
INDISCHE OCEAAN

Vóór de Tweede Wereld-oorlog

Wat deden de Hollanders in Java en andere delen van Indonesië? Wie waren de 70.000 Hollandse vrouwen en kinderen die in 1942 in Indonesië (...)

...gevangen waren genomen door de Japanners? Was het hun land? Om deze vragen te beantwoorden is het nodig een korte blik te werpen op de geschiedenis van de Indonesische archipel, die zich 5000 kilometer langs de evenaar uitstrekt, van Sumatra aan het westelijke uiteinde tot Irian Jaya in het oosten, en meer dan 2000 kilometer naar het noorden, waar Borneo, Celebes en Ambon liggen. De soms als een gordel van smaragd beschreven eilandengroep telt 13.667 eilanden, waarvan er slechts 6000 een naam hebben en er 992 zijn bewoond. De republiek Indonesië riep op 17 augustus 1945 de onafhankelijkheid uit.

DE PROFETIE VAN DJOJOBOJO – Djojobojo, de koning van Kediri, een koninkrijk in Oost-Java, was een soort waarzegger. Voordat hij in 1160 n.C. stierf, deed hij de volgende voorspelling:

> *Tien generaties lang zal een witte buffel de rijstvelden van Ismodjo (Java) ploegen. Dit zal een tijd van ellende en diepe smart zijn. Wanneer het volk de Goddelijke Wil eindelijk als zijn eigen wil heeft aanvaard, zal God het in zijn barmhartigheid een bondgenoot zenden. Een geel aapje uit het eiland Tembini zal voor de duur van het leven van één maïsplant over Ismodjo heersen. Pas dan komt Ismodjo weer in handen van zijn volk, van zijn rechtmatige bestuurders, van de zonen van de aarde.*

Deze voorspelling werd gebruikt om steun voor Indonesische onafhankelijkheid te vergaren in de strijd tegen Hollands kolonialisme. De grote witte buffel interpreteerde men als de Hollanders en het gele aapje als de Japanners. Het leven van één maïsplant was moeilijker uit te leggen. Aanvankelijk geloofde men dat de Japanse bezetting drieëneenhalve maand, de tijd van het planten tot de oogst, zou duren, maar de Japanners vertrokken niet. Vervolgens meende men dat de voorspelling van het ene plantseizoen tot het volgende betekende. Dit verlengde de periode met acht maanden, maar de Japanners vertrokken nog altijd niet. De profetie werd nogmaals onderzocht en men kwam tot de slotsom dat drie jaar de tijd was dat een maïskolf kon worden bewaard zonder zijn levenskracht te verliezen. De voorspelling kwam uit toen de Japanners drieëneenhalf jaar na hun komst uit Java werden verdreven.

Het leven vóór en tijdens de oorlog

Vierhonderd jaar geleden werden de vruchtbare eilanden van Indonesië als een echte hof van Eden gezien, weelderig, groen en rijk aan natuurlijke produkten waaraan in andere delen van de wereld grote behoefte bestond. Geen wonder dat de archipel, die op oude kaarten als de Specerij-eilanden werd aangeduid, de aandacht trok van Europese, Arabische en Chinese handelaren. Specerijen zoals peper, nootmuskaat, foelie en kruidnagel kwamen er in overvloed voor, evenals de hooggewaardeerde benzoë, een welriekende gom die in geneesmiddelen, parfum en wierook werd gebruikt. En er was goud, het verblindende metaal dat avonturiers uit heel de wereld lokte.

De eerste Hollanders kwamen einde zestiende eeuw naar de eilanden als kooplieden die handel dreven met overzeese gebieden, gretig de voetstappen drukkend van de Arabische en Indiase handelaren, en van de Portugezen en Spanjaarden. In die tijd werd het grote entrepot Malakka op het Maleise Schiereiland beheerst door de Portugezen; de Hollanders zochten nu een eigen havenplaats. In 1602 werd onder auspiciën van de Heeren Zeventien in Amsterdam – in de trant van de Britse Oostindische Compagnie – de Nederlandse Vereenigde Oostindische Compagnie (V.O.C.) opgericht. In 1611 werd in Bantam op de westpunt van Java de eerste gouverneur-generaal van de V.O.C. geïnstalleerd.

Sinds de eerste inspectietochten van Sir Francis Drake langs de kust van dit vruchtbare eiland heerste er grote rivaliteit tussen de Engelsen en de Hollanders over de exploitatie ervan. Ook de Spanjaarden en de Denen wedijverden om een eigen haven, zodat de Hollandse entrepreneur extraordinaire Jan Pieterszoon Coen in 1619 een stap verderging en zich meester maakte van de havenplaats Djakatra (het tegenwoordige Jakarta), deze herdoopte tot Batavia en er een handelscentrum van maakte.

In die tijd was het Javaanse koninkrijk Mataram op het toppunt van zijn macht onder sultan Agoeng, de grote islamitische leider en krijgsman, die militaire gaven paarde aan scherpzinnigheid op wettelijk en bestuurlijk gebied en aan grote belangstelling voor kunst. Zijn machtsbasis lag in Midden-Java; nadat hij de oostelijke gewesten in zijn macht had gekregen, probeerde hij zich nu van de Hollanders te ontdoen door vanuit zee hun haven te Batavia aan te vallen. Toen dit mislukte, probeerde hij een beleg aan landzijde, gebruikmakend van olifanten, kanonnen en rollend materieel. Omdat hij niet in staat was zijn leger stand te laten houden tegen de Hollandse overmacht op zee, mislukte ook deze campagne. Sultan Agoeng bleef tot aan zijn dood een onverzoenlijke vijand van de Hollanders, en van hun gouverneur-generaal Van Diemen. Beide mannen overleden in 1645, en na enkele kleine schermutselingen met sultan Agoengs opvolger en met de sultan van West-Java werd de macht van de V.O.C. over het grootste deel van West-Java erkend en nam de Hollandse kolonisatie van Indonesië een aanvang.

Hoewel de Hollanders oorspronkelijk louter de bedoeling hadden handel te drijven, besefen ze nu dat hun succes met de handel niet alleen afhing van hun beheersing van de havenplaatsen aan de kust, maar ook van hun controle over de rijstgebieden in het binnenland. De nieuwe koloniale heren gingen aan de slag om Java vrede, orde en eenheid te brengen. Koffie-, thee- en suikerrietplantages werden opgezet als aanvulling op de reeds winstgevende specerijenhandel. Anders dan de Portugezen die ze hadden verdrongen, hielden de Hollanders zich niet met zendingsactiviteiten bezig en schonken ze al hun aandacht aan hun groeiende handelsbelangen.

Gedurende de hele koloniale tijd weerstonden de Javaanse boeren, evenals die op andere eilanden zoals Sumatra, pogingen van de Hollanders om hun manier van leven te veranderen. Er ontstonden voortdurend opstanden wanneer ze vonden dat hun goddelijk geïnspireerde levensstijl werd bedreigd. Hun diepgewortelde overtuigingen werd een bijna dodelijke slag toegebracht toen de Javaanse aristocraten afstand deden van hun rol als voorbeschikte leiders van de goddelijke manier van leven, en bezoldigde werktuigen van het Hollandse koloniale bestuur werden. De Hollanders voerden een beleid van assimilatie in plaats van apartheid ten aanzien van de plaatselijke bevolking. Vrouwen uit Holland voelden een natuurlijke tegenzin om hun echtgenoot naar deze afgelegen eilanden te volgen, omdat Holland welvarend en het leven er goed was. De V.O.C. zag geen noodzaak om emigratie van vrouwen aan te moedigen. Europeanen konden zich moeilijk aan het klimaat aanpassen en malaria en andere ziekten heersten alom. Gemengde huwelijken met inheemse vrouwen werden aangemoedigd, mits ze zich tot het christendom bekeerden. Deze politiek leidde tot grote aantallen Euraziatische families, een situatie waarmee de Japanners in het begin van de bezetting rekening zouden houden.

Kleine boeren uit Holland voelden er net als de vrouwen weinig voor om naar een onbekende en ongezonde omgeving te emigreren, en plannen om vestiging en groei van Hollandse landbouwgemeenschappen in Indonesië te bevorderen bleken te mislukken. Toen ontwikkelingen op het gebied van geneeskunde, huisvesting, vervoer en verlichting het leven op de eilanden aantrekkelijker en comfortabeler maakten, begonnen Hollandse vrouwen met hun echtgenoot mee te emigreren. Tegen 1942 woonden in Nederlands Oost-Indië meer dan 70.000 Hollandse vrouwen en kinderen.

De Hollanders voerden wat onderwijs en een Zedelijk Welzijnsbeleid in. Voor de Javaanse boeren kwam dit te laat om hen met de Hollandse aanwezigheid te verzoenen. Er braken voortdurend plaatselijke opstanden uit, maar pas in de jaren twintig, toen verschillende wereldlijke en islamitische nationalistische bewegingen opkwamen, drukten de Hollanders ze de kop in en vaardigden ze wetten en regels van een politiestaat uit. Studentenleiders werden verbannen naar Nieuw-Guinea of afgelegen eilanden. Toen de wereld in de grote malaise van de jaren dertig terechtkwam, probeerden de Hollanders hun eigen financiële belangen veilig te stellen – soms ten koste van de Indonesiërs die afhankelijk van hen waren. Hoewel veel zelfstandige Hollandse zakenmensen, boeren en plantagebezitters er mèt de Indonesiërs onder leden en hun land, investeringen en huis kwijtraakten, voedden de moeilijke economische omstandigheden het vuur van de onafhankelijkheid.

Indonesische nationalisten wachtten optimistisch op de komst van de Japanners. Tegen 1935 leverde Japan 30 procent van de Indonesische import, maar onthielden de Hollanders het land de exportprodukten die het wilde – delfstoffen en olie. De Japanners zonden in 1941 een handelsmissie naar Batavia om olieconcessies te krijgen, maar de Hollanders weigerden vastberaden. Hun goederen in Indonesië en financiële overeenkomsten werden in die tijd door de Hollanders vervallen verklaard.

De gewone mensen verwelkomden de aanvoer van goedkope Japanse waren in Indonesië. De Chinezen waren gebelgd over de Japanse binnendringing en boycotten Japanse winkels. De welgemanierde Indonesiërs zagen de Japanners echter als beschaafd en hoffelijk, in tegenstelling tot de Hollanders en Chinezen die als grof en onbeschaafd werden beschouwd. Men kwam op die mening terug toen de Japanse militairen de macht overnamen en Indonesië de niets ontziende Japanse bezetting beleefde. In 1939 organiseerde Japan echter het eerste islamitische wereldcongres en nodigde een Indonesische delegatie uit. De Japanners waren zich de betekenis van de islam in Indonesië bewust en mobiliseerden, toen ze in maart 1942 met Japanse moslimtroepen binnenvielen, mohammedaanse hulptroepen, de Hezbollah, in een Heilige Oorlog tegen de geallieerden. Er ontstonden ook kleinere semi-onafhankelijke groepen, zoals de Zwarte Buffels in Java en de Woeste Tijgers in Sumatra.

De Hollanders in Holland en de Hollanders in Indonesië hielden er heel verschillende levensstijlen op na. Wij Australiërs houden evenzeer van ons land om zijn vrijheid en ongedwongen omgangsvormen als om zijn zonnige klimaat. Hetzelfde gold voor de Hollanders in Indonesië. Jeugdverhalen over die zorgeloze tijd in Nederlands Oost-Indië weerspiegelen deze opgewekte instelling en de ermee gepaard gaande vrijheid.

ANNEKE – Anneke en haar zus Frieda waren geboren en opgegroeid in Oost-Java, waar hun vader op verschillende maniokplantages had gewerkt. Tot ze naar een kostschool werd gestuurd, waren op de plantage en bij hun vakantiehuisje in de bergen te Poedjon, op de koele hoogte van 1300 meter, Indonesische kinderen haar speelkameraadjes. Ze bewonderde veel aspecten van het Indonesische leven, zoals het gebruiken van bananeblad als bord, van vingers als mes en vork en van een gevouwen blad als kopje. Het leek zoveel verstandiger dan na afloop van de maaltijd met een berg afwas te zitten. Ze had ook veel respect voor hun filosofische instelling tegenover ouderdom. Oude mensen waren leraren en werden zeer gerespecteerd. Zelfs wanneer een grootvader een hoge leeftijd had bereikt en misschien aan seniliteit leed, werd hij toch met de grootste eerbied bejegend en was zijn woord wet. Hollandse mensen interpreteerden deze instelling vaak ten onrechte als slaafsheid en begrepen haar integrerende functie in de Indonesische samenleving niet.

Anneke had haar sociale instelling overgenomen van haar ouders, die hun kinderen al jong leerden bruine en blanke mensen evenveel respect toe te dragen. De internationale malaise van de jaren dertig had een rampzalig effect op de landbouwproducenten van Java, en de ene plantage na de andere werd opgeheven of stilgelegd. Annekes vader verloor zijn baan ten slotte en nam het moedige besluit met zijn gezin te verhuizen naar de schuilhut in de bergen te Poedjon, waar hij van plan was koffie, citrusvruchten en groenten te verbouwen om in hun onderhoud te voorzien.

Hoewel het midden op de dag warm was in Poedjon, was het er 's nachts ijzig en sliepen ze een tijdlang in slaapzakken op hopen koffiebonen die klaar lagen voor verpakking. Ze maakten al snel een huis van de hut en noemden de boerderij Valencia, naar de sinaasappelbomen die ze hadden geplant. De mensen die in dit berggebied woonden waren erg arm en verwelkomden de gelegenheid om op de nieuwe plantage te werken. Het zou zes jaar duren voordat de sinaasappelbomen volledig vrucht droegen, zodat Annekes familie intussen groenten teelde en die naar de stad bracht om ze te verkopen aan oude vrienden die nog op de plantages werkten. Het was een strijd om het bestaan en ze waren er trots op niemand om hulp te hoeven vragen.

Anneke en haar moeder besloten een kapsalon te openen, die van meet af aan een groot succes was. Ze verbouwden een deel ervan tot school en gaven lessen in haarverzorging aan jonge meisjes die een vak wilden leren. Het bedrijf deed het zo goed dat ze het telen van groenten uiteindelijk opgaven en zich op het drogen en laten gisten van de koffiebonen concentreerden. Ze experimenteerden met het maken van sukade (geconfijte schil) van een speciale citrusvrucht die vier jaar nodig had om te rijpen. Deze onderneming was zo succesvol en populair bij de hotels en bakkerijen dat de grote importbedrijven weigerden hen rozijnen en sultanarozijnen te verkopen, tenzij ze geïmporteerde sukade gebruikten. De onderneming werd dan ook in de kiem gesmoord.

Frieda ging studeren aan een Duitse kappersschool in Hamburg en de salon bleef floreren. Valencia werd een toeristische attractie voor jonge mensen op vakantie, en Anneke leerde John, haar toekomstige man, kennen toen hij er met verlof was van de marine. Ze verloofden zich en trouwden een jaar later. John besloot ontslag te nemen uit de marine en zich als citruskweker bij Annekes vader op de plantage te voegen. Ze bouwden midden in een bosje sinaasappelbomen hun eigen liefdesnest. Het leven leek rijk en heerlijk, maar hun geluk zou niet blijvend zijn.

In september 1939 verklaarde Holland Duitsland de oorlog en werd John weer onder de wapenen geroepen bij de marine in Soerabaja. Het kristal van geluk begon barsten te vertonen. Op 10 mei 1940 maakte de gouverneur-generaal, Tjarda van Starkenborgh Stachouwer, bekend dat de Duitsers Holland waren binnengevallen. Overal op de eilanden voelden mensen zich gebroken van verdriet om hun kleine moederland en begonnen ze geld, aluminium en platgeslagen steelpannen in te zamelen om de oorlogsinspanning te steunen. Het bleek later een bittere grap, toen duidelijk werd dat het ruwe aluminium voor bewerking naar Japan was gestuurd. Ze konden zich weldra spiegelen in het blinkende metaal van de Japanse vliegtuigen, toen deze hun steden kwamen bombarderen.

In oktober 1941 pakten Japanse mensen die al vele jaren in Indonesië woonden plotseling hun spullen en gingen naar huis. Nakasjima, een bedeesde plantenkweker die een vriend van Annekes familie was, kwam met zijn knappe vrouw langs om afscheid te nemen. De vrouwen huilden samen zacht om het vertrek. Een half jaar later zag de familie de plantenkweker tot haar ontzetting terug – gekleed in het uniform van een Japanse officier. Hij arriveerde in een glanzende auto met wapperende Japanse vlag op hun plantage en bood zijn hulp aan. Annekes vader weigerde hem een hand te geven, maar Nakasjima zei de trouw aan het eigen land, die in het gebaar besloten lag, te begrijpen en te respecteren. Na de dood van hun vader in de gevangenis kreeg de familie nog een keer bezoek van Nakasjima, die zijn hulp aanbood, maar ze weigerden. Hij vertrok en ze zagen hem nooit meer terug.

De Japanners bombardeerden Pearl Harbor in december 1941. Vier uur later maakte de gouverneur-generaal van Oost-Indië bekend dat ze in staat van oorlog met Japan waren. Vrijwel op hetzelfde moment was een groep Hollandse onderzeeërs, op patrouille in de Golf van Siam, toevallig op de Japanse transportschepen gestuit die op weg waren naar de oostkust van Malakka. Vier schepen werden tot zinken gebracht en de Hollandse bevelvoerende officier, die nog meer successen zou boeken alvorens ten onder te gaan, werd 'één-schip-per-dag-Helfrich' genoemd. Het was een moedige eerste stap, maar de Japanners lieten zich door niets tegenhouden.

Een gecombineerde Hollands-Amerikaans-Brits-Australische vloot werd vernietigd in de slag om de Javazee. Binnen honderd dagen zwermden de Japanners over heel Zuidoost-Azië uit. Malakka, Singapore, Borneo en Java vielen, en hoewel op Sumatra nog verscheidene weken langer weerstand werd geboden, werd uiteindelijk alle verzet tegen de Japanners gestaakt. Het bewind van het 'gele aapje', dat drieëneenhalf jaar zou duren, was begonnen.

WIM ZYLSTRA – Wim Zylstra is geboren in mei 1937. Zijn vader was adjudant bij het KNIL, het Nederlands-Indisch leger, en hij woonde met zijn moeder en oudere broer John in de legerplaats Magelang in Midden-Java. Ze waren met verlof in Holland toen de oorlog met Duitsland uitbrak en keerden dus onmiddellijk naar Indonesië terug. Wims vroegste herinnering is dat hij op driejarige leeftijd in Indië terugkeerde.

Het gezin verhuisde naar Tjilatjap aan de zuidkust en Wim herinnert zich dat mensen werd gevraagd hun goud en zilver in te leveren voor de aanschaf van vliegtuigen. Een van zijn taken was helpen in de keuken, wanneer ze daar oude potten en pannen aan het sorteren waren om te zien welke ten behoeve van de oorlogsinspanning door vrachtwagens konden worden opgehaald.

De oorlog speelde zich ver weg aan de andere kant van de wereld af en voor jongetjes zoals Wim en John was het leven normaal en zorgeloos. Zoals alle kinderen moesten ze dingen doen die ze niet fijn vonden, bijvoorbeeld hun middagdutje. De kamer van hun ouders bevond zich naast die waar zij van halftwee tot halfdrie 's middags altijd uitrustten. Slapen was onmogelijk, zodat de jongens rustig wat speelden tot het meisje kwam om hen te douchen en een eindje met hen te gaan wandelen. Zich voor het meisje verstoppen was een geliefd spelletje. John rolde Wim in een mat, zette die tegen de muur en klom dan uit het raam, klauterde langs de regenpijp naar beneden en verstopte zich in een tweehonderd-literton die daar stond om regenwater op te vangen. Het meisje speelde het spelletje altijd mee en deed alsof ze niet wist waar de afwezige jongens waren.

Baden was een ander prachtig spelletje. Het meisje schepte water uit een grote vierkante kuip in de hoek van de badkamer, klotste het over de ingezeepte, naakte jongens heen, waarbij die in het rond renden in een poging het stortbad te vermijden, glibberend over de met zeep bedekte vloer en gierend van het lachen. Het meisje vond het allemaal net zo leuk als zij en eindigde gewoonlijk even nat als de jongens. Ze was in de ogen van Hollanders een ongewoon type voor dit werk en schonk weinig aandacht aan discipline. Op een dag had een dakdekker een ladder tegen het raam laten staan. Het werd direct opgemerkt door de jongens, die er meteen opklommen en al snel op het dak zaten. Ze wuifden vrolijk naar hun ontzette ouders en het meisje werd op staande voet ontslagen.

Enige tijd later werd Wim door een hond in zijn been gebeten en snel naar de plaatselijke dokter gebracht voor een injectie tegen hondsdolheid, en wie anders was daar om hem het spuitje te geven, in keurig wit uniform, dan het meisje zelf? Hij was blij haar weer te zien en vertelde haar dat de badspelletjes sinds haar vertrek niet meer waren wat ze waren geweest.

Bedienden hoorden in de koloniale tijd in Indonesië bij het leven. Behalve het kindermeisje had de familie een djongos (huisknecht), een tuinman, een schoonmaker en een kok. Zelfs lager geplaatste militairen hielden er een aanzienlijke huishouding op na. Wims vader ging elk weekeinde op jacht en kwam dan terug met een wild zwijn of een stel wilde eenden en snippen. Zodra ze waren geïnspecteerd en de jager was gefeliciteerd, werden de slappe karkassen naar de keuken gebracht om te worden gevild of geplukt en klaar te worden gemaakt voor bereiding. Wim bracht uren met de arme dode beesten door, kwaakte namens hen en nam hen mee op wonderbaarlijke reizen naar verre oorden en eendenhemels. De kinderen leefden in een huis vol mensen in hun eigen schijnwereld. Een koloniaal huis was een drukke plek waar privacy heel moeilijk te vinden was. Echtgenotes gingen bij elkaar op bezoek en deden verschillende kaartspelletjes, terwijl de kinderen naar zwemclubs gingen en onder toezicht stonden van bedienden. Voor de meeste Hollandse mensen was het leven in Indië prettig en voor kinderen was het een paradijs.

Toen Wim vijf jaar was, verhuisde het gezin naar Bandoeng en landden de Japanners binnen enkele maanden op Sumatra, een gebeurtenis die zijn leven volkomen zou veranderen. Zijn kinderlijke kijk op de wereld die hij op het punt stond te betreden zou totaal anders zijn dan het gezichtspunt van een volwassene. Voor hem zou deze veel elementen bevatten die op een eigenaardige manier overeenkwamen met de wereld die hij had achtergelaten. Zijn kinderlijke verbeelding en vindingrijkheid zouden hem goed van pas komen. Jonge kinderen begrijpen sprookjes niet altijd, omdat ze werkelijkheid en fantasie moeilijk uit elkaar kunnen houden; de werelden van hun verbeelding zijn vaak bevolkt met monsters en reuzen, vooral slechte reuzen. Wim zou die uiteindelijk in overvloed te zien krijgen.

~

GOEDKOPE NAMAAK – 'Je kunt dat niet als verjaardagscadeautje geven. Het komt uit Japan!'

Moeder had altijd gelijk, zodat ik een Doulton-schaal kocht. Het was 1941 en het werd als smakeloos beschouwd om dingen die in Japan waren gemaakt cadeau te geven. Het enige dat we in die tijd van Japan wisten was dat hun porselein een goedkope imitatie van het echte artikel was. Die kinderlijke onwetendheid was al even ongegrond als de opvattingen die Britten en Hollanders in 1941 in Zuidoost-Azië hadden. Ze dachten van nature superieur te zijn aan de Japanners, van wie men meende dat ze bijziend waren en slecht ontworpen en gebrekkig onderhouden vliegtuigen hadden.

Pearl Harbor was de eerste schok. De dag daarna werden het nieuwste Britse slagschip, de 35.000 ton metende *Prince of Wales*, en het niet minder formidabele vestzakslagschip *Repulse* uit Singapore gelokt. Tegen het middaguur van 10 december lagen beide op de zeebodem, tot zinken gebracht door de elitepiloten van *Misty Lagoon*.

Op 23 januari gaven de Britten Malakka op en verloren Rabaul op Nieuw-Brittannië, en verspeelden de Hollanders hun olievelden op Tarakan en in Balikpapan, Borneo. Singapore viel drie weken later op 15 februari en op 8 maart werd Java, overweldigd door Japanse paratroepen en een strijdmacht van 10.000 man, door de Hollanders overgedragen aan luitenant-generaal Imamura Hitoshi. De drie dagen daarna namen de Japanners Bali en Timor in en ontfutselden hun Zero-azen de Hollanders de heerschappij in de lucht boven de stad Soerabaja. Dezelfde dag voerde de Japanse marine een vernietigende aanval op Darwin uit, waarbij tien schepen tot zinken werden gebracht en 243 mensen sneuvelden, zodat het uitgestrekte vasteland van Australië, met niet meer dan 7000 man geregelde troepen om het te verdedigen, weerloos was tegen aanvallen. De hele Hollandse populatie van het eens trotse Nederlands Oost-Indië – mannen, vrouwen en kinderen – werd door deze 'goedkope namaak van het echte artikel' naar gevangenissen afgevoerd om drieëneenhalf jaar lang onder verschrikkelijke omstandigheden weg te kwijnen.

De eerste Hollandse vrouwen en kinderen die door de Japanners werden gedood werden in Australië, niet Indonesië, met hun noodlot geconfronteerd. Vlak voor de overgave van Nederlands Oost-Indië vertrokken verscheidene Hollandse Dornier-vliegboten uit Java, met passagiers, merendeels vrouwen en kinderen, die op de vlucht waren voor de Japanners. Er vlogen ook vier Australische en Amerikaanse Catalina-vliegboten, twee Quantas-vliegboten en twee Hollandse Lockheed Lodestars vol vluchtelingen mee. Het was 3 maart 1942 en de toestellen lagen voor anker ter hoogte van Broome, West-Australië, waar ze veilig dachten te zijn. Ze waren van plan die dag verder naar het zuiden te vliegen, maar konden door het extreem lage tij in de haven van Broome niet direct brandstof bijtanken. Door de eb zaten de toestellen vast in de modder en konden ze niet door de tankschuiten worden bediend.

Gezagvoerder Gus Winckel was met zijn Lockheed Lodestar na de zevenurige vlucht uit Bandoeng geland en speurde de hemel af naar de andere Lodestar, die vlak achter hem vloog, toen hij vlak boven de horizon minuscule zwarte stippen in de lucht zag. Hij wist dat het de Japanners waren en probeerde de mensen op het vliegveld voor het dreigende gevaar van een aanval te waarschuwen.

'Nee, nee,' zeiden ze. 'Zover zuidelijk zouden ze nooit komen.'

Dat deden ze wel. Een formatie Zero's dook onaangekondigd uit de onbewolkte hemel op, vloog 's morgens om 9.20 uur op de stad af en schoot de hulpeloze vliegtuigen die gestrand in de baai lagen aan gruzelementen. De passagiers werden aan stukken gereten terwijl ze in hun stoel op hun vlucht naar het zuiden zaten te wachten. Het exacte aantal slachtoffers is niet bekend omdat vluchtelingen in Bandoeng zonder normale procedures in de vliegtuigen waren gepropt, maar geschat wordt dat er zo'n 200 mensen, veelal vrouwen en kinderen, zijn omgekomen. Een obelisk op het Pioneers Cemetery, dat uitziet op Town Beach, gedenkt hun dood.

Terugkerend naar zijn thuisbasis op Timor, zag een zegevierende Zero een DC-3, het gemakkelijkst denkbare doelwit, boven de Lacepede-eilanden log in zijn richting vliegen. Machinegeweren maakten er korte metten mee en de Zero vervolgde triomfantelijk zijn weg naar het noorden, terwijl de DC-3 bij Carnot Bay, 80 kilometer ten noorden van Broome, in de branding stortte. De DC-3, die vol zat met gevluchte vrouwen en kinderen, werd bestuurd door de zwierige gezagvoerder Smirnoff, wiens reddingswapenfeiten in de nadagen van Nederlands Oost-Indië een legende waren. Een kist met diamanten die hij zou hebben vervoerd is nog altijd zoek – een onopgelost raadsel. Drie vrouwen en een baby kwamen bij de aanval om, maar de rest overleefde het en herenigde zich met verwanten in Sydney. De Hollanders, de Britten en de Australiërs kwamen er tot hun ontzetting achter dat ze een meedogenloze en gevaarlijke vijand tegenover zich hadden.

Java Zee
BANDOENG
• TJIHAPIT
• KAREES
• BLOEMENCAMP
• TJIMAHI
INDISCHE OCEAAN
MEDAN
BORNEO
MOENTOK
SUMATRA
BANGKA
BELALAU
PALEMBANG
Java Zee
JAKARTA
GEDONGBADAK
KOTA PARIS III
BANDOENG
JAVA
SEMARANG
DARMO
SOERABAJA
BALI
INDISCHE OCEAAN

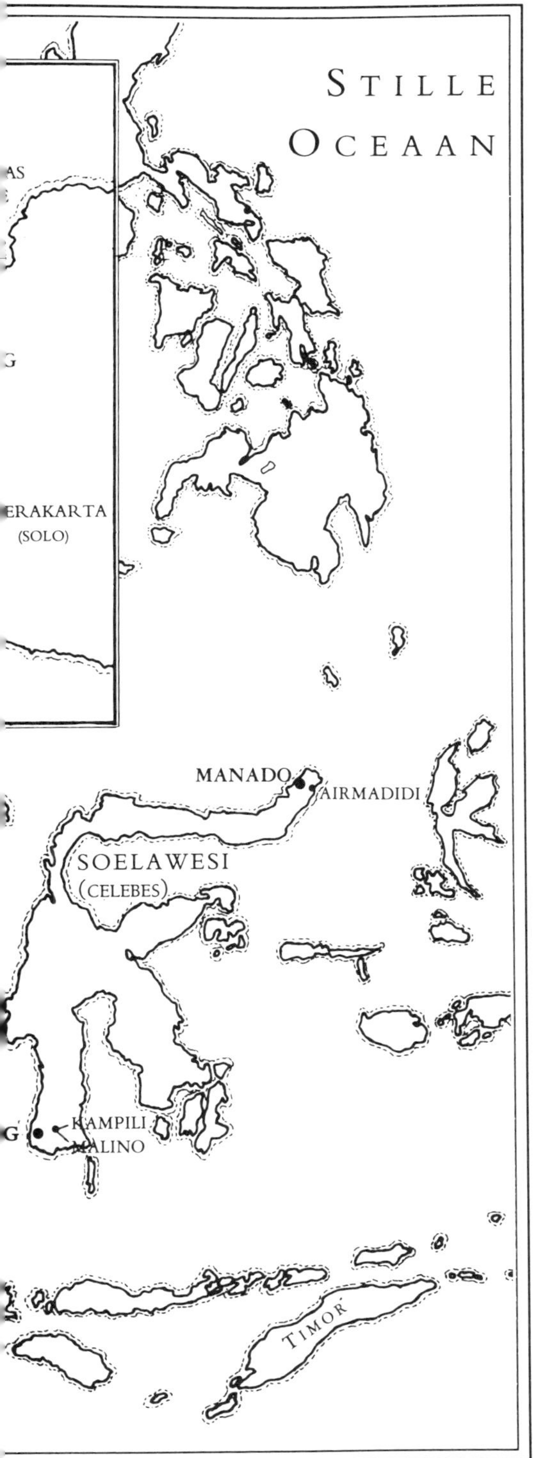

In de kampen

Helga Weiss: 'De Japanners zijn een trots ras, zeer gedisciplineerd en hardwerkend, in ongelooflijke mate zelfs. Ik zal het hen echter nooit vergeven dat ze vrouwen en kinderen gevangen namen die burgers waren en geen (...)

...bedreiging voor hen vormden, en hen in concentratiekampen onderbrachten waar ze verhongerden en werden mishandeld, dat ze kleine jongens bij hun moeder weghaalden. We waren geen bedreiging voor hen. We zaten op een eiland. Waar konden we heen? We hadden geen vuurwapens. Ze lieten ons verhongeren en wanneer we aan extra eten probeerden te komen door via de schutting te handelen, straften ze ons wreed. Ze sloegen ons en schoren ons kaal als we hun bevelen niet gehoorzaamden.

Mijn kinderen praatten op een dag over de atoombom en zeiden dat de geallieerden dat niet hadden mogen doen, maar ik zei tegen hen: Wacht nu eens even. Als ze die bom niet hadden laten vallen, dan zou geen van jullie er nu geweest zijn. Ik zou de oorlog niet hebben overleefd. De meesten van ons hadden nog maar een paar maanden te leven toen de bom viel. We waren aan het sterven. We hadden beriberi, bloedende voeten, tropische zweren, dysenterie en alle ziekten die het gevolg zijn van verhongering. Sommige mensen raakten hun gezichtsvermogen kwijt. Ze hadden geen enkel excuus om ons uit te hongeren. Java is een plek waar volop voedsel is. Waarom hebben we zo lang gewacht om hun te vragen ons terug te betalen voor wat ze ons toen hebben aangedaan? Herstelbetalingen? De meesten van de mensen zijn nu hoe dan ook dood. Het is te laat.'

HET GROTE WETEN VOOR VROUWEN – *Onna Daigaku* – Het Grote Weten voor Vrouwen – is een Japans handboek voor ethiek en goed gedrag voor vrouwen, dat in het laatste deel van de Edo-periode (1600-1868) algemeen werd gebruikt en in 1716 was verschenen. De confuciaanse tekst is ontleend aan het klassieke Chinese werk *Da xue*, Het Grote Weten. Het weerspiegelt de manier waarop vrouwen in samoerai-families en tot op zekere hoogte in andere sociale klassen werden gezien.

Het boek geeft algemene principes voor opvoeding van vrouwen en schrijft een specifieke gedragscode voor. Van een vrouw werd verwacht dat ze te allen tijde gehoorzaam en eerbiedig was – tegenover haar ouders als dochter, tegenover haar echtgenoot en schoonfamilie na het huwelijk, en tegenover haar zoons als weduwe. Haar plaats was thuis. Ze werd verondersteld vroeg op te staan en laat naar bed te gaan. Ongehoorzaamheid, onvruchtbaarheid, jaloersheid, slechte gezondheid, zelfs babbelzucht, kon voor de echtgenoot reden zijn voor een onmiddellijke scheiding. Vrouwen stonden op de laagste plaats in de relatiehiërarchie.

Na de Meïji-Restauratie in 1868 werd *Onna Daigaku* door vooruitstrevende denkers aangevallen, maar de waarden die het voorstond bleven tot ver in de twintigste eeuw bestaan.

Het lijkt waarschijnlijk dat kampcommandanten in de samoerai-traditie waren opgevoed, wat de reden is dat ze zich wreed en tiranniek gedroegen tegenover de vrouwen onder hun verantwoordelijkheid en hen beschouwden als waardeloze schepsels die niet op de hoogte waren van de kritische aanmerkingen van de *Onna Daigaku*.

Wagamama, of eigenzinnigheid, was een andere kwestie. Hoewel die eigenschap bij mannelijke gevangenen volkomen onaanvaardbaar was, werd ze bij vrouwen soms in verbazende mate geaccepteerd. Wanneer een mannelijke gevangene het tegen een Japanse bewaker opnam, werd hij meedogenloos afgeranseld, vaak doodgeslagen, maar vrouwen die hun onderdrukkers het hoofd boden, en hen soms zelfs sloegen, waren vaak vrij om te gaan en ontkwamen aan verdere bestraffing.

Een Hollandse vrouw kwam met een mogelijke verklaring. Wanneer een Japanse bewaker een vrouw die het tegen hem had opgenomen, en die hij op het punt stond genadeloos af te ranselen, recht in de ogen keek, zag hij de weerspiegeling van zijn moeders ogen, lang geleden – wanneer hij als jongetje ondeugend was geweest – en voelde hij zich beschaamd.

Het zou een verklaring kunnen zijn. De hand die de wieg schommelt is soms de enige brug van begrip tussen twee culturen.

Zus Keuchenius, de eerste vertelster.

Anneke in de jaren veertig.

BANDOENG: DE EERSTE VERTELSTER

Zus Keuchenius is in 1922 geboren en groeide op in Tjisaroea, een mooi berggebied op Java. De hoogvlakte is beroemd om zijn theeplantages en de familie van Zus had zich er sinds de jaren 1840 vijf generaties lang met het verbouwen van thee beziggehouden.

Ze woonde op de plantage Tjisaroea Selatan, in het regentschap Preanger, op wat bekendstond als particulier land, land dat tijdens de Hollandse kolonisatie oorspronkelijk op feodale leest werd bestuurd. Haar vader maakte een einde aan dat ongelukkige systeem toen Zus nog een kind was. Lijfeigen bedienden werden in vrijheid gesteld en ook slaven kregen hun vrijheid. Ze had een gelukkige en zorgeloze jeugd en leefde in een idyllische omgeving op de 280.000 hectare grote plantage. De temperatuur was onveranderlijk omstreeks 21 graden. De warme tropenzon en frisse berglucht produceerden samen een eeuwig zachte atmosfeer, die perfecte leefomstandigheden voor planten en mensen bevorderde. De theeplantages gedijden als grote dekens van groen op de golvende hoogvlakten. Er viel elke dag wel een regenbui en wanneer de grote veranderingen van de moesson kwamen, rukten prachtige onweersbuien aan de theestruiken en verfristen die voor de oogst. Lanen met kanariebomen, groepjes betelpalmen, als schildwachten, en de dichte rode bloesems van breedgekruinde vuurbomen leverden een platteland op dat met schoonheid gezegend was. De planters leefden in deze pracht en wisten dat ze door een groot deel van de wereld werden benijd.

Kinderen die hier opgroeiden reden in vrijheid op hun pony's. Hoewel Zus onderwijs volgde op een kostschool in Bandoeng, met leerlingen van velerlei nationaliteit, bracht ze al haar vakanties op Tjisaroea door.

Toen de Tweede Wereldoorlog begon, leerde Zus in Bandoeng typen en steno, maar vanaf het moment dat de Hollanders in maart 1942 capituleerden en de Japanners de macht overnamen, veranderde haar leven op een manier die ze nooit voor mogelijk had gehouden. Bijna zonder waarschuwing werden haar vader en twee van haar broers in juli van dat jaar door de Japanners opgepakt. Japanse soldaten kwamen naar Tjisaroea om te zoeken naar veronderstelde gedeserteerde Australische soldaten die zich op de plantage zouden schuilhouden. Ze werden niet gevonden, maar haar vader en broers werden met onbekende bestemming weggevoerd. Later bleken ze in de gevangenis van Gedongbadak te zitten en mochten ze eens in de veertien dagen bezoek ontvangen. Ze waren ondergebracht in een cel voor veertien personen, waarin al veertig moordenaars waren gehuisvest. De Hollanders gingen echt op zijn Hollands aan de slag om de cel schoon en 'leefbaar' te maken.

Zus, haar moeder en haar jongste broer belandden op 21 december in open internering in de Koningin Julianaschool. De zus van Zus werd pas later opgepakt. Ze bleven er drie dagen en de situatie was niet al te beroerd. Hoewel ze geen vrijheid hadden, handhaafden de Japanners orde en gezag en werd elke man die op verkrachting werd betrapt ter plekke doodgeschoten. De man die met hen was belast was een Hongaar, von Demeter, die koeasa, opzichter, was geweest op een theeplantage, maar als Japanse bondgenoot werd gezien omdat zijn land van herkomst nu tot de Asmogendheden behoorde.

Het eerste echte kamp waar ze belandden was Kareës, aan de rand van Bandoeng. In hun gedeelte zaten nog 100 andere vrouwen en ze brachten er de volgende twee jaar door. Kareës was een verzameling huizen in het armste deel van Bandoeng, omsloten door gedek (platen van gevlochten bamboe) dat aan de bovenkant van prikkeldraad was voorzien. In het kamp was een kleine pasar, of markt, waar ze voedsel konden kopen, en soms stond de poort open zodat ze bezoek van buiten konden krijgen.

In december 1944 werden ze overgebracht naar kamp Tjihapit. Ze liepen erheen, droegen hun eigendommen en legden vele, vele kilometers af. In dit nieuwe kamp, dat veel groter was dan Kareës, moesten alle jonge, sterke vrouwen transportdiensten verrichten. Zus werd 'meubelvrouw', zoals ze zegt. Ze kregen de taak om te werken met grote, platte, ijzeren karren, in groepen van vijf of zes, waarbij ze als paarden waren ingespannen om de karren, die ze eerst met meubels hadden beladen, te trekken. Ze vervoerden allerlei meubels, waaronder tafels, stoelen, bureaus en zelfs piano's. Voor het verhuizen van een piano, soms langs een trap, moesten ze met z'n drieën zijn. Meestal zongen ze wanneer ze met dit werk bezig waren, tot grote ergernis van de bewakers, van wie ze vaak hun mond moesten houden.

Zoals in kampen overal in Indonesië gebeurde, werden ze in beweging gehouden en bleven ze nooit lang op één plaats. Op een dag kwam het bevel dat hun groep van de ene kant van het kamp naar de andere moest verhuizen. De meubelvrouwen werden erbij gehaald om voor de verhuizing en het opruimen te zorgen. Toen de meubelvrouwen op een morgen met het werk bezig waren, kwam er een grote kar met koolresten en groenteschillen uit de keuken, die door de poort naar buiten moest. Eén meisje duwde en een ander trok. Dit was het werk dat Zus deed voordat ze meubelvrouw werd. Ze werden foerageurs genoemd. Ze was tot transportmeisje 'gepromoveerd' omdat ze sterk was. Ze was een paard, zoals ze zegt.

Toen gebeurde er iets vreselijks. Alles wat door de poort kwam moest op smokkelwaar – radio's, kachels, telegrammen, brieven – worden doorzocht. De Japanse bewaker van de poort hield de groentekar tegen en schreeuwde: 'Buka! Buka! (Maak open. Maak open.)', en ze moesten alle koolbladeren van de kar op straat kiepen zodat ze konden worden doorzocht. Dat gebeurde, en nadat het afval weer op de kar was geladen zeiden de bewakers dat de straat moest worden geveegd. Zus en haar metgezellin zeiden tegen de meisjes: 'Hoor eens, jullie zijn moe. Ga verder met de kar en wij zullen de straat vegen.'

De foerageurs gingen naar buiten en Zus en haar metgezellin begonnen de straat te vegen. Precies op dat moment stak de wind op, wat hun werk bemoeilijkte – hoe meer ze veegden, hoe harder de wind de koolbladeren weer over de straat blies. Een van de Japanners sloeg hen gade en Zus herinnert zich zijn naam nog – Tatsuka. Hij bleef hen in de gaten houden en Zus fluisterde tegen haar metgezellin: 'Ik moet naar de w.c.'

Ze liep naar het gat in de grond, maar het was bezet en ze moest dus wachten. Haar metgezellin kwam haar zoeken en zei: 'Hij wil dat je komt.'

'Wie?' zei Zus.

'Tatsuka. Je moet mee. Nu.'

Ze keerde terug en ging vóór hem staan, terwijl hij haar stampvoetend van woede iets onverstaanbaars toeschreeuwde. Daarna sloeg hij haar met de vlakke hand hard tegen haar linkerwang en oor. Instinctief wendde ze zich af en kreeg onmiddellijk een tweede daverende klap tegen de andere kant van haar gezicht.

Nog altijd schreeuwend, riep hij: 'Jullie, Hollandse vrouwen, zijn zo stom! Jullie vegen de straat en dan laten jullie de wind alles weer naar jullie toe blazen!'

Zus wist dat dit niet de ware reden voor zijn woede was. De meisjes hadden in feite al het afval met hun gebrekkige bezems opgeveegd, maar daarna hadden ze het in een sloot langs de straat gegooid. Misschien had dit Tatsuka's heftige uitbarsting veroorzaakt. Ze zouden de ware reden nooit te weten komen.

Tatsuka pakte Zus nu bij haar lange, blonde haar en gooide haar in het gras van de berm. Hij schopte haar terwijl ze daar lag, en daarna kwam er nog een Japanner, Kawasaki, die de geconfisqueerde koffers en meubels op de kar begon te doorzoeken. Ze kon niet zien wat hij deed, tot hij met een schaar in zijn hand op haar afkwam.

'O mijn God,' dacht ze. 'Hij gaat al mijn haar afknippen.'

Haar realiteitszin redde haar terwijl ze in zichzelf mompelde: 'IJdelheid der ijdelheden. Het is alles ijdelheid.'

Al haar haar werd afgeknipt, niet bepaald zachtzinnig, en nu kwam het ergste. Omdat ze niet naar de w.c. was geweest en zo werd vernederd, plaste ze in haar broek, en Tatsuka liet haar vlak bij de poort staan terwijl urine door haar korte broek op de grond drupte. Er kwamen drie heiho's (Indonesiërs die met de Japanners collaboreerden) aanlopen, die begonnen te wijzen en bulderend om haar erbarmelijke toestand begonnen te lachen. Haar hoofd was gezwollen als een voetbal en haar ogen waren bloeddoorlopen, terwijl ze daar – bijna kaal en met een natte broek – stond.

Daarna kwam Agnes, een Japanse vrouw die met een Hollander was getrouwd, en nam haar mee terwijl ze haar folteraars in het Japans streng toesprak. Agnes, die een vriendin voor het leven werd, bracht Zus naar het eerstehulpcentrum, waar een specialist haar ogen onderzocht, die geen ernstig letsel hadden opgelopen. Hetzelfde gold gelukkig voor haar oren en tanden.

'Vertel het niet tegen mijn moeder,' zei ze. 'Ze zal zich te veel zorgen maken als ze me ziet.'

De dokter behandelde haar met arnicazalf. Zus was geschokt toen ze, liggend op een divan, in de witte tegels van de kamer haar spiegelbeeld zag. Ze was onherkenbaar – haar haar was verdwenen. Terwijl ze daar rustig lag, werd er geklopt. Een zachte stem vroeg: 'Kun je lezen?'

'Ja, ik kan lezen.' De vrouw overhandigde haar een briefje van haar verloofde Maas van Appeldoorn, die ook ergens in Indonesië in een kamp zat. Ze kwam er nooit achter hoe de brief haar had kunnen bereiken, maar haar stemming knapte direct op en de pijn in haar ogen trok weg.

De kampleidster kwam naar haar kijken en zei dat de Japanners haar zo spoedig mogelijk weer aan het werk wilden hebben.

'Laat ze niet zien dat je zwak bent,' zei ze.

'Ja, ja,' zei de nu blije en opgevrolijkte Zus. 'Ik ga morgen terug.'

Het ergste van weer aan het werk gaan was dat ze kaal in het openbaar moest verschijnen. Een van de meisjes zei: 'Oké, ik weet de oplossing. Ik zal kepies (petten) maken die we allemaal op ons hoofd kunnen zetten, en dan zal niemand weten wie er geen haar heeft.'

Het werkte heel goed, tot ze bij de poort kwamen en de bewakers hen hun pet lieten afzetten, zodat ze naar smokkelwaar konden zoeken. Opnieuw werd Zus het mikpunt van spot en het duurde lang voordat ze zich over het gevoel van schaamte kon heenzetten.

Op 17 maart 1944 werd ze overgebracht naar kamp Makassar, in Jakarta – een beter kamp waar ze hun eigen moestuin hadden. Zus was opnieuw transportvrouw. Behalve dat ze hun eigen groenten teelden, deden ze dat ook voor kamp Tjideng, dat 15.000 vrouwen en kinderen huisvestte en de reputatie had dat mensen er ernstig werden mishandeld en wreed werden bejegend. Makassar kreeg altijd een grotere hoeveelheid voedsel dan Tjideng, omdat in Makassar arbeiders gehuisvest waren. Een groente die er werd geteeld was waarschijnlijk gondola. Zus had die nooit eerder gezien en zag die ook later nooit meer. Ze leek op Europese spinazie en groeide uitbundig aan ranken. Door koken werd ze slijmerig. Voeding met te veel gondola veroorzaakte diarree. Ze kregen af en toe bruine bonen en elke dag een rantsoen van een halve kop rijst, gekookte koolsoep en een klein stuk brood. De moeder van Zus stierf in het kamp en haar zus kreeg beriberi. Vlak voor het einde van de oorlog liep Zus ernstige diarree op en wist ze dat ze niet lang meer zou leven.

In Makassar werd niemand geacht te sterven, omdat het voedsel er zoveel beter was. Als mensen ongeneeslijk ziek werden, stuurde men hen naar een andere plaats. Slechts drie mensen stierven er – een vrouw aan hersenvliesontsteking, een kind na het eten van gedroogd varkensvoer dat in zijn maag uitzette, en een oude vrouw die plotseling zonder duidelijke reden overleed.

Op een dag beviel een jonge vrouw van een jongetje en doodden de bewakers drie varkens om die onder de 5000 gevangenen te verdelen – een feestmaal. Het meisje had een Japanse minnaar genomen om aan extra rantsoenen te komen, zodat de geboorte werd gevierd. Als de baby een meisje was geweest, zou er maar één varken zijn geslacht. Sommige meisjes gingen gewillig met Japanse mannen mee, wanneer er om vrijwilligsters werd gevraagd. Ze hadden er hun eigen redenen voor, zegt Zus. In sommige kampen deden verhalen de ronde over vrouwen die met geweld werden meegenomen en verkracht, maar Zus had dergelijke dingen niet meegemaakt. In een bepaald kamp beklaagde een vrouw zich bij een officier dat een soldaat haar had verkracht. Er werd haar verzocht de schuldige aan te wijzen, die ter plekke werd doodgeschoten.

Dit is het verhaal dat me aanvankelijk zo van streek bracht en intrigeerde, en tot de ontdekking leidde van zoveel andere verhalen, die diep in het geheugen van mensen begraven lagen, maar niet waren vergeten. Het onrecht dat deze vrouwen en kinderen is aangedaan, en hun behandeling als krijgsgevangenen, al waren ze geclassificeerd als burger-geïnterneerden, zijn een aanklacht tegen de naoorlogse regering van Japan. De Amerikaanse regering heeft Japanse Amerikanen die in de Tweede Wereldoorlog in Amerika geïnterneerd waren schadeloos gesteld. Ik hoop dat de Japanse overheid ook iets goedmaakt van de onmenselijke behandeling, door de Japanse regering in de oorlog, van burgers in Indonesië.

Tjihapit

De Japanse aanval voltrok zich in een angstaanjagend tempo – nadat Sumatra was ingenomen, landden de Japanners op de noordkust van Java en bevonden ze zich binnen een dag 80 kilometer ten noorden van Bandoeng.

Ze drongen de stad binnen en alle soldaten van het KNIL werden overgebracht naar het hoofdkwartier van het vijftiende bataljon, dat uiteindelijk 19.000 krijgsgevangenen huisvestte. Wanneer de mannen op weg waren naar het vliegveld Andir en een vrouw de kolonne op haar fiets passeerde, riep ze: 'Nog berichten voor de vrouwen?'

> *De Japanners haatten onze vrouwen, omdat ze niet wisten hoe ze hen uit de buurt moesten houden. Zodra een Jap een vrouw wilde aanpakken, versperden de anderen hem met hun fiets de weg. Ze trapten uit frustratie tegen de fietsen, maar de vrouwen lachten hen gewoon uit.*

EEN ZEER VERPLAATSBARE GEVANGENE – Verhuizen was voor de vrouwen een van de angstaanjagendste aspecten van de kampen. In de begintijd van Tjihapit en Kareës, de kampen in Bandoeng, waren veel vrouwen constant aan het verhuizen. Van de ene kant van het kamp naar de andere, van het midden naar de buitenkant, van de ene straat naar de andere. Elke keer dat ze werden overgebracht, waren ze gedwongen wat bezittingen achter te laten, maar dat was niet het kwellendste aspect. Ze kregen nooit te horen waarheen ze werden overgebracht, of waarom, en hun ontworteling riep angst voor het onbekende op. De Japanners gaven nooit uitleg bij hun bevelen. Zich willen nestelen is een normaal instinct, en het was een kwellende en angstaanjagende ervaring voor de meeste vrouwen om, wanneer ze hun plek – hoe erbarmelijk ook – veilig, geborgen en zo gerieflijk hadden gemaakt als onder moeilijke omstandigheden mogelijk is, hun schamele bezittingen op te pakken en zich klaar te maken om naar een nieuwe, onbekende locatie te verhuizen.

De tweeëntwintigjarige Ina Leenaars was verpleegster in het ziekenhuis van Bandoeng en werd geïnterneerd toen de Japanners de macht overnamen. Haar taken in het ziekenhuis werden door inheems medisch personeel overgenomen. In het begin waren er 1200 geïnterneerden, maar uiteindelijk waren het er 14.000.

Ze was op eenjarige leeftijd naar Indonesië gekomen en beschouwde het als haar land. Ze nam alles wat ze kon dragen, waaronder een matras, mee naar Tjihapit en kreeg een plaatje met een nummer dat ze te allen tijde moest dragen. De accommodatie bestond uit huizenblokken rond een vierkante tuin, met daaromheen een drie meter hoge dubbele bamboeschutting. Aan de binnenkant van deze schutting, op anderhalve meter afstand, was een lagere afrastering van prikkeldraad. Bewakers patrouilleerden langs de hele schutting en probeerden te voorkomen dat gevangenen kleren ruilden voor voedsel van buiten. Ondanks zware straffen kwam er geen einde aan de ruilhandel en nam ze in omvang toe naarmate het voedsel in het kamp slechter werd. Nu hun voormalige werkgevers achter bamboe en prikkeldraad opgesloten zaten, bedienden veel Indonesiërs, die verschrikkelijk gebrek aan geld en kleren hadden, zich constant van een systeem van ruilhandel via de *gedek* (bamboeschutting).

Ina's moeder en zus werden naar een ander kamp overgebracht. Ze woonde met een vrouw en haar dochter en drie andere verpleegsters in twee kamers – beter dan de meeste accommodatie. Na een jaar in Tjihapit kreeg ze te horen dat ze moest verhuizen en zou worden overgebracht, zonder dat de bestemming werd genoemd, naar Struiswijk, een oude Hollandse gevangenis aan de buitenkant van Jakarta. Ze had geluk, zegt ze, omdat de commandant Koreaan was en zich humaan gedroeg. Hij zorgde ervoor dat twee dokters het kamp bezochten en was uitzonderlijk aardig voor kinderen, die hij een lolly gaf wanneer ze een lucifersdoosje vol vliegen hadden gevangen. De negen verpleegsters woonden in een kleine barak, maar hadden door de hoge gevangenismuren niet de mogelijkheid, zoals in Tjihapit, om ruilhandel te drijven.

De kwaliteit van het eten ging al snel achteruit en het werd volgens Ina:

> *...erg smerig en zat onder de maden en korentorren, wormen, loog en schimmel. Er was geen groente meer, behalve kangkong, en vlees was nooit iets anders dan ingewanden en halsstuk, en die in zeer beperkte hoeveelheden. Melk verdween helemaal, behalve voor baby's van nog geen jaar. Je kunt je voorstellen hoe wanhopig moeders vanwege hun kinderen werden. Het broodrantsoen was een kleine homp van zo'n vier centimeter dik, maar het smaakte zó beroerd dat we het alleen konden eten omdat we zo'n honger hadden.*

Ondanks de slechte voeding voelde Ina zich heel veilig, zeker van haar werk en haar plek om te slapen, toen ze plotseling bevel kreeg met honderd vrouwen en kinderen naar de poort te gaan, en ze op een vrachtwagen werden geladen voor transport naar Adek, een kamp in Jakarta dat al overvol was.

> *'Het was een hel. We bleven er maar twee nachten, maar die korte tijd was een echte nachtmerrie. Niemand vertelde ons waarom we erheen waren gebracht of hoe lang we er zouden blijven. Er was geen ruimte*

voor ons, geen voedsel, en de gevangenen beschouwden ons als indringers. Ze hadden er het land aan hun karige rantsoen met ons te moeten delen. Hun commandant was een beest en kende geen enkel mededogen. We overleefden het verblijf, niet wetend hoe lang het zou duren, en werden weer op vrachtwagens geladen en naar het station gebracht. Enkele Hollandse krijgsgevangenen hielpen ons met de strompelende vrouwen en baby's op het randje van de dood, en we werden in derdeklassetreinwagons geladen, alle gesloten en geblindeerd, met een heiho aan elk uiteinde en één toilet, dat binnen de kortste keren overliep en niet meer werkte. Weer keken de bewakers de andere kant uit wanneer we hun vroegen waar we heen gingen. Jengelende kinderen en schreeuwende moeders, snikkend en hysterisch, en ten slotte dodelijke stilte terwijl de trein achteruit en vooruit in de duisternis werd gerangeerd en soms urenlang stilstond. Eindelijk arriveerden we in Cheribon, aan de noordkust van Midden-Java. We bleven er lang en reden vervolgens naar Semarang, waar we werden uitgeladen en een voettocht van een uur naar Halmahera maakten. We waren door voedsel- en slaapgebrek allemaal zo zwak dat sommige vrouwen het niet volhielden en in het gras neervielen. Ik weet niet hoe het met hen is afgelopen. We werden opgejaagd door de soldaten, die ons met hun bajonet voortdreven.

In Halmahera was nergens een beschutte plek te vinden waar we konden slapen, zodat we in de openlucht moesten blijven. Goddank regende het niet! Sommigen van de vrouwen die in het kamp zaten hadden met ons te doen en gaven ons muskietennetten en een paar matrassen. Het eten in dit kamp was het slechtste dat ik ooit had meegemaakt. We leefden drie weken zo.

Op een morgen werden we plotseling verzameld, opnieuw op vrachtwagens geladen en urenlang pijlsnel weggevoerd, tot onze gezichten door de wind, de hitte en het stof rood en schraal waren en vol blaren zaten. We wisten nu wel hoe zinloos het was te vragen waar we heen werden gebracht. 's Avonds kwamen we aan bij Ambarawa 9, en wie stonden daar aan de poort – mijn zus en mijn moeder! Door deze schitterende thuiskomst vergat ik de voorafgaande ellende en misère volkomen. Mijn moeder was nog maar een schaduw van haar vroegere persoon en was van tachtig tot veertig kilo afgevallen.

Enige tijd later werden we weer overgebracht naar een beter kamp, Banjoe Biroe 10, waar we plotseling eieren voorgezet kregen, en wat nog meer? Meer eieren! En een pakket van het Rode Kruis. En nog een pakket van het Rode Kruis! De grote poort bleef wijdopen en leveranciers kwamen binnengestroomd. Het was het einde van de oorlog.

Dat was een fantastische tijd. Maar we waren niet veilig. De poorten moesten gesloten blijven vanwege de Merdeka's (Indonesische strijders voor onafhankelijkheid). De Japanners waren verdwenen en we verkeerden in een erg kwetsbare positie tot de Goerkha's arriveerden en *de Merdeka's weerhielden van pogingen om ons te vermoorden. De Goerkha's hadden gepantserde vrachtwagens en escorteerden ons naar Semarang, waar we werden ingescheept op stoomboten naar Jakarta, om vervolgens per trein te worden teruggebracht naar Bandoeng, de stad waar we vandaan kwamen.*

Maar wat moesten wij verpleegsters nu doen? Ze vertelden ons dat het Rode Kruis overal ter wereld verpleegsters nodig had, met name in Australië en Nieuw-Zeeland om soldaten te helpen oplappen, zodat ik naar Australië ging om in het Wilhelmina-ziekenhuis in Sydney te werken. Ik ontmoette in het ziekenhuis, dat door de Hollandse regering was gekocht, mijn man, een officier bij de Hollandse koopvaardijvloot.

Dit is het slot van mijn verhaal. Het schrijven riep veel emoties bij me op.'

ENGELEN EN DUIVELS: KAMPDOKTERS EN VERPLEEGSTERS – De toegewijde zorg en aandacht die ze van medegevangenen, de dokters en verpleegsters, kregen was een grote troost voor de vrouwen in de donkere dagen van hun gevangenschap.

De zeventienjarige Jean Sande werkte als hulpverpleegster in het kamphospitaal van Tjihapit, wat een betrekkelijke luxe was vergeleken met wat zou volgen. Na een poos op eerstehulp te hebben gewerkt, akelig werk waarbij ze voor slachtoffers van bombardementen moest zorgen, werd ze later naar de dysenterie-afdeling overgeplaatst.

'De Jappen waren bang voor dysenterie (een besmettelijke ziekte die darmontsteking veroorzaakt) en kwamen niet in onze buurt, wat geweldig was omdat een van de dokters een kleine radio had. Het betekende dat we naar nieuwsberichten van overzee konden luisteren, en dit hielp ons de moed erin te houden. Het werk was echter deprimerend. We konden erg weinig doen omdat medicijnen schaars waren. Het was al erg genoeg om volwassenen te zien sterven, maar ik herinner me nog levendig de bedroefdheid toen een achtjarig meisje het niet haalde. Een ander heel triest geval was een vrouw die wist dat ze stervende was en me smeekte haar zoon de groeten te doen "als we eruit waren". Ik knielde elke morgen aan haar bed en vertelde haar dat ze moest volhouden, omdat we weldra bevrijd zouden worden. Ik moest fluisteren omdat in het bed ernaast iemand lag die met de Jappen sympathiseerde. We moesten heel voorzichtig zijn als we het over "na de oorlog" hadden, voor het geval iemand ons toevallig zou horen.

Iedereen was bang voor dysenterie. De verpleegsters en dokters dompelden hun kleren en lakens 's nachts in ontsmettingsmiddel, voordat ze die naar de wasserij stuurden. Het was moeilijk om vrijwilligers te vinden, omdat veel mensen bang waren voor besmetting, en het was dus een grote steun toen de beroemde Hollandse cabaretière Corrie Vonk haar hulp aanbood. Zij en haar man Wim Kan hadden vóór de oorlog het aanzien van filmsterren in Holland, en werden op Java gevangengenomen toen ze in Indië op tournee waren. Corrie, die niet groter was dan anderhalve meter, straalde een geweldige energie uit en vrijwilligers stroomden toe om in haar gezelschap te zijn. Hoewel ze niet in de ziekenzalen mocht komen, bereikte Corries goede humeur de mensen die in bed lagen en hielp hen opgewekt te blijven. Ze zette een steelpan op haar hoofd en danste in het rond, blijmoedig op het pannetje tikkend en zingend: 'Ja pannetje, ja pannetje, jij zal nog weleens voor hete vuren komen te staan.' De woordspeling was duidelijk.

Iedereen bulderde van het lachen en de stomme Japanse bewaker lachte mee, zonder de betekenis te begrijpen. Corrie was geen mooie vrouw, met haar samengeknepen gezicht en kortgeknipte haar, maar ze was leuk. Die begintijd in het eerste kamp was een geweldige ervaring van kameraadschap. Ik zal die tijd nooit vergeten. Toen we te horen kregen dat we ergens anders heen zouden worden gebracht, was het triest om van iedereen afscheid te nemen. Ik heb niemand nog ooit teruggezien.

Jean en haar moeder werden op een trein gezet voor een reis die een nachtmerrie werd. Er waren acht wagons, alle geblindeerd, en voor elke wagon was iemand aangewezen om eerste hulp te verlenen. Jean was verantwoordelijk voor haar wagon.

Nu begon het wachten. Jappen renden rond op de perrons en schreeuwden de jonge Indonesische bewakers bevelen toe. Op het laatste moment arriveerde een vrachtwagen met een vrouw op een brancard, vergezeld door een vrouwelijke dokter, een duivel, die werd geacht verantwoordelijk te zijn voor de ziekenboeg die er niet was. Na nog veel meer geschreeuw werd een extra wagon aan de trein toegevoegd en vroeg de dokter wie de eerstehulpzuster was. Ik moest mee om in de ziekenboeg te werken en kreeg de taak te helpen met de patiënte op de brancard, een hartpatiënte die in geen geval mocht worden verplaatst.

Toen de trein uiteindelijk vertrok, kwam de "patiënte" overeind, graaide in haar tas en viste er een fles cognac en twee glazen uit. "Op ons succes," zei ze, terwijl zij en de dokter proostten. Ik was woedend. In de andere wagon zaten zoveel echt zieke mensen in de hitte en drukte opeengepakt. Het was een nachtmerrieachtige reis met om hulp roepende mensen en een verschrikkelijke, zware stank van uitwerpselen. We kwamen de volgende morgen op onze bestemming aan, die Solo, Midden-Java, bleek te zijn. We werden naar een binnenplein ge-

bracht dat vóór een gebouw lag dat het paleis van de sultan leek. Het zag er heel veelbelovend uit. Velen van de Japanse officieren die de leiding hadden spraken Hollands, omdat ze vóór de oorlog in Indië hadden gewerkt.

We werden naar grote schuren met wanden van gevlochten bamboe gebracht, en de vrouwelijke dokter die met ons was belast was dr. Engel, een engel. Er waren geen ramen en we kregen op lange banken net genoeg ruimte toebedeeld voor onze matrassen, waarbij potloodstrepen de grenzen aangaven. De ruimte werd elke dag gecontroleerd en jaloers bewaakt. Elk blok bestond uit vier zalen met elk twintig mensen en had een hoofd dat verantwoordelijk was voor netheid en goed gedrag. Ze moest verantwoording afleggen aan de komitjo (blokhoofd), die werk in keuken, tuin of toiletten toewees.

Ik was pas hersteld van een blindedarmontsteking voordat we uit Bandoeng vertrokken, zodat dr. Engel een briefje schreef dat ik minstens een week geen enkel werk mocht doen en daarna in het ziekenhuis mocht werken. Dr. Engel zelf had een beschadigde nier als gevolg van een afranseling door een Jap. Het was een vreselijke slag toen ze stierf en werd vervangen door een duivel. Ik kon onder die vrouw niet werken, zodat ik bedankte en houthakster werd.

Een van onze patiënten was een bekende vrouw uit Bandoeng die een chocolade- en gebakwinkel had, die echt voortreffelijk was. Het was een gewoontjes uitziende vrouw met een hart van goud die verschrikkelijk aan dysenterie leed, en we hadden geen hoop dat ze zou herstellen. Ze smeekte om lippenstift en poeder, die we wisten te vinden, en daarna begon ze op wonderbaarlijke wijze vooruit te gaan, om ten slotte helemaal beter te worden. Ze zei dat ze bij de Hemelpoort was aangekomen en dat men, na één blik op haar te hebben geworpen, besliste dat ze te lelijk was om binnen te mogen, en ze dus werd teruggestuurd. Haar goede humeur vrolijkte ons allemaal op.'

Nonnen zorgden met haast onwereldse liefde en geduld voor oude mensen en ongeneeslijk zieken. Een knap blond meisje, dat verpleegster was geweest op een missie, werkte hard en toegewijd en leidde het slecht uitgeruste ziekenhuis met de grootste zorg. Er was een kleine grijze kinderverzorgster die in een geheime verstandhouding met haar vriendin, de hoofdzuster, koppig voor de rechten van haar jonge pupillen opkwam. Ze vormden een front tegen het keukenpersoneel, niet om dingen voor zichzelf te eisen, maar om extra voedsel voor de aan hun zorg toevertrouwde kinderen te krijgen.

Anneke herinnert zich de twee ook:

'De ene was groot en donker van haar en had een kaarsrechte rug, de andere was klein, droeg een glinsterende bril en trad voortvarend op.

Wanneer ze op oorlogspad waren, wist je het, en je wist ook dat de specialisten in de keuken er van langs zouden krijgen.

Een andere verpleegster van de missie bezocht de zieken, en de kinderen gilden elke keer dat ze kwam van verrukking. De meeste moeders hadden het te druk en waren te moe om hun kinderen de noodzakelijke liefde en zorg te schenken en de leemte werd door deze vriendelijke, rustige verpleegster gevuld. Ook al waren veel van de benodigde medicijnen niet beschikbaar, haar zachte, zangerige stem en haar zachte hand op hun voorhoofd droegen vaak wonderbaarlijk bij aan hun herstel.

Uiteindelijk bevonden zich in kamp Solo, dat soms kamp Boemi of Ziekenzorg II werd genoemd, meer dan 4000 vrouwen en kinderen. Er waren maar drie dokters om voor de gevangenen, wier gezondheid bleef verslechteren, te zorgen, en Anneke herinnert zich met liefde en bewondering dezelfde dokter die Jean bij haar aankomst in Solo had geholpen – dr. Engel.

We werden het er allemaal over eens dat de dokters een groter rantsoen zouden krijgen, omdat dag en nacht een beroep op hen werd gedaan en we het ons niet konden permitteren hen te verliezen. Dr. Engel sloeg ons aanbod af en ik herinner me haar woorden nog duidelijk: "Hou je voedsel! Ik zou er niet aan denken. Het is je enige medicijn. Zoals de rantsoenen nu zijn, kunnen ze jullie al nauwelijks in leven houden. Als je ze nog kleiner gaat maken door van ieders rantsoen iets af te halen om één persoon een beetje beter te voeden, onderteken je daarmee je eigen doodvonnis."

Dr. Engel leek een beetje op madame Curie, met haar lichtgrijze, bijna witte krulhaar dat vanaf haar oren in een strakke knot in haar nek bijeengebonden was. Haar strenge kapsel slaagde er niet in te voorkomen dat enkele weerspannige krullen, die zich net zo tegen beteugeling verzetten als zijzelf, ontsnapten. Ze was heel klein van stuk, maar had de moed van een leeuw. In haar heldere blauwe ogen fonkelde grote vastberadenheid wanneer ze aan het werk was, en de kracht van haar persoonlijkheid kon verslappende en ontmoedigde vrouwen ertoe brengen weer goed te functioneren. Ze kon zo nodig zacht en meedogend zijn, maar ik heb die blauwe ogen staalhard zien worden wanneer de situatie het nodig maakte. Ze beschikte over een snel, scherp verstand en kon er genadeloos mee uithalen.

De meest voorkomende en gevaarlijke ziekte in die tijd was zelfbeklag. Ze bezag die met wanhoop en probeerde haar elke keer dat ze haar opmerkte de kop in te drukken door ons op onze verantwoordelijkheden tegenover onszelf en anderen te wijzen. Zij sleepte me uit een diepe, duistere zenuwinzinking en kreeg me weer op de been. Haar energie was onbegrensd en ze was meedogenloos voor zichzelf. Deze eigenschappen wekten geestdrift bij alle mensen die in haar omgeving werkten. Als het aan haar lag wandelde ze nooit, maar rende ze de hele dag en soms nog de halve nacht. De manier waarop ze rende was kenmerkend voor haar gemoedsgesteldheid. Ze ging van start met de ene schouder hoger dan de andere, alsof ze bij de Olympische Spelen uit een startblok sprintte.

Als een patiënt – kind of volwassene – in levensgevaar was, week ze tijdens de strijd tegen haar grootste vijand, de dood, nooit van zijn of haar zijde, en ze vatte een nederlaag niet licht op. Met elke patiënt die ze verloor, raakte ze iets van zichzelf kwijt. Dit koppige vrouwtje liet zich ook door een Jap niet klein krijgen.

Ik zal nooit dat ene vreselijke moment vergeten dat ze tegenover een hoge Japanse officier stond en hem met totale, ondubbelzinnige minachting recht in de ogen keek. Ze was hem net snel voorbijgelopen om voor een vrouw die een flauwte kreeg te zorgen, en had nagelaten te buigen – een vreselijke belediging. Hij sloeg haar hard tegen het gezicht en ze sloeg hem zonder aarzelen even hard terug. Zijn gezicht kreeg een lelijke, paarsrode kleur en hij trok zijn zwaard. Bliksemsnel pakte ze het vast en trok het uit zijn hand. Wie zou een dergelijk optreden hebben verwacht van dit kleine, grijze, vermoeide vrouwtje? Deze officier beslist niet. Hij bleef een ogenblik verbluft staan en beval zijn bewakers daarna haar op te sluiten.

Ze brachten haar weg en sloegen haar genadeloos. Ze trapten haar overal tegen haar lichaam en hoofd, maar konden haar niet breken. Wat haar ten slotte klein kreeg was dat ze werd opgesloten en niet meer voor haar patiënten kon zorgen. Ze sloten haar in een kleine kooi, waar ze niets omhanden had behalve denken aan wat ze voor haar patiënten had moeten doen. De kooi had geen sanitaire voorzieningen, maar dat kon haar waardigheid niet aantasten.

Ze werd weggevoerd en we hoorden maandenlang niets over haar lot behalve vage berichten dat ze nog leefde. Toen was Tenno Heika (Hemelse Vader, de keizer van Japan) jarig en mochten we een wens doen. De Jappen verwachtten dat we om extra voedsel zouden vragen, maar we verzochten bijna zonder uitzondering om de terugkeer van dr. Engel.

Tot onze grote verrassing werd de wens vervuld. Ze was lichamelijk een gebroken oude vrouw, maar haar geestkracht was absoluut niet gebroken. Ze vertelde ons dat ze het elk moment had kunnen opgeven, door met haar hoofd tegen de wand te beuken, maar dat ze zichzelf had gedwongen vol te houden door te doen alsof ze haar gewone werk deed. Tijdens haar maanden in de gevangenis had ze niet veel voedsel binnen kunnen houden. Nu begon ze geleidelijk weer te eten, maar ze weigerde te rusten en pakte bijna aan alsof ze geen moment bij ons weg was geweest.

Ze bleef wanhopig in touw, tot een verschrikkelijke steenpuistinfectie op haar been haar voorgoed velde. Op een avond probeerde ze voor een spoedgeval op te staan en viel ze languit voorover. Een van de nachtverpleegsters hoorde haar roepen en schoot te hulp. Ze was te zwak om op eigen kracht op te staan. Een hevige en fatale dysenterie maakte in enkele dagen een einde aan haar dappere strijd. Eindelijk had ze voorgoed rust.

We hebben daarna nog lang over haar gepraat en ik hoorde dat ze zich in Soerabaja, voordat ze gevangen werd genomen, moedig in de ongeregeldheden had begeven en de gewonden er eigenhandig uit had gehaald. Op een avond sleurden oproermakers haar uit haar auto en staken die in brand, en ze zette haar werk met de fiets voort. Ze bleef haar weldaden verrichten tot de Jappen haar ten slotte gevangennamen.

Het is triest te bedenken dat geweldige mensen zoals dr. Engel er niet in slagen mensen meer liefde en begrip bij te brengen. Toen we van Solo werden overgebracht naar kamp Halmahera in Semarang, begrepen we dat het Gods wijsheid was dat ze was weggenomen. Ze zou de verschrikkelijke haat en het vreselijke egoïsme en kwaad die dit kamp in hun greep hadden niet hebben kunnen begrijpen.

De aankomst in dat kamp, en wat erop volgde, hebben mijn herinneringen volkomen uitgewist.'

TJIDENG

Als ze het woord Tjideng hoorden, sloeg veel vrouwen de schrik om het hart. Tjideng, een kamp dat tijdens het laatste jaar van de oorlog meer dan overvol was en waar de behandeling ongelooflijk slecht was, kende een tijdlang het onmenselijke regime van luitenant Kenichi Sonei.

Janny Belzer-van Donselaar woonde vóór haar internering met haar echtgenoot in Jakarta. De gouverneur-generaal had hun een vals gevoel van veiligheid gegeven, toen hij na Pearl Harbor bekendmaakte dat men zich nergens zorgen over hoefde te maken. Het was een grote verrassing toen de oprukkende Japanners in de straten van Jakarta verschenen en iedereen zich realiseerde dat ze er, tot dan toe volkomen onopgemerkt, al langer waren.

> *De kruidenier in de buurt, de winkelier om de hoek en de fotohandelaar, het waren allemaal Japanners. Nu stonden ze in Japans officiersuniform vóór ons. We waren verbaasd!*

De vrouwen en kinderen verzetten zich toen ze te horen kregen dat hun fietsen verbeurd zouden worden verklaard, en maakten ze onbruikbaar door de ketting en spaken onklaar te maken. Het stelde echter allemaal te weinig voor en kwam te laat. Het ene na het andere gezin werd opgepakt, hun huizen werden verbeurd verklaard en ze werden in hechtenis genomen. Er waren veel kampen in Jakarta: Grogol, Kramat, Adek, Tanahtinggi, Struiswijk en Tjideng. Kampong Makassar en Vincentius volgden later.

Een omheinde groep huizen in een buitenwijk vormde het beruchte kamp Tjideng aan de westkant van Jakarta. Het was aan de ene kant begrensd door de rivier de Tjideng en aan de andere kant door de rijksspoorweg en het bandjirkanaal (afvloeiingskanaal).

Thea Sloane-van der Meer herinnert zich het kamp:

> *De huizen in het kamp waren van de rest van de stad geïsoleerd door een hoge schutting van gevlochten bamboe, versterkt met prikkeldraad. Een paar grote deuren van hetzelfde materiaal vormden de ingang van het kamp.*

Het kamp werd in oktober 1942 geopend en had aanvankelijk geen gesloten karakter. De gedetineerden mochten boodschappen doen op de markten en

Ingeborg van Epenhuysen-Tuckermann in 1942, op twintigjarige leeftijd. Inge hield een dagboek van haar kampjaren bij.

hun eigen eten koken. Veel vrouwen hadden weinig geld, omdat in de meeste gevallen hun huis en eigendommen waren geconfisqueerd en hun bankrekeningen waren geblokkeerd. De ondernemendste vrouwen zetten bedrijfjes op om hun financiën aan te vullen. Een van de families die hiermee succes hadden waren de gezusters Tuckermann. Ingeborg, de oudste, hield gedurende het grootste deel van hun gevangenschap een dagboek bij, en het vertelt een opmerkelijk verhaal van moed en vastberadenheid om schijnbaar onmogelijke omstandigheden te overwinnen.

Ingeborgs vader was een hoge ambtenaar van het ministerie van Financiën. Ze woonden in Pegangsaan, in een mooi oud huis met marmeren gangen en brede, witte, marmeren traptreden voor de entree. Het was er aangenaam en koel en het lag op maar een korte fietsrit afstand van de universiteit waar Ingeborg studeerde. Toen alle auto's van de Hollandse families in beslag werden genomen, behoorde Ingeborgs vader tot de eerste groep die werd gearresteerd. In de vroege morgen van 11 mei 1942 kwamen vier Indonesische politieagenten naar hun huis en namen hem mee. De familie was vertwijfeld en wist niets van zijn bestemming. Een zus reed de politieauto op de fiets achterna en ontdekte dat hij op het hoofdbureau van politie werd vastgehouden. Mensen met een hoge positie werden allemaal al snel gevangengenomen – de gouverneur-generaal, Tjarda van Starkenborgh Stachouwer, was de eerste. Ingeborgs vader werd later overgebracht naar Struiswijk, een gewone gevangenis aan de westelijke rand van de stad. De familieleden keken vanaf de kant van de weg toe, terwijl deze eens belangrijke mannen als dieren in veewagens werden geladen en afgevoerd.

Alle banken waren gesloten en ze hadden geen geld, zodat ze gedwongen waren hun bedienden te ontslaan. Ze verhuisden naar een klein huis – de moeder, haar drie dochters, en een jong meisje en haar baby over wie ze zich hadden ontfermd. Ingeborgs moeder kon de veranderde situatie van meet af aan niet aan. Ze was altijd een heel afhankelijke vrouw geweest en nu haar echtgenoot weg was werd ze erg neerslachtig. De twintigjarige Ingeborg nam de volle verantwoordelijkheid voor het gezin op zich. Ze studeerde aan de universiteit – haar jongere zussen zaten nog op school. Ze had op kostschool in Zwitserland, toen de oorlog met Duitsland uitbrak, al geleerd zelfstandig te zijn.

'We waren gehersenspoeld tot het idee dat de "kleine gele Jappen" een nutteloos soort mensen waren, en we meenden dat de oorlog snel voorbij zou zijn, maar mijn vader wist wel beter. Hij vertelde ons dat we een lange, zware tijd tegemoet gingen, voordat we weer vrij zouden zijn. Door zijn pessimistische instelling had hij het moeilijk in de gevangenis, waar mensen alleen optimistische woorden op prijs stellen. Hij stierf in de gevangenis op het moment dat de vrede werd getekend.

Het gezin werd aanvankelijk gevangen gehouden in Kramat in een *perlindoengan*, of beschermd gebied. Ze mochten hun eigen boodschappen doen, maar er ontstond al snel een tekort aan levensmiddelen op de *pasar*. De meeste winkels waren bijna leeg en hadden alleen pinda's en wat ingeblikt voedsel te koop. Produkten zoals suiker, rijst en aardappelen verdwenen al direct vrijwel volledig. Ingeborg herinnert zich:

> *Mijn zussen en ik begonnen een winkeltje met dingen die we zelf maakten, in een poging wat geld te verdienen. We woonden ongeveer zes maanden in dit huisje en door het gebrek aan normaal voedsel begonnen de oudere vrouwen, zoals mijn moeder, snel af te vallen. Ik kwam erachter dat er in Soekaboemi nog een hotel open was waar men kon logeren, en ik zorgde er dus voor dat mijn moeder en de anderen daarheen gingen om wat aan te sterken, terwijl ik achterbleef om op het huis in Kramat te passen en erop toe te zien dat het niet werd geplunderd. Toen ze het gebied met bamboe begonnen te omheinen, moest de rest van de familie terugkomen. Toen zagen we voor het eerst Japanse vrouwen.*
>
> *We hadden een "huis-Jap", zoals hij werd genoemd. Hij heette Naka en hij dook op elk uur van dag of nacht op om een praatje te maken of een drankje te drinken. Hij had heimwee en wilde bij de familie horen.*
>
> *Op een dag waren we erg blij toen een Indonesiër die ons trouw was gebleven ons een brief bracht van pa, geschreven op een vloeitje. Hij had hem naar buiten gesmokkeld door zich als fruitverkoper op een fiets te verkleden. Hij bracht ook kleine dingen van ons naar pa – erg dapper van hem.*

Schoolonderwijs was vrijwel van meet af aan verboden, maar mensen zagen kans hun kinderen les te geven, zolang ze het maar discreet deden. Het belangrijkste probleem was natuurlijk dat er geen papier was en boeken schaars waren.

> *Mijn zussen en ik ontwierpen bordjes om mensen te helpen de moed erin te houden. Op een ervan stond het rijmpje: "O wat een pech, onze baboe moest weg." We verkochten er veel van. We hadden ook enkele houten lepels met de woorden: "Zolang de lepel in de brijpot staat, dan treuren wij nog niet". Ook die waren erg populair. We maakten ook kleine sinaasappels. Ik ontwierp een boompje met sinaasappels, omgeven door prikkeldraad en de woorden: "Ondanks afrastering en prikkeldraad blijft de oranjeboom bloeien." Het boompje werd zo populair dat we er heel bekend door werden. We hoorden over de clandestiene radio dat prinses Margriet in Canada was geboren, en een van mijn zussen maakte een ontwerp van een meisje in Hollandse klederdracht met haar armen vol margrieten en de*

woorden: "Iedereen wil een margriet. Vraag er niet meer." Ook dit liep goed. Verder tornden we alle Hollandse vlaggen los die we te pakken konden krijgen en maakten er kleren van, zodat ze niet helemaal verloren zouden gaan.'

Deze milde vorm van sabotage maakte dat de vrouwen moed hielden en bleef vrijwel geheel onopgemerkt bij de Japanners – met uitzondering van de Hollandse vrouw die snoep maakte om te verkopen. In het Hollands heette het suikergoed borstplaat, en ze adverteerde haar produkt met een groot bord op de deur – *Borstplaat te koop*. De Japanners werden erg argwanend en doorzochten haar huis grondig, denkend dat ze misschien een verborgen voorraad wapens had.

15 JUNI 1943
De vrouw van de gouverneur-generaal, mevr. Van Starkenborgh Stachouwer, is naar de Kempetai (geheime politie) gebracht. De Jappen zijn veranderd en beginnen zich erg onaangenaam te gedragen.

17 JULI 1943
Alle mannen zijn nu opgepakt, behalve de alleroudsten. Een van hen, uit onze buurt, is 82 en een andere 100. Onze Indonesische "fruitverkoper" is verdwenen en we kunnen dus geen pakjes meer naar pa sturen. Alle mensen die zichzelf niet kunnen onderhouden zijn overgebracht naar Grogol – een voormalig krankzinnigengesticht. We maken het goed omdat onze winkel nog geld oplevert. (Uit het dagboek van Ingeborg Tuckermann.)

De Japanners begonnen op dat moment met het ophalen van meubels. Er werd bevel gegeven om alle koelkasten op te halen. Daarna, zo'n week later, alle kleerkasten. Toen schilderijen, stoelen en tafels, tot ze nagenoeg niets meer in huis hadden dan bedden. Niemand wist wat er met het meubilair gebeurde, maar men vermoedde dat alles wat enige waarde had naar Japan werd verscheept.

~

In oktober 1942 werd Riet Dekker-de Roder, met haar moeder en twee broers, uit haar huis in Jatingaleh, Meester Cornelis, gehaald en naar een groot Chinees huis een paar deuren voorbij dat van de familie Tuckermann in Kramat overgebracht. Ze deelden het met verscheidene andere gezinnen. Hun enige bezittingen waren nu hun bedden, een tafel en stoelen, een schrijfbureau en hun fietsen. Al het andere hadden ze achtergelaten en zagen ze nooit meer terug. Ze hadden ook nog hun fotoalbums en de kleren van hun vader. Met het typische optimisme van Hollandse vrouwen wisten ze zeker dat hij binnen niet al te lange tijd terug zou komen en iets nodig zou hebben om te dragen.

Hadwige (Heidi) Hlawatsch was een Duitse, getrouwd met een ingenieur uit een oude Tsjechoslowaakse familie, die vanuit Wenen naar Jakarta was gekomen. Ze hadden twee zoons, Lutz en Nick, en woonden sinds de jaren twintig in Indonesië. Toen de oorlog uitbrak, werd Heidi's echtgenoot ingelijfd in de civiele dienst van het Hollandse leger en tewerkgesteld bij de explosievendienst. Het was zijn taak ervoor te zorgen dat belangrijke gebouwen en machines niet in handen van de Japanners vielen. Hij zat ook in het verzet.

In de begintijd van de bezetting woonden ze in hun eigen huis, totdat op een dag de Kempetai kwamen en haar echtgenoot meenamen. Men vertelde haar dat ze martelingen toepasten om informatie over het verzet van hem los te krijgen, maar dat hij weigerde te praten. De Kempetai kwamen opnieuw naar haar huis en namen de oudste jongen, Lutz, die twaalf was, mee. Enige tijd later werd Heidi naar het hoofdbureau van de Kempetai gebracht en ondervraagd over de activiteiten van haar man. Ze hield haar mond en zag haar man in een vertrek, met nog twee Hollanders. Ze droegen alleen een onderbroek en waren bont en blauw geslagen. Ze haalden haar zoon, lieten hem aan haar zien en brachten hem daarna naar een andere kamer. Er werd niets gezegd, maar al heel snel hoorde ze zijn angstig geschreeuw. Al haar moed verzamelend, liep ze naar de Japanse officier en vertelde hem dat het onwettig en niet humaan was om kinderen te folteren. Ze eiste dat ze zouden ophouden. Ze vroegen opnieuw om informatie over de activiteiten van haar man, en ze antwoordde: 'Ik weet niets van zijn bezigheden. Ik ben veertig jaar. Denkt u dat hij met mij ooit over zijn activiteiten praat? Geef me mijn zoon!'

De Japanse officier was verrast door haar vrijmoedige houding en liet de jongen halen. Zijn polsen waren rood en rauw – ze waren achter zijn rug met touw vastgebonden geweest, en ze hadden hem aan een haak uit het raam laten hangen. Ze mochten vertrekken en liepen naar de jongste zoon, die buiten in een *betjak* zat te wachten. Toen ze thuiskwamen, zat hun huis vol plunderaars, die er vandoor gingen met wat ze maar konden dragen. Heidi redde wat er te redden viel en ging naar Kramat, zoals de Japanners haar hadden opgedragen. Er was geen huis voor haar en ze had geluk dat ze een ongebruikte garage als onderdak kon vinden. Het krioelde er van schorpioenen en ratten. Ze maakten hun eigen eten klaar, maar moesten in afval snuffelen naar andere dingen die ze nodig hadden.

Terwijl ze zich nog altijd zorgen maakte over haar man, hoorde ze op een avond verbaasd een fluisterende stem in het donker.

'Psst! *Mari sini* (Kom hier).'

Het gefluister kwam uit een groepje bomen. Ze liep er voorzichtig heen en kon de zachte stem goed horen, hoewel er geen gezicht te zien was: haar echtgenoot bevond zich in goede gezondheid in een kamp in Bandoeng. Dat was alles. De schim verdween even mysterieus als hij was gekomen. Dit luchtte Heidi enorm op. Ze had elke nacht gebeden dat haar man zou sterven in plaats van meer folteringen te moeten ondergaan.

Niet lang hierna werden alle jongens boven de tien jaar weggevoerd. Allebei haar kinderen werden meegenomen.

De hele nacht voor hun vertrek klampte de jongste zich aan haar vast, met zijn armen om haar hals, snikkend.

'Maak je geen zorgen, mam. Misschien gaat de oorlog vannacht wel voorbij.'

Ze zag of hoorde niets meer van haar jongens tot de oorlog afgelopen was.

~

Johanna van Anholt en haar man werkten in de jaren dertig in het hotelbedrijf in Tjilatjap, Java. Toen de oorlog naderbij kwam, werd Van Anholt voor militaire dienst opgeroepen. Johanna verhuisde met haar dochtertje naar Rivierland in Jakarta en werd plotseling met de realiteit van oorlog geconfronteerd toen haar man op een dag niet thuiskwam. Hij was geïnterneerd. De bedienden riepen haar naar buiten om naar de Japanse soldaten te kijken die over de straat marcheerden. De Indonesiërs juichten en schreeuwden en leken het zeer opwindend te vinden.

Soldaten reden door de straten en deden via luidsprekers mededelingen. Radio's werden verboden, alle auto's verbeurd verklaard, en ze kwamen huizen binnen om rode plakkertjes op verschillende schilderijen en meubels te plakken. De volgende dag kwamen er vrachtwagens om alle gemerkte spullen mee te nemen. Johanna en haar dochter werden ondergebracht in Grogol, het oude krankzinnigengesticht naast de begraafplaats. 's Nachts werd er voortdurend gegild. Het was erg angstwekkend. Soms drongen 's nachts plunderaars, naakt en met olie ingesmeerd, de gebouwen binnen. De soldaten gaven mensen bevel hen te grijpen, maar het was onmogelijk – ze glipten iedereen gewoon door de vingers.

KRAMAT

Op een dag, 7 augustus 1943, was er veel geroezemoes in het kamp en wisten we dat er iets stond te gebeuren. Het bleek onze verhuizing naar Tjideng te zijn. We hadden onze Europese hutkoffers nog, zodat we er alles in pakten wat we konden. De Jappen haalden alle dingen op die we achterlieten. We hadden nog wat linnengoed en onze fotoalbums. Dus vertrokken we, met honderden, in betjaks. Een erg grappige optocht. Toen we in Tjideng aankwamen, werden we met zeventien personen in één klein huis ondergebracht. Wij, de jonge meisjes, kwamen bij elkaar in wat de maagdenkamer werd genoemd. (Uit Ingeborgs dagboek.)

Johanna van Anholt, vóór haar internering.

Beseffend dat ze in een zeer beperkte ruimte samen zouden moeten leven, stelden de nieuwe geïnterneerden direct een aantal regels vast voor wassen, afwassen en koken. Hoe vulden ze hun dagen zonder onderwijs te volgen of hun werk te kunnen doen? Ingeborg vermeldt dat ze het de hele dag druk hadden.

De moeders hadden het natuurlijk druk. Hoewel ze het heimelijk deden, gaven ze hun kinderen toch les. We organiseerden spelletjes en toneel voor de kinderen. Er waren gespreksgroepen en Engelse conversatie.

Een van onze taken was de matrassen leeghalen en er kleinere van naaien. Ik had een magere en een dikke zus, die dus verschillende maten nodig hadden. Later maakten we ons helemaal niet meer druk over matrassen en sliepen we gewoon op tikars (gevlochten matten). Mijn moeder en jongste zus woonden aan de ene kant van het huis en mijn mollige zus en ik aan de andere. Ze sliep op een paar koffers, maar kon haar benen niet strekken omdat de ruimte niet lang genoeg was. Ik huisde samen met haar in het kleine keukentje. Het had een groot cementen aanrecht, en ik legde er dus een deur op en sliep daar. Ik moest eraan wennen om die in evenwicht te houden en er niet af te val-

len. Ik deed haar een paar keer pijn door boven op haar te vallen. Aan iedereen in het huis was ruimte toegewezen, maar ze hielden er geen rekening mee of er ruimte in beslag werd genomen door dingen zoals gootstenen en bagage.

Riet Dekker-de Roder, een van de eerste bewoners van Tjideng, herinnert zich het eerste jaar of daaromtrent als niet zo beroerd. Ze vielen onder burgerlijk bestuur en de kampcommandant was een vriendelijke man. Ze vervolgt:

Hij hield van muziek en moedigde muziekvoorstellingen aan – koren en het zingen van hymnen bij kerkdiensten. Het appel mocht zelfs worden overgeslagen als men zich niet goed voelde. We boften ook omdat we al vroeg naar Tjideng waren overgebracht en veel van onze eigen spullen hadden kunnen meenemen. We bewaarden ze onder ons bed en verdubbelden onze ruimte door de bedden op blokken te zetten.

Er was een commandant die we Kop-en-Kont noemden, dat we afkortten tot KK. Wanneer hij aan het rondneuzen was, werd er geroepen: 'Daar komt KK!'

~

Riet Sprengers kwam in december 1943 met haar moeder, zus en twee jonge broers naar Tjideng. Ze was negentien jaar. Ze kreeg een baan op het bureau en hield die tot het einde van de oorlog.

Ons werk bestond voornamelijk uit het typen van lijsten. Duizenden en nog eens duizenden. Er leek nooit een einde aan te komen en we deden ook de vijf andere kampen. Al het mogelijke werd nauwgezet genoteerd en gecatalogiseerd op deze eindeloze lijsten. Het hield me al die tijd dat ik in het kamp was bezig.

Elke keer dat nieuwe groepen uit andere kampen werden geïnterneerd, moesten we de hele avond werken om alles weer bij te werken. Ze wisten alles van iedereen, tot in de kleinste bijzonderheden. Een paar lijsten heb ik uit nieuwsgierigheid bewaard, en ik heb ze nog altijd.

De Japanners hadden het land aan het feit dat we ons nooit door hen lieten kennen. Hoezeer ze ons ook kwetsten, we verdroegen het gewoon, en daar hadden ze echt het land aan. We lieten hun nooit merken hoe we ons eigenlijk voelden. Al die dingen lukten ons beter dan de mannen. Ik veronderstel dat we het tegen hen opnamen omdat we de verantwoordelijkheid hadden voor kinderen te moeten zorgen. We moesten niet alleen sterk zijn voor onszelf, maar ook voor de kleintjes.

Tegen april 1944 werden we allemaal erg ziekelijk en suf. Baby's stierven eerst en daarna de oude mensen. Ik stond doodsangsten uit over het gebrek aan water, en we wachtten uren bij druppende kranen om het beetje water dat er uitkwam in onze blikken op te vangen. Toen ze aan het einde van de oorlog met grote tankauto's vol water kwamen, moest ik bij het zien van al dat water echt huilen.

9 APRIL 1944
We zitten nu op Nippontijd. Het is anderhalf uur later dan Javatijd. We moeten Nippon in plaats van Japan zeggen. Geld zegt ons nu niets. Eten is het enige betaalmiddel.

15 MEI 1944
Het gebruik van licht na werktijd is verboden. Iemand deed zonder nadenken een lamp aan en commandant Sonei werd kwaad. Er werden huizen doorzocht en ze vonden een geschiedenisboek waarin de naam Jansen was geschreven. Alle mensen die Jansen heetten werden opgeroepen en ondervraagd. Daarna werd het hele blok gearresteerd. (Uit Ingeborgs dagboek.)

Een overlevingstactiek die de gevangenen gebruikten was al het mogelijke te doen om verjaardagen op een speciale manier te vieren. Ingeborgs tweeëntwintigste verjaardag begon met een extra lang appel – ze moesten anderhalf uur in de zon staan. Toen het voorbij was, had ze haar verjaardagsfeestje en nam ze geschenken van haar familie in ontvangst. Haar moeder had een blouse voor haar gemaakt van een roodwitgeruite theedoek, met een boord en mouwen van witte servetten. Haar zussen hadden van de groene pyjama van haar vader een korte broek gemaakt. Ze gaven haar ook een Jan Steen-boek dat ze hadden samengesteld uit tekeningen die hun leven in Tjideng voorstelden, en een 'taart' van bataten en kokosnoot. Jan Steen staat bekend om de taferelen die hij schilderde van huishoudens die altijd in grote wanorde verkeerden. Met een huishouden van Jan Steen wordt dan ook een huishouden bedoeld waarin iedereen als een razende met verschillende dingen tegelijk bezig is. Toen ze naar hun kleine huis verhuisden, had Ingeborg de naam Jan Steen en een kleine zonnebloem boven de deur geschilderd, omdat het huis zo'n achteruitgang voor hen was, vergeleken met het grote huis waarin ze hadden gewoond.

Wanneer vrouwen weigerden naar de Japanners te buigen, werden ze tegen de grond geslagen en werd soms hun haar afgeknipt. Nu en dan werden ze naar de Kempetai gebracht. Hoewel ze er een hekel aan hadden, leerden ze weldra dat ze zich maar beter konden schikken. Wat niet wegneemt dat ze toch heimelijk gefluisterde verwensingen mompelden.

Wie ouder was dan zestien kreeg werk toegewezen in keuken of hospitaal, of moest de tuin bijhouden, schuttingen repareren of vuilnis ophalen en kuilen graven om het in te storten. Andere meisjes moesten een kar rondrijden: het ene meisje trok, het andere duwde. Ze laadden zakken rijst en cement uit die met vrachtwagens werden gebracht. In de huizen mocht niet worden gekookt – alle maaltijden werden in de centrale keuken bereid. Jonge knapen waren een uitkomst in de keuken, met al die zware pannen die getild moesten worden en hout dat moest worden gehakt. Er was ook een centrum voor zieke kinderen en geesteszieken. Ingeborg zegt dat het net een krankzinnigengesticht in de middeleeuwen was – kinderen en volwassenen werden op hun bed vastgebonden. Het sterftecijfer was hoog en steeg van zes tot tien mensen per dag. Wanneer ze geen hout meer hadden om kisten te maken, gebruikten ze *billiken* (gevlochten bamboe). Het bamboe was grof gevlochten en de lichamen in de kisten waren goed zichtbaar.

Margie, een van Ingeborgs zussen, werkte in de ziekenboeg. Op een dag zat ze aan het bed van een vrouw die net een operatie had ondergaan, en meende ze dat de vrouw vroeg of ze Margie heette. Ze antwoordde dus opgewekt: 'Ja, zo heet ik.'

Waarop de vrouw overeind kwam en gilde: 'Heilige Maagd Maria! U bent het echt! Bent u het echt?'

Margie herinnerde zich dat de directrice had benadrukt een patiënt nooit tegen te spreken, en knikte in antwoord op de dringende vraag van de vrouw. De vrouw raakte in vervoering, pakte haar bij de hand en zei: 'Heilige Maria met uw gouden haar! Haal mijn rozenkrans en laten we samen bidden!'

De nieuwbakken Maagd Maria rende rond tot ze een non tegenkwam en vroeg dringend om haar rozenkrans, waaraan een groot kruis hing. Ze gaf de rozenkrans aan de vrouw, die het kruis in Margies mond duwde en er vervolgens mee over haar eigen gezicht streek. Ze viel weer in zwijm en mompelde gebeden, terwijl ze in de bewusteloosheid van de slaap wegzonk. Toen ze later wakker werd, vertelde ze iedereen: 'Ik heb de Heilige Maagd Maria gezien! We hebben samen gebeden!'

Ingeborg zei: 'Toen Margie ons het verhaal vertelde, vielen we haast van onze stoel van het lachen, omdat ze allesbehalve heilig was. We hadden met de arme vrouw te doen, maar waren ook blij voor haar.'

~

In het laatste deel van 1944 vonden veel overplaatsingen van gevangenen plaats. Hoewel de gevangenen het niet wisten, begonnen de Japanners nederlagen te lijden. Ze werden in juni 1944 op het Marianeneiland Saipan door de VS verpletterd. In september 1944 landden de geallieerden op Morotai in het noorden van Halmahera. Het tij begon te keren.

Op 9 september 1944 werden alle joodse, Britse, Amerikaanse en Irakese families uit het kamp gehaald. Niemand wist waar ze heen werden gebracht, maar naoorlogse studies wijzen uit dat ze naar Tanahtinggi en Tangerang werden overgebracht. Tegelijk werden nonnen, sectieverpleegsters, vrijmetselaars en de enige vrouwelijke predikant van het kamp weggehaald. Hun bagage werd geïnspecteerd en ze mochten ieder slechts één gebedenboek meenemen. Alle andere papieren en documenten werden door de Japanners vernietigd. Deze groep werd naar Kramat overgebracht en van andere gevangenen gescheiden.

In oktober werden alle geesteszieke gevangenen en die met tbc en dysenterie in één straat verzameld en van de rest gescheiden. Drie weken later werden ze weggevoerd. Moeders van kinderen die werden meegenomen huilden, terwijl ze hulpeloos stonden te kijken hoe hun kinderen door de poort verdwenen. Niemand wist wat hun bestemming was – de vrouwen geloofden dat ze waarschijnlijk zouden worden vernietigd. De bewakers vertelden nooit wat de reden was voor dit soort verplaatsingen, wat verschrikkelijke angst opriep bij de toch al geplaagde vrouwen.

Janny Belzer-van Donselaar was een van de zieken die werden overgebracht. Ze denkt dat de zieken werden weggehaald omdat velen van de gevangenen op een dag te laat waren voor het appel, nadat ze op ziekenbezoek waren geweest. Sonei werd woedend en gaf bevel het hospitaal te sluiten en de zieken naar elders over te plaatsen.

> *Het werd onmiddellijk uitgevoerd. We moesten de straat op en lagen daar onbeschut in de gloeiende zon tot vrachtauto's ons kwamen ophalen. We werden naar een school gebracht die op dat moment mannelijke gevangenen huisvestte. Het was voor het eerst sinds jaren dat we Hollanders zagen, en ze zagen er afschuwelijk uit. Bleek en mager met starende ogen. Ik leed aan chronische dysenterie, beriberi en een vreselijke huidziekte die mijn armen van vingertoppen tot ellebogen had aangetast. De huid was helemaal rood en rauw en erg pijnlijk. De ziekte werd veroorzaakt door het zware werk dat we moesten doen en leidde tot temperatuurverhoging en hoofdpijn. Ze gaven me er aquaflavine voor en vervolgens stelde een andere dokter geel sublimaat voor, omdat koudvuur was ontstaan. Hij zei dat ik het twee uur moest laten zitten, maar er kwam niemand terug en de pijn was ondraaglijk. Het duurde bijna 24 uur voordat het werd verwijderd. Ik bleef in het hospitaal tot de oorlog was afgelopen.*

Veel van de ziekten in het kamp werden veroorzaakt door de slechte riolering. De oorspronkelijke toiletten konden het enorme aantal mensen dat die gebruikte niet aan, en de vrouwen werkten in ploegen om het overstromende materiaal uit de beerputten in open afvoergreppels te scheppen, die een constante besmettingsbron werden. Het afval lag daar tot het door de regen werd weggespoeld. Veel vrouwen hadden als gevolg van geïnfecteerde snijwonden vreselijke zweren op hun benen, en een van Ingeborgs zussen hield haar benen altijd ingezwachteld. Omdat ze van vodden waren gemaakt, raakten ze altijd los en sleepten ze door het vuil. Er waren geen veiligheidsspelden om ze op hun plaats te houden en er was geen enkele manier om ze te wassen. Ze dienden alleen om de vliegen weg te houden.

Johanna van Anholt werkte in de keuken, waar soms een hoeveelheid vleesafval werd afgeleverd.

> *Alle ingewanden van koeien! Zelfs de geslachtsdelen! We deden alles in de vleesmolen en maakten een paar honderd gehaktballen. Niet genoeg voor iedereen natuurlijk, zodat we iedereen op onze afdeling een nummer gaven en een paar honderd nummers afriepen, zoals bij een loterij. We hadden altijd honger en het maakte dat ik wankel op mijn benen stond. Uiteindelijk werden ze echter zo dun dat het wankelen ophield.*

Bij alle vrouwen hield de menstruatie op. Het gebeurde heel vroeg in hun gevangenschap en sommige vrouwen meenden dat ze op de een of andere manier onbevlekt zwanger waren geworden. Ze zijn het er nu allemaal over eens dat het uiteindelijk een zegen was. Zonder water, handdoeken of zeep het hoofd bieden aan het afgescheiden bloed zou al te belastend zijn geweest. Jonge meisjes bij wie de menstruatie op twaalf- of dertienjarige leeftijd zou zijn begonnen, kregen hun eerste ongesteldheid pas nadat ze uit de gevangenis waren bevrijd.

Tegen het einde van 1944, nadat de jongens bij hun moeders waren weggehaald en naar speciale kampen voor oude en zieke mensen waren gestuurd, begonnen de omstandigheden in het kamp verder te verslechteren toen nieuwe gevangenen uit Midden-Java werden aangevoerd. Het was er al overvol en de vrouwen beschouwden hun persoonlijke leefruimte als eigendom – en als onschendbaar. Wanneer groepen nieuwe vrouwen en kinderen arriveerden, vermoeid voortsjokkend met hun schamele bezittingen na een vreselijke reis in gesloten treinwagons, werden ze door velen van de bewoners die er al waren kwaad en vijandig tegemoet getreden. Waar moesten ze heen? Waar moesten ze slapen? Wat moesten ze eten? Op al deze vragen scheen geen antwoord te zijn en de nieuwkomers stroomden onverbiddelijk binnen, tot de kamppopulatie tot 10.500 vrouwen en kinderen was aangezwollen.

Het intern bestuur van de kampen was van meet af aan in handen gegeven van kamphoofden – aangewezen geïnterneerden die verantwoordelijk waren voor uitvoering van de Japanse bevelen. Het was hun verantwoordelijkheid erop toe te zien dat er geen onderwijs werd gegeven of religieuze vieringen plaatsvonden, en dat er niet aan recreatie, zoals balsporten, werd gedaan. Ze stonden nu voor de zware taak voor al deze nieuwe mensen een plaatsje te vinden in de reeds volledig benutte accommodatie.

De eerste stap was het smaller maken van de slaapruimte. Opnieuw werden matrassen losgetornd en op de toegestane breedte weer vastgenaaid. Porties voedsel werden verminderd en tegen het einde van 1944 kregen de vrouwen 6000 tot 7000 kilojoules per dag aan voedsel binnen. Gevangenen mochten geen handel drijven met de inheemse bevolking om extra eten te bemachtigen. Deze activiteit, die bekendstond als *gedekken*, werd beschouwd als een misdaad die zo zwaar mogelijk gestraft moest worden.

Het grootste deel van het leven der geïnterneerden werd uit pure noodzaak buiten doorgebracht. Kamers die geschikt waren voor drie mensen huisvestten er nu twintig, en kinderen moesten zich in hun moeders ruimte nestelen. Om meer plaats te maken, werden deuren verwijderd, gaten in muren geslagen en muren onder ramen verwijderd. Thea Sloane-van der Meer geeft een beschrijving van de omstandigheden:

> *Er groeide weinig gras of andere vegetatie behalve wat bomen langs de weg, en de conditie van de vrouwen en kinderen in het kamp, vergeleken met die van ons, die net uit Tjihapit waren gekomen, was slecht (...) Wij drieën kregen, samen met nog eens elf vrouwen en kinderen, een plaats toegewezen in wat oorspronkelijk de conversatiezaal was geweest (...) Drie personen vonden ruimte op de patio en uiteindelijk verbleven meer dan tachtig mensen in een huis dat normaal door vijf mensen werd gebruikt. Ik leerde de andere mensen in het huis nooit kennen, omdat ik bij het aanbreken van de dag naar de kampkeuken vertrok en 's avonds laat, misschien te moe voor gezelligheid, terugkwam.*

COMMANDANT SONEI – De kampcommandant van Tjideng was destijds de beruchte Sonei, die afkomstig was van Fietskamp, een gevangenis voor Hollandse, Engelse en Australische krijgsgevangen soldaten. Hij was knap en ongewoon groot voor een Japanse man. Het hele kamp beefde voor hem. Hij had een afschuwelijke reputatie in Fietskamp en na de oorlog werd hij als oorlogsmisdadiger berecht wegens misdaden, onder zijn regime gepleegd, en geëxecuteerd.

Sonei was een ongelooflijk wrede man. Op 1 april 1944 kreeg hij het bevel over Tjideng – een karikatuur van een aprilgrap. De opname van vrouwen uit Bandoeng had nog niet plaatsgevonden – de kamppopulatie bedroeg misschien drie- tot vierduizend personen. Zijn eerste bevel was *tenko* (appel) en het was goed te zien dat velen niet verschenen. Bewakers werden er opuit gestuurd om de ontbrekende vrouwen te zoeken, en voor straf werd in het kamp vierentwintig uur lang geen voedsel verstrekt en werd voor de ontbrekende 2000 vrouwen bevel tot dwangarbeid en kaalscheren gegeven. Bij het volgende *tenko* droegen sommigen van de vrouwen een

Kapitein Sonei, de beruchte commandant van Tjideng.

zonnebril en moesten ze urenlang geknield op heet asfalt zitten, tot hun knieën schrijnden en bloedden. Ze waren voor het leven getekend. Sonei was iets heel nieuws in Tjideng. De verandering van tempo joeg velen angst aan.

Toch denken sommige vrouwen niet met angst aan Sonei terug. Tilly van Schuylenburch kan het volgende schrijven:

> *Ik herinner me dat hij heel knap was. Aan enkele meisjes en mij werd gevraagd een poort van kokospalmpalen te maken. We groeven de gaten, maar waren te zwak om de zware palen op te tillen. Sonei kwam langs en tilde ze zelf op, wat diepe indruk op ons maakte. Hij pronkte met zijn kracht.*

Janny heeft andere herinneringen:

> *Sommige mensen hadden een hond als huisdier in het kamp, en op een dag werden alle honden opgehaald en in zakken gestopt. De kleine jongens kregen daarna een gummistok en werden gedwongen op de*

honden los te slaan tot er niets meer bewoog in de zakken. Veel van de honden waren de lievelingsdieren van de kinderen. Ik weet dat dit soort gruwelijkheden tijdens oorlogen door beide partijen worden begaan, maar deze wreedheid lijkt alle begrip te boven te gaan. Ze was niet bedoeld om informatie te verkrijgen en zelfs niet als foltering. Het was voor ons niet te bevatten dat kinderen tot zoiets werden gedwongen. De arme jongetjes huilden.

Een van de grote problemen tussen de Japanse bewakers en hun gevangenen was het totale gebrek aan inzicht in elkaars cultuur. Beiden hadden een andere kijk op het al dan niet heilig zijn van leven, hetzij menselijk hetzij dierlijk, en het verschil in taal maakte het nog moeilijker om elkaar te begrijpen. In vroeger tijden hadden Japanse soldaten hun krijgsgevangenen altijd gedood en voelden ze slechts minachting voor iedereen die ze gevangennamen. De Hollandse vrouwen en hun kinderen hadden echter niet de wapens tegen de Japanse bezetters opgenomen en waren slechts slachtoffers van de omstandigheden, meegesleurd door het tij van de oorlog. Ook rassenvooroordeel speelde een rol, zowel bij de Japanners als bij de Hollanders. De Japanse bewakers voelden zich beslist superieur aan hun gevangenen. De Japanners waren een intelligent en nijver volk met een hoog niveau van ontwikkeling.

Hun topvliegers, opgeleid op *Misty Lagoon*, vlogen de Zero's, 'die de mazurka konden dansen rond Amerikaanse, Britse en Hollandse gevechtsvliegtuigen, die zwaarder bepantserd waren en meer vuurkracht hadden'. Ze hadden alle reden om zich de meerderen te voelen van de Hollanders die zo smadelijk onder hun aanval waren bezweken.

Het gebruik van tolken om deze kloof in wederzijds begrip te overbruggen was essentieel. Loes was gedurende een groot deel van Soneis tijd in Tjideng zijn persoonlijke tolk. Ze was geboren in Jakarta en opgeleid aan de British Windsor School in Kobe, Japan, waar haar vader textielkoopman was. Toen Duitsland en Holland in oorlog raakten, keerde het gezin om veiligheidsredenen terug naar Indonesië. Uiteindelijk werden ze gevangengenomen en werd de vijftienjarige Loes, die vloeiend Japans sprak, als tolk gerekruteerd. Ze werkte nauw met Sonei samen en zegt dat hij altijd kwaad werd bij volle maan. Hij behandelde haar goed genoeg, maar ze was getuige van enkele vreselijke wandaden, zoals mensen de hele dag voor straf in de zon laten staan, meisjes rug aan rug met hun handen achter het lichaam gebonden op de knieën op gespleten bamboe laten zitten of met kaalgeschoren hoofd in kooien opgesloten houden. Ze zat nu eens in het ene, dan weer in het andere kamp, en toen de oorlog afgelopen was gaven de Britten haar een Japans zwaard als aandenken aan de tijd dat ze tolk was. Ze weigerde het en vroeg of ze in plaats daarvan met haar zus naar Engeland mocht, wat werd toegestaan.

8 OKTOBER 1944
(MacArthur was juist geland op de Peleliu-eilanden, niet ver van de Filippijnen, die de Japanners bereid waren met 300.000 soldaten en zeelieden tot de laatste man te verdedigen.)

Het hele kamp moest op het heetst van de dag, om 2 uur 's middags, aantreden. De zieken werden uit hun bed gesleurd om mee te doen. Twee vrouwen moesten op hun knieën voor het appel gaan zitten, maar we wisten niet waarom. Een vrouwelijke arts ging voor een klein meisje staan dat aan ernstige bloedvergiftiging leed en weigerde haar in de zon te laten staan. Ze kreeg een harde klap in het gezicht en werd weggesleurd. Het kind werd naar de straat gedragen. Het appel duurde tot 's nachts 1 uur – elf uur lang. De bekendmaking hield in dat het voedsel met een derde zou worden verminderd, maar er werd geen reden voor de hele toestand gegeven.

6 NOVEMBER 1944
(Slag om de Leyte-golf; kamikazekorps wordt gevormd; Japans vlaggeschip Atago gaat naar de kelder, 65.000 Japanners komen om.)
Een vrouw weigerde een andere vrouw in haar kamer toe te laten en het verhaal kwam Sonei ter ore. Hij stormde het huis binnen, smeet alles op straat wat zich erin bevond en nam de vrouw mee. Ze is nooit meer teruggezien.

In november 1944 werden 15.000 vrouwen en kinderen van kampen in Bandoeng naar Jakarta overgebracht, van wie er ongeveer 8000 naar Tjideng kwamen.

Er is een nieuw transport aangekomen, 750 mensen uit Bandoeng. Een paar duizend zijn daar nog achtergebleven. We proberen meer gaten in de muren te maken, maar het is erg moeilijk omdat ze overal gewapend zijn met ijzer. Naarmate er meer mensen binnenkomen, worden meer straten aan het kamp onttrokken, zodat het steeds kleiner wordt. Ze probeerden van ons af te komen door ons in steeds kleinere ruimten te proppen. Sommige mensen denken dat ze ons in boten zullen laden en de boten dan zullen laten zinken. Anderen zeggen dat ze ons in groepen het oerwoud in zullen leiden om ons daar te laten omkomen. Uit niets is gebleken dat dit het geval is. (Uit Ingeborgs dagboek.)

(In februari 1945 maakten VS-troepen zich meester van Manila en op 10 maart bestookten de Amerikanen Tokio met brandbommen, wat 78.000 levens kostte. De vrouwen wisten niets van deze gebeurtenissen.)

10 MAART 1945
Het was volle maan en Sonei kreeg een van zijn duivelse stemmingen. Hij zei dat ze niet diep genoeg bogen en dreigde de aanvoer van brood af te snijden. Hij dreigde met drie dagen zonder voedsel, maar de vrouwen geloofden niet dat hij dit zou uitvoeren, omdat ze nog wel voor het hospitaal mochten koken. Plotseling verscheen hij in de keuken om de vaten te controleren en mogelijk om te kijken of er meer werd gekookt dan voor de zieken nodig was. Maar er was nog minder dan gewoonlijk, omdat 's nachts, in afwachting van zijn verbod, zoveel voedsel was gestolen (...) Hij verdween zonder een woord te zeggen. Intussen werd de broodkar langzaam naar binnen gereden, tot de nok gevuld met het zogenaamde brood. Daarna werd ze omgedraaid en langzaam weer de poort uit geduwd. Een gemene streek. Al dat brood en het overgebleven brood van eerder die dag werden in een grote kuil gekiept en begraven. De hoofdmaaltijd voor 10.000 mensen.

Maar het zou nog erger worden. Alles wat kon worden gebruikt om mee te koken, moest aan de poort worden ingeleverd. Sonei zou de ronde doen en zei dat, als er ook maar één kookstel zou worden gevonden, we het een week zonder voedsel zouden stellen. We dachten echter niet dat dat ervan zou komen. Ineens kwam hij de keuken binnen om te zien of we voor meer mensen dan de zieken kookten. Er was 's nachts veel voedsel gestolen en hij had het gemerkt. Hij werd razend en gooide water op de vuren. Wat in de pannen zat was nog maar half gekookt en moest worden weggegooid. De zieken moesten één kokosnoot met z'n twaalven delen – hun enige voedsel die dag. (Uit Ingeborgs dagboek.)

Sonei werd volgens zijn beëdigde verklaring voor de rechtbank op 10 juni naar Bandoeng overgeplaatst, maar velen van de vrouwen houden vol dat hij op 29 juni ten tijde van het incident dat Bartholomeüsavond werd genoemd – naar de slachting onder protestanten in Frankrijk – in Tjideng was; Ingeborg zegt echter dat haar datums tegen die tijd mogelijk niet meer klopten:

Gisteren ben ik 23 geworden. Ik weet zeker dat ik een beetje achterlijk ben geworden, omdat we geestelijk stilstaan. We gebruiken onze hersenen nergens voor, behalve voor het koken van rijst. Wat verlang ik ernaar om een college te volgen of aan een discussie mee te doen. Ik hunker ernaar.

29 JUNI 1945
(De geallieerden landen op Halmahera en Ternate en veroveren Iwo Jima en Okinawa.)

Enkele vrouwen werden betrapt op gedekken en Sonei zei dat hij behalve de betrapten nog eens tien vrouwen nodig had. Tien vrouwen boden zich vrijwillig aan, ook al waren ze onschuldig. Het kamphoofd kwam nu naar ons toe en zei dat Sonei er nog eens twintig nodig had. Nog twintig dappere vrouwen boden zich aan. Toen ze naar voren waren getreden, werden ze met scheermessen kaalgeschoren. De vrouwen moesten het bij elkaar doen. Er kwam een heldere volle maan op, die met een stralend oranje licht hun kale hoofden bescheen. Ik voelde me erg trots op hen en op hun dapperheid. (Uit Ingeborgs dagboek.)

Dit incident liep goed af, maar enkele weken later stond een stel vrouwen op stoelen over de schutting te kijken en kleren en sieraden naar Indonesiërs te gooien, die in de bomen zaten. In ruil daarvoor gooiden ze van de andere kant eieren en suiker terug. Er werd in de keuken over gepraat en iedereen zei dat het zeker tot problemen zou leiden. Er gingen geruchten dat Sonei was overgeplaatst, zodat niemand al te bezorgd was. Ingeborg herinnert zich:

'En inderdaad kwam er een Jap met bewijsmateriaal in zijn hand aanfietsen en arresteerde de twee vrouwen. Ze werden meegenomen en we konden ze horen gillen. Het besef dat het gegil door mensen wordt veroorzaakt maakt het tot het ergste geluid ter wereld.

Al het eten in de keuken werd omvergetrapt, en plotseling stond Sonei daar. Het eten was helemaal klaar. De rijst en bonen voor de mensen die op dieet stonden. Ik begon de bonen zo vlug als ik kon door de zeef te persen, zodat we ze aan de zieken konden geven voordat het werd verboden. Als een waanzinnige schopte hij alle bakken omver en gooide hij bakstenen in de vaten met pap. Wanhopig bogen we allemaal als marionetten, terwijl hij de pan met rijstepap beetpakte en ook die in het grote vat gooide. Hij pakte mijn zeef en wierp die, gevolgd door de ongezeefde bonen, in het vat. Met de kleine potten en pannen gebeurde hetzelfde, terwijl hij letterlijk buiten zinnen raakte.

Uiteindelijk schreeuwde hij iets in het Japans dat we opvatten als "sodemieter op hier". Daarna rukte hij het snoer uit de enige werkende koelkast, wrikte de elektrische klok van de muur en wierp ons die na, waarop ze in de goot aan stukken viel. We haalden allemaal diep adem toen we eindelijk buiten op straat stonden.

Tegelijkertijd konden we via de luidsprekers echter de bekendmaking horen dat alle meisjes van achttien tot dertig jaar moesten aantreden in het Lindeboomdal (een open terrein). De werkmeisjes waren in de buurt van de plaats waar het gedekken had plaatsgevonden al druk met bamboe palen en matwerk bezig. Dit deel van het kamp zou worden opgeheven. De twee vrouwen die als zondebok dienden zaten erbij. Ze zagen er afschuwelijk uit. De ene had een bont en blauw gezicht, de andere had een grote hoofdwond en haar jurk plakte aan haar schouders van het bloed. Daar kwam nog bij dat ze in het openbaar waren kaalgeschoren. Om 9 uur die avond deed het kamphoofd, mevr. Rhoder, een beroep op iedereen die ook maar iets met het sjacheren te maken had om naar voren te komen. Hetzelfde beroep was tijdens het aantreden gedaan toen Sonei zei dat hij eiste dat 70-100 vrouwen zouden bekennen aan gedekken te hebben gedaan. Mevr. Rhoder klom op een trap. Die trap was nodig om de bovenkant van het matwerk tegen het prikkeldraad te kunnen plaatsen.

Het leek net een bijeenkomst van een vreemde sekte – de menigte smerige en onverzorgde vrouwen met rollen prikkeldraad en ijzeren stangen achter de nieuwe schutting. Mevr. Rhoder bevond zich aan de andere kant, terwijl achter haar een bleke maan opkwam. We waren muisstil en durfden niet hardop te praten.

Sonei tierde maar door en dreigde ons drie dagen en drie nachten zonder voedsel en water te laten aantreden, als de schuldigen zich niet meldden. Bij de poort stonden de zestig dappere vrouwen klaar om elke straf te ondergaan, om het kamp deze beproeving te besparen. Zestig, maar Sonei wilde er honderd.

"Stap naar voren als jullie mee hebben gedaan met het sjacheren!"

De hemel zij dank reageerden er velen, en ze werden, met Sonei achter zich aan, door de poort weggevoerd. Een van de betere Jappen stond toe dat de rest van ons naar huis ging en het werk de volgende morgen afmaakte.

Ik ging terug naar mijn huis en wilde juist naar het toilet – eindelijk eens vrij op dat uur van de avond – toen we een nieuwe oproep kregen. Alle vrouwen van achttien tot dertig! We stonden weer bij de schutting en het werk vorderde langzaam in het donker. Zodra de zeven prikkeldraden op hun plaats zaten, werd het rotan matwerk aangebracht, en daartegen op gelijke hoogte met het prikkeldraad nog stroken bamboe. Daarna werden over het geheel een paar verticale stroken aangebracht. De bamboestroken moesten worden bevestigd met een stuk draad dat een meisje vanaf de andere kant door het matwerk heen duwde. De bindmeisjes hadden het moeilijkste werk en moesten op de tast tussen alle prikkeldraadstekels en scherp bamboe het eindje draad vinden.

Om middernacht kwam er weer een oproep: "Geef je aan als je schuldig bent, anders volgt er nu meteen straf." Daarna moesten we ineens het werk neerleggen en aantreden voor een telling. Er waren 200 vrouwen te weinig. Kato, de onderbevelhebber, raakte buiten zichzelf, deelde links en rechts trappen uit en gaf ons tien minuten om de groep tot 500 uit te breiden. Ik denk dat hij even bang was voor Sonei als wij. Hij stormde het ene na het andere huis binnen en sleurde vrouwen van elke leeftijd naar buiten. Opnieuw een telling. Met 490 waren we er bijna, en daarna waren we eindelijk met 500. Opnieuw naar de schutting. Er heerste een doodse stilte, die alleen werd verbroken door splijtend bamboe en gefluister:

"Voel je de draad?"

"Een beetje lager, alsjeblieft."

"Voel je hem nu?"

Daarna opnieuw een gefluisterd: "Een stukje hoger en dan erdoorheen."

De hele tijd gefluister.

Een gefluisterd gerucht: Alle komitjo's (blokhoofden) zijn kaalgeschoren.

Ik geloofde het niet, maar daar had je ze, een uur later. Allemaal kaalgeschoren. De maan stond nu hoger aan de hemel en maakte dat de witte schedelhuid er spookachtig uitzag, waardoor het tafereel nog griezeliger werd. Deze arme vrouwen moesten ons helpen met de schutting, al waren ze toegetakeld – in sommige gevallen ernstig. Velen van de blokhoofden hadden een einde proberen te maken aan het gesjacher, maar ze waren vrijwillig naar voren getreden. Hun optreden was zo fantastisch dat ik een brok in mijn keel kreeg. Na alle vernedering, en hoewel het een jaar zou duren voor hun kale hoofden weer een haardos hadden, lieten ze hun gevoelens niet blijken. Ik had het diepste respect voor hen.

Om 2 uur 's morgens waren we klaar, maar we hadden nog een uur nodig om de stukken bamboe en matwerk op te ruimen. Opnieuw moesten we in rijen van tien aantreden, waarbij we om 4 uur mochten gaan zitten. Het moet een grappig gezicht zijn geweest. We zakten allemaal als vermoeide vogels in elkaar, met hoofd en armen tegen onze knieën getrokken.

Buiten de poort werd luid geschreeuwd en gegild, maar we waren te moe om te reageren. Om 5 uur werden we naar huis gestuurd. Ik geloof dat ik in slaap viel voordat ik de matras onder de kersenboom had geraakt.

Zoals gewoonlijk moesten we om 7 uur 's morgens aantreden.'

WIE WAS SONEI? – Sonei, Kenichi, kapitein in de keizerlijke Japanse strijdkrachten, was in 1910 geboren in Hidaka-Gun, Wakayama-Ken, Japan. Wakayama ligt ten zuiden van Osaka op het eiland Honshu.

Toen er een einde aan de vijandelijkheden kwam, werd hij door de Britten gearresteerd en ondervraagd. De onderzoekscommissie twijfelde aan zijn schuld en hij werd, als onderdeel van hun onderzoek, door Britse militairen Tjideng in gejaagd. Dit leidde tot grote consternatie bij de vrouwen, van wie de meesten er nog waren, en volgens sommige berichten werd hij bijna gelyncht. Veel vrouwen waren hun kinderen kwijtgeraakt, anderen hun moeder, zusters en vrienden. De gemoederen raakten natuurlijk verhit toen de pleger van deze moordzuchtige misdaden plotseling in hun midden opdook. Ze wilden hem ter plekke ombrengen.

Men had Hollandse mannen naar het kamp gehaald om de vrouwen bij zware taken, zoals water vervoeren, te helpen, en een van hen rapporteerde later:

> *Toen ik terugkwam van mijn werk – water halen bij een tankauto in de Trivellilaan vlak bij de poort van het kamp, zag ik een grote, zwarte auto over de brug komen. Er zaten geallieerde militairen in met tussen hen in een Jap, die de gemakkelijk te herkennen Sonei bleek te zijn. Mijn maat en ik zetten de volle emmers water neer en keken verbaasd en geschokt naar wat zich voor onze ogen afspeelde. De vrouwen kwamen overal vandaan, aanvankelijk aarzelend en daarna op de treeplanken springend en schreeuwend en scheldend en proberend bij Sonei te komen. De militairen hielden hen tegen, waarna de auto omkeerde en door de poort verdween.*

Hierna werd Sonei naar de Changi-gevangenis in Singapore gebracht. Hij was destijds 36 jaar en legde over zijn betrokkenheid bij de kampen voor krijgsgevangenen in Java voor het oorlogstribunaal in Jakarta in 1946 de volgende verklaring af:

> *Ik vertrok op 17 juli 1942 uit Japan en arriveerde op 20 augustus 1942 in Tanjoeng Priok. Van 26 augustus tot 20 september 1942 was ik verbonden aan een kleine afdeling van het kamp voor krijgsgevangenen Batavia, waarbij mijn functie waarnemend commandant was. Van 20 september 1942 tot 15 maart 1944 was ik commandant Eerste Afdeling van het kamp voor krijgsgevangenen Java. Bij de Hollanders stond dit kamp bekend als Fietskamp.*
>
> *Van 1 april 1944 tot 10 juni 1945 was ik commandant van het burger-interneringskamp voor vrouwen en kinderen, Java [Tjideng]. Op 10 juni 1945 werd ik aangesteld op Afdeling 2 van het kamp voor krijgsgevangenen Bandoeng, departement algemene zaken, en ik ben tot de Japanse overgave in dat kamp gebleven (...)*
>
> *...Bij een bepaalde gelegenheid werd me gerapporteerd dat een bewaker in het bezit bleek te zijn van een horloge dat aan een gevangene toebehoorde, en dat van de betreffende gevangene was afgenomen. Het horloge werd aan de gevangene teruggegeven, ik strafte de bewaker met vijf dagen streng arrest en meldde de zaak zoals gebruikelijk aan een hogere autoriteit.*
>
> *Het straffen van gevangenen nam gewoonlijk de vorm aan van een klap met de vlakke hand in het gezicht. Ik heb persoonlijk nooit gezien dat een gevangene werd geslagen.*
>
> *...Ik beken dat ik zowel mannelijke als vrouwelijke gevangenen een lichte oorvijg heb gegeven om ze te laten opletten. Deze vorm van lich-*

te straf had altijd het gewenste effect. Met de vlakke hand slaan (...) werd alleen toegepast wanneer de gevangene of geïnterneerde aarzelde om te reageren of niet reageerde.

...Het burger-interneringskamp in Batavia stond bij de Hollanders bekend als kamp Tjideng. Ik heb het woord 'Jap' altijd als een belediging voor de Japanners beschouwd. In kamp Tjideng hoorde ik de geïnterneerden de uitdrukking 'Jap' gebruiken. Ik liet via het kamphoofd onmiddellijk de waarschuwing bekendmaken dat het woord 'Jap' nooit mocht worden gebruikt. Een jaar nadat ik in kamp Tjideng was aangekomen, hoorde ik twee moeders die geïnterneerd waren het woord 'Jap' gebruiken. Ik nam de beide vrouwen mee naar mijn bureau en gaf ze een waarschuwing. Tegelijkertijd prikte ik een van de vrouwen met een stok in het been. Het leidde niet tot uitwendig letsel. Alleen ik raakte de vrouwen aan, geen van de bewakers deed dat. Daarna liet ik de vrouwen tien dagen, in een ander huis, apart opsluiten. De vrouwen mochten hun beddegoed en andere gemakken meenemen.

Eén keer, op of omstreeks 5 juni 1945, heb ik in kamp Tjideng bevel gegeven, omdat de geïnterneerden contact legden met mensen buiten het kamp en vanwege het gebrek aan discipline in het kamp, om de geïnterneerden één rijst- en twee broodmaaltijden te onthouden, met uitzondering van zieken en kinderen die wel rijst, maar geen brood kregen. Dat was de enige keer, zolang ik de leiding had in kamp Tjideng, dat de geïnterneerden voedsel werd onthouden.

...Ik wil hieraan toevoegen dat ik bij mijn vertrek uit Tjideng op 10 juni 1945 bericht heb achtergelaten voor kapitein Sakai, de commandant die me opvolgde, dat de geïnterneerden hun rijstrantsoen weer konden krijgen.

Kapitein Sonei werd beschuldigd van systematische geweldddaden en wreedheid jegens de burgers in het kamp. De aanklager eiste de doodstraf voor kapitein Sonei, nadat hij de wreedheden van de kapitein een voor een nauwkeurig had omschreven en had beweerd dat zijn handelingen vooraf beraamde misdaden waren.

Sonei werd op 6 september 1946 ter dood veroordeeld. Het vonnis werd op 23 september 1946 voltrokken.

Masa Kawai, een Japanse verslaggever van de processen, geloofde dat het vonnis gerechtelijke vergelding was, omdat politieke gevangenen het doodvonnis kregen en zich niet mochten verdedigen. Kawai noemde de volgende redenen om zijn bewering kracht bij te zetten: dat Japanse oorlogsmisdadigers streng werden bejegend; dat Hollandse aanklagers de doodstraf eisten voor de beschuldigde Japanse gevangenen; en dat zieke Japanse gevangenen medicijnen werden onthouden. Hij geloofde om de volgende redenen dat de vonnissen werden ingegeven door haat en verlangen naar vergelding: De processen werden geheel in het Hollands gevoerd. Bijgevolg konden de gevangenen alleen met 'ja' of 'nee' antwoorden. Als Japanse gevangenen uitleg probeerden te geven, werd hun de mond gesnoerd en werd met standrechtelijke executie gedreigd; de rechter beschimpte gedaagden en hun advocaten; het werd gevangenen belet zelf het woord te voeren.

Plaatselijke kranten sloegen munt uit het proces door het sensationeel weer te geven – ze noemden kapitein Sonei 'de duivel van Tjideng'.

Kapitein Sonei beweerde dat hij slechts bevelen van hogerhand opvolgde. De rechter zei dat de beschuldigingen tegen Sonei vreselijk waren, waarbij hij voorbeelden van de barbaarsheid van de aangeklaagde aanhaalde en beweerde dat zijn daden met voorbedachten rade waren gepleegd en een schending van de Haagse Conventie waren. Hij was van april 1944 tot augustus 1945 verantwoordelijk geweest voor de dood van 272 mensen in Tjideng. De aanklager eiste de doodstraf.

Soneis advocaat betoogde dat zijn daden niet met voorbedachten rade waren gepleegd. Hij zei dat op kleine overtredingen van de regels met gematigd strenge straffen werd gereageerd, zoals Sonei toegaf. Als kapitein Sonei verantwoordelijk werd gehouden voor de dood van 272 mensen, dan zou het niet meer dan billijk zijn hem te vragen wat voor misdaden *zij* hadden begaan. Sonei had over zijn optreden nagedacht en erkende zijn misdaden. Ze waren niet zijn persoonlijke verantwoordelijkheid, maar een consequentie van oorlog.

Op de dag van zijn terechtstelling werd Sonei niet geblinddoekt. Hij vroeg in welke richting Japan lag, wendde zich naar zijn geboorteland, hief beide handen in het traditionele tweehandige saluut op en schreeuwde, in overeenstemming met de Bushido-traditie: *'Banzai! Banzai! Banzai!'* Zich weer omdraaiend naar degenen die hem gevangen hadden genomen, bood hij de sectie van zeven Hollandse soldaten het hoofd. Toen het salvo weerklonk, zakte Sonei voorover op zijn knieën.

De terechtstelling vond om omstreeks 8 uur 's morgens plaats in de ruimte tussen de buiten- en de binnenmuur van de Glodok-gevangenis in Oud-Batavia, en Soneis stoffelijke resten werden achter in het gevangenisterrein begraven. Het is niet bekend wanneer de resten naar Japan zijn teruggebracht, en ook niet of ze, zoals bij veel andere veroordeelde oorlogsmisdadigers het geval was, in de Yakusuni-graftombe voor Japanse oorlogshelden zijn herbegraven.

Soneis verwarrende houding tegenover vrouwen is vanuit westers gezichtspunt moeilijk te begrijpen. Soms was hij hoffelijk en behulpzaam, maar bij andere gelegenheden veranderde hij van gedaante en was hij de verpersoonlijking van alles wat slecht en duivels is. Men heeft wel gesuggereerd dat hij zich misschien vernederd voelde doordat hij de oorlog moest doorbrengen met toezicht houden op vrouwen en kinderen, in plaats van aan het front een heldenrol te kunnen spelen.

Zijn onverklaarbare woedeuitbarstingen, gevolgd door grof en redeloos optreden, zouden het gevolg kunnen zijn van het feit dat de Hollandse vrouwen zich in zeer veel gevallen weigerden te laten intimideren. Ze volgden zijn bevelen op, maar gehoorzaamden op zo'n manier dat de minachting die ze voor hem koesterden hem duidelijk moet zijn geweest. Ze onderwierpen zich nooit volledig, en dat is een mogelijke verklaring voor zijn woede en frustratie.

Makassar

Makassar, aan de buitenkant van Jakarta bij luchthaven Tjilitan, was een van de laatste vrouwenkampen die werden geopend, en huisvestte geïnterneerden uit Tjihapit en Kareës in Midden-Java, evenals uit Tjideng en uit Kota Paris III en Gedongbadak in Bogor. De oorlog verliep slecht voor de Japanners na hun nederlaag bij Leyte, en ze verzamelden hun gevangenen in gecentraliseerde kampen in plaats van hen verspreid op het platteland gevangen te houden. De eerste groep gevangenen arriveerde op 3 januari 1945, en het kamp telde uiteindelijk 3600 vrouwen en kinderen. Het was heel anders dan vreselijke oorden zoals Tjideng, de Ambarawa's en de kampen in Semarang. Yoke Case-Klinkhamer zei: 'Het was een hof van Eden vol fruit, groenten en planten, met een overvloed van water. In vergelijking met de andere kampen was het – in het begin – bijna een toonbeeld van hoe een goed interneringskamp zou moeten functioneren.'

Fiep van As was een van de 800 vrouwen en kinderen die op 25 januari 1945 van het beruchte Tjideng naar Makassar werden overgebracht. Ze beschrijft de opwinding bij hun aankomst:

> *Zodra we onze spullen hadden neergezet op de bale-bale die ons waren toegewezen, gingen we het omliggende terrein inspecteren. Het was zo fantastisch om na de kleurloosheid van Tjideng in zo'n omgeving te wonen.*
>
> *Op een dag vonden we achter op een veld een grote hoop veldflessen. Op de onderkant van alle flessen waren namen gekrast en ineens zag ik de naam van mijn broer, 'M.v.As'. Ik zal het gevoel nooit vergeten. Ik stormde terug naar de barak om het mijn moeder te vertellen. De opwinding werd spoedig gevolgd door vreselijke twijfels toen we een boodschap vonden in stof dat zich had verzameld in een grote wadjan die in de open keuken hing: 'Vertrokken naar Changi'. We wisten dat een boot vol gevangenen op weg naar Singapore op zee was getorpedeerd. Toen lag ik op een dag op mijn stuk bale-bale en werd mijn aandacht getrokken door een geschreven boodschap op de bamboe paal boven me, de grote paal waarop het dak rust. Ze luidde:*
>
> *'Flores-groep 20/9-23/4 '43 na. Mavermerik. 212 Gestorven plus 8 bewakers. Laatste groep teruggekeerd 18/9 '44. Weinig eten, veel beriberi, dysenterie en malaria.'*
>
> *Dit betekende dat ze uit Flores waren gekomen, waar velen waren ge-*

Fiep van As na haar beproeving in het kamp (LINKS) *en nu.*

storven, en dat ze allemaal erg moe, hongerig en ziek waren. Mijn broer overleefde de oorlog na aan de Birma-spoorweg te hebben gewerkt, maar ik word helemaal emotioneel als ik aan het vinden van die veldfles denk.

21 FEBRUARI 1945
Nu ben ik weer in paniek. Ik heb luis in mijn haar. Ik ben ook aan de kakkerij en moet wegens dysenterie worden geïsoleerd. Onze Britse medegevangenen hebben vandaag allemaal een uitbetaling gekregen, ieder 73 gulden. Ze hebben besloten ieder 15 gulden te houden en de rest onder ons allemaal te verdelen. Ik vraag me af of wij Hollanders hetzelfde zouden hebben gedaan. We vonden het geweldig van hen. (Uit het dagboek van Fiep van As.)

De ruimte die in de barakken werd toegewezen was 60 centimeter voor een volwassene en 45 centimeter voor een kind. Werktijd was van 09.00-13.30 en 15.00-17.00 uur, en vrouwen werkten dan in de tuinen, zorgden voor varkens en varkenskotten, bouwden nieuwe barakken, repareerden oude en maakten doodkisten, kookten en verrichtten taken in de keuken, en maakten badhokken en toiletten schoon. Omdat Makassar een werkkamp was, moesten de gevangenen er in conditie zijn. Ongeneeslijk zieken werden dan ook overgebracht naar de ziekenhuizen Sint-Vincentius en Mater Dolorosa in Meester Cornelis, op loopafstand van Makassar. Het loon voor het werk was een stuk brood en 15 cent per dag. Het geld werd niet gegeven, maar in een boek opgeschreven en gebruikt om waren te kopen in de kampwinkel. Soms was het mogelijk dingen zoals suiker, bananen, eieren en citroenen te kopen.

Woensdag- en zondagmiddag mocht er worden gerust en vrouwen gebruikten deze onderbrekingen voor concerten en ander amusement. Corrie Vonk, de Hollandse cabaretière, behoorde tot de gevangenen in Makassar, en haar bijdragen aan de concerten waren een geweldige opkikker voor de vrouwen.

> *3 MAART 1945*
> *Verscheidene doodsberichten binnengekomen. Dit is altijd een vreselijke beproeving. Een vrouw krijgt dan een envelop met een haarlok en stukjes nagel van haar overleden echtgenoot. Hoeveel langer nog? We worden allemaal zo zwak. (Uit het dagboek van Fiep van As.)*

~

Lyde van Hennekeler arriveerde met haar kinderen, Hans en Ans, terwijl ze al ernstige dysenterie had, maar haar ziekte behandelde met kostbare medicijnen die ze had gekregen. Als ze niet had kunnen lopen, zouden de kinderen zonder haar zijn weggestuurd en zou ze zijn achtergebleven. Hun hut was *atap* (had een dak van palmblad) en had geen vloer – oké in het droge seizoen, maar een moeras in de natte tijd.

> *'De verandering van omgeving moet me goed hebben gedaan, omdat ik langzaam beter werd. Toen kreeg ik in mei beriberi. Mijn zoon Hans werd in het ziekenhuis opgenomen met droge beriberi en drie van de andere jongens op zijn afdeling stierven. Hij was er echt van overstuur, niet zozeer van hun dood, maar omdat hij niet ook was gestorven. Hij meende dat ze het van hem hadden verwacht.*
> *Ik bleef in het ziekenhuis en de kinderen bezochten me zo vaak ze konden. Mijn vriendin Miep zorgde voor de kinderen, maar deze periode staat me niet helder voor de geest omdat ik zo ziek was.*
> *Ik herinner me wel dat we recepten met elkaar ruilden. Ik speelde het klaar om een beetje papier te krijgen door wat specerijen te ruilen die ik had verstopt. Ik heb het boekje met recepten nog. Het heeft een kaft van raffia met stokrozen en madeliefjes erop geborduurd. Het garen voor het borduurwerk was uit gekleurde handdoeken – rode, groene en roze – getrokken. We zaten vaak over eten te praten. Ik had het land*

Lyde van Hennekeler met haar dochter Ans (ONDER). *Hans en Ans* (BOVEN).

aan die tv-film Tenko. Ze waren er altijd aan het kibbelen en ruziën. Bij ons was dat helemaal niet zo. We waren meestal te zwak en te moe om ruzie met elkaar te maken. Op een dag werd een vrouw boos op me en ik zei gewoon rustig tegen haar: "Wees alsjeblieft niet zo. We kunnen het allemaal in orde maken."

Voordat ik werd opgenomen, hoorde ik bij een groep vrouwen die kans had gezien om voor zichzelf een lapje grond te beplanten met kangkong, een groente die wat op spinazie lijkt. Wanneer we klaar waren met ons andere werk, droegen we er blikjes water heen. Toen de groente op een dag bijna klaar was om te oogsten, kwam er een Jap op een motor langs en reed er zigzaggend overheen tot het lapje helemaal vernield was. Daarna reed hij lachend weg.

Aan één kant van het kamp was alleen prikkeldraad, zonder bamboe dat het zicht benam. We konden de Japanners bajonetoefeningen zien doen en de heiho's zien trainen. Ze leerden de heiho's om ons te haten.

Een probleem in Makassar was het gebrek aan privacy in de douches. Ze waren amper omsloten door open bamboe vlechtwerk en de Japanners stonden in de buurt van het doucheterrein naar ons te staren. Het was vooral vreselijk voor de oudere dames die heel dik in het kamp waren gearriveerd en nu al hun gewicht kwijt waren, zodat hun vel in plooien hing. Ze geneerden zich dat mensen hen zo uitgeteerd zagen. Voor ons jonge meisjes was het niet zo erg, maar het was verschrikkelijk om hun lichamen zo totaal te gronde te zien gaan.'

~

Nadat Heidi Hlawatsch, die al nare schermutselingen met de Kempetai had meegemaakt, van Kramat naar Gedongbadak in Bogor was verhuisd, werd ze overgebracht naar Makassar, waar ze de taak kreeg de tuin bij te houden en voor de varkens te zorgen. Ze kende een aantal van de vrouwen met wie ze opgesloten zat van gezicht, maar het was een ongeschreven wet dat ze zich nooit namen herinnerden.

> *Dit diende om elkaar te beschermen als we ooit zouden worden ondervraagd. Mijn werk was het repareren van de schuttingen van het kamp die, zoals meestal, uit gedek bestonden. Het was erg pijnlijk werk voor vrouwen die niet gewend waren om met hun handen zwaar lichamelijk werk te doen.*

In de begintijd van de Japanse invasie waren enkele Australische soldaten, die in West-Java guerrillagroepen probeerden te vormen, in Soekaboemi beland en hadden er hun trucks onder de bomen verstopt. Freddy Raesfeldt, die vijftien jaar was en daar met haar moeder en twee oudere zussen woonde, herinnert zich dat ze door de Japanners gevangen werden genomen. Freddy's familie werd gearresteerd en ondergebracht in een kamp dat ooit een weeshuis was geweest. Haar vader werd afgevoerd en ze zagen hem nooit meer terug, omdat hij in gevangenschap stierf.

Ze werden naar een kamp gebracht dat een internaat voor leerjongens was geweest. Om voor haar dochters onbekende redenen werd Freddy's moeder naar de Kempetai gebracht op de beschuldiging valse geruchten te hebben verspreid. Ze werd met een ijzeren stang op de mond geslagen en verloor haar tanden. Ze sloegen ook haar bril kapot. De Kempetai hielden haar twee weken vast en de drie meisjes bleven alleen achter, zonder ook maar iets van moeders lot te weten.

Ze werd samen met twaalf mannen en vrouwen vastgehouden in een cel die normaal voor twee mensen bedoeld was. Ze konden bij toerbeurt gaan liggen en moesten toestemming vragen om eruit te mogen om naar het toilet te gaan. Het was vooral moeilijk voor vrouwen om in die minuscule cel opgesloten te zitten wanneer ze ongesteld waren. Als het allemaal vrouwen waren geweest, zouden ze het hebben geaccepteerd, maar met mannen bij hen in de cel vonden ze het vreselijk gênant. Behalve dat ze een klap op de mond had gekregen, was ze ook op haar vingers geslagen en waren die zo beschadigd dat ze nooit meer piano kon spelen.

Een van Freddy's zussen was tandartsassistente en slaagde erin een deel van haar tandheelkundige instrumenten mee te nemen. Toen ze naar andere kampen werden overgebracht, zoals Kareës, Kota Paris, Grogol en ten slotte Makassar, kon ze iets doen om tandpijn bij gevangenen te verlichten. Hun moeder had een paar van haar zilveren lepels en vorken meegenomen, en deze werden fijngevijld en gebruikt om kiezen te vullen. Het vijlen van het bestek was een erg langzaam proces, dat door het hele gezin nauwgezet werd uitgevoerd.

8 MAART
Drie jaar na de val van Java. In ons kamp zijn enkele mannelijke artsen aangekomen. Wat zijn onze mannen veranderd. Mager, nederig en bang. Ik hoop dat papa en Ries niet zo zullen zijn als ze terugkomen.

14 MAART
Regen en modder. Modder en regen. We worden wantrouwig jegens het keukenpersoneel. Ze zijn niet eerlijk met onze rantsoenen. Zij zitten goed in het vlees. Toen we over de porties klaagden, vertelden ze ons: Klaag niet, ook de mensen in Java hebben honger. Ik heb besloten er nooit meer over te praten. Het is beneden mijn waardigheid en ik schrijf het alleen maar op om het me later te herinneren.

Yoke Case-Klinkhamer.

20 MAART
Honger. We zijn begonnen met het stelen van boenkil, varkensvoer. Het smaakt verschrikkelijk, maar vult de maag. Sommige vrouwen durven het niet te eten en zeggen dat de maag ervan zal barsten, maar ik zeg dat, als dat een snelle uitweg is, ik het zal blijven eten. Er zijn nog achthonderd vrouwen en kinderen aangekomen zodat het benauwd wordt op de bale-bales (...) De hele tijd knaagt de honger. Het doet echt pijn. (Uit het dagboek van Fiep van As.)

Zoals in alle kampen was spullen ruilen voor voedsel in Makassar gebruikelijk. Yoke Case-Klinkhamer noemt de waarde van enkele dingen:

1 ei = 1 zakdoek
Tros bananen = 3 luiers
10 eieren = oude blouse
Pakje gedroogd vlees = lap stof

Ruilen leverde ook nieuws over de oorlog op, maar de informanten werden zwaar gestraft als ze werden betrapt. Voedsel beheerste ieders gedachten, en Fiep zag op een dag kans een maal te bemachtigen toen een grote slang praktisch tussen haar voeten door gleed, terwijl ze de moestuin in liep om er te gaan werken.

Ik pakte een patjol (schoffel met lange steel) en holde er achteraan, over bedden Mexicaanse spinazie en greppels springend. Ze ging af op de vijver aan de achterkant van de groentebedden – met ongelooflijke snelheid. Ze bereikte het water lang voor mij en zwom met hoog boven water gestoken kop naar de overkant. Het was een schitterend gezicht en ik stond buiten adem van inspanning, maar diep onder de indruk, te kijken. Ik dacht bij mezelf: God wat ben ik blij dat ik haar niet te pakken heb gekregen.

Ze verzamelden slakken en bereidden die in kokend water. Het maakte een verschrikkelijk sissend geluid, maar de vrouwen overtuigden zich ervan dat het gewoon lucht was die aan de slakkehuizen ontsnapte.

Twee knappe meisjes werden wegens handelen gepakt en kaalgeknipt. Daarna werden ze de hele dag in kleine kooien van ijzerdraad buiten in de zon gezet. Soms moesten ze om hun hals een bord dragen waarop hun misdaden stonden, of mochten ze een week lang hun kleren niet wassen en zich niet verschonen. Ook kregen ze veel minder te eten.

Van fietsspaken werden breinaalden gemaakt en Fiep breide van stukjes koord een onderbroekje voor zichzelf. Haar gekoesterde nieuwe kledingstuk werd in de douche gestolen, maar ze was er filosofisch over. 'Wat je vindt, mag je houden' was de regel en ze voelde zich niet schuldig toen ze een paar dagen later een klein stuk zeep vond – het eerste dat ze sinds verscheidene jaren had gezien.

Het badhuis zelf was toneel van vreemde gebeurtenissen. Het was voorheen een mannenbarak geweest en had bamboewanden en een *atap* dak. Een bamboebuis voorzag een grote kuip in het midden van water.

> *Op een dag goot ik water over me heen, toen enkele vrouwen binnenkwamen die net uit Bandoeng waren gearriveerd. Ik herkende de moeder van een van mijn vriendinnen en gaf haar boven de kuip formeel een hand, terwijl ik haar poedelnaakt beleefd aansprak. We barstten allebei in lachen uit door de ongerijmdheid van de situatie.*
>
> *Er gingen tal van geruchten over de badruimte. Er waren verhalen over een roodharige man die er gezien was, zonder tanden, zonder hemd, en een Australische onderbroek en kampsandalen van touw dragend. Het gaf natuurlijk aanleiding tot veel hilariteit en grappen. Na de oorlog ontmoette ik een net uit gevangenschap in Japan teruggekeerde man die in Makassar was geweest. Ik vroeg hem naar ons 'spook' en hij zei dat een Australische gevangene die aan mijn beschrijving beantwoordde was omgekomen bij een gevecht in de barak waar nu de badruimte was. Zijn dood was te wijten aan verstikking doordat zijn kunstgebit in zijn keel was geschoten.*

Op een dag in juli 1945 vormden zestien vrouwen een afvaardiging om zich te beklagen over de slechte kwaliteit van het eten. Het gevolg was dat twee dagen lang geen eten en drinken werd verstrekt. De hoofdkraan naar de keukens werd dichtgedraaid en de vuren werden gedoofd. Het brood uit de voorraadschuur werd met de gekookte rijst en groenten aan de varkens gevoerd. Zelfs de patiënten in de ziekenzaal moesten deze straf ondergaan. De zestien vrouwen van de afvaardiging werden kaalgeschoren en zonder voedsel en water in kooien in de zon gezet. Hun straf duurde een week.

Lampersarie

Er waren drie hoofdconcentratiekampen voor vrouwen en kinderen in Semarang: Halmahera, Karang Panas en Lampersarie. Lampersarie was het eerste en werd vanaf november 1942 gedurende de hele Japanse bezetting door geïnterneerden bewoond. Het was een rij omheinde huizen aan de Blimbingstraat, op de hellingen van de Candiheuvel.

Semarang, een handels- en havenstad aan de centrale noordkust van Midden-Java, heeft een heet, broeierig klimaat. De kooplieden hebben er over het algemeen weinig tijd of belangstelling voor de culturele kant van het leven: de plaats voor dergelijke zaken is Jogjakarta, ver weg in het zuiden. Semarang is echter bekend uit de geschiedenisboeken. Het is de stad waar in 1920 de Communistische Partij van Indonesië werd opgericht.

Sylvia Kampman, die vijftien jaar was toen de Japanners landdden, woonde met haar pleegouders in Semarang. Tijdens de landing van de Japanners gingen er geruchten dat alle bruggen, volgens de 'verschroeide-aardepolitiek', door de Hollanders zouden worden opgeblazen. Haar pleegvader gaf zijn gezin opdracht direct naar een stad nabij Solo in het binnenland te gaan, waar ze vrienden hadden. Samen met haar pleegmoeder en zus, die zeventien was, vluchtte ze volgens de instructies, en ze verstopten zich op een citrusplantage toen de Japanners uit de lucht arriveerden. Ze kwamen met vouwfietsen aan parachutes naar beneden, en Sylvia herinnert zich dat ze uitgehongerd leken en alles aten wat ze te pakken konden krijgen, inclusief zeep. Ze lieten de jonge knapen en de mannen aantreden en schoten een groot aantal van hen onder de ogen van de doodsbange vrouwen en kinderen dood. Sylvia en haar familie werden geschokt op vrachtwagens geladen en teruggebracht naar Semarang. Ze merkten op dat geen enkele brug was opgeblazen, zodat hun vlucht onnodig leek te zijn geweest. Dat was dan de 'verschroeide aarde', zeiden ze.

Kort na hun terugkeer werd Sylvia's pleegvader weggevoerd naar een mannenkamp en werden de vrouwen ondergebracht in Lampersarie, een grote vakschool die uiteindelijk 8000 gevangenen huisvestte. Haar natuurlijke vader woonde in Jambi, Sumatra, waar hij op een plantage werkte, en werd door de Kempetai gearresteerd en naar Jakarta gebracht. Hij werd op het hoofdbureau van de Kempetai vastgehouden en meermalen gemarteld, waarmee ze informatie uit hem probeerden te krijgen over de kustbewaking waarvan hij deel uitmaakte. Ten slotte stierf hij aan de martelingen. Sylvia hoorde het verhaal na de oorlog van een man die Colijn heette en die met hem in de gevangenis had gezeten. Haar vader ligt begraven in het oorlogsheldengraf in Bandoeng.

Sylvia werkte een poos in de dieetkeuken en vroeg daarna om overplaatsing naar het hospitaal. Ze werkte tot het einde van de oorlog in de nachtdienst. Een van haar taken werd poep roeren genoemd. De toiletten waren gaten van een meter diep met een blikken ton erin. Wanneer ze vol waren, moesten de poeproerders stevig door de faecaliën roeren tot het net soep was. Anderen tilden de ton uit het gat en brachten die naar de tuinen voor bemesting. De werkers kregen een kom rijst en een kom maïs.

'Ik kan nog steeds geen rijst of maïs eten zonder eraan te denken en me de geur te herinneren. Ik kwam op een dag thuis en mijn pleegmoeder rook aan me en zei: "Waar ben jij toch geweest?" "Ik heb poep geroerd," zei ik. We moesten ons naderhand met fenol wassen.

Op een dag werden jongens boven de tien jaar weggebracht naar een kamp niet ver bij ons vandaan. Wanneer we de kans kregen naar buiten te gaan – bij het poepwerk – brachten we de jongens berichten van hun moeder. Ze schreven op minuscule strookjes papier en wij maakten er tussen duim en wijsvinger rolletjes van en staken die in onze oren. Op een dag werd een vrouw met een briefje betrapt en vreselijk afgeranseld, zodat we besloten het niet meer te doen voor het geval de jongens er ook narigheid door zouden krijgen. De moeders waren erg bezorgd over hen.

Ik geloof niet dat iemand zich het leed kan voorstellen dat de vrouwen doormaakten. Ik werkte op de tyfus- en difterie-afdelingen, maar we hadden geen verdovingsmiddelen of medicijnen voor deze ziekten. Er werd een vrouw met haar tweeling binnengebracht, alle drie tyfuspatiënten. De tweeling stierf binnen enkele uren, maar zij bleef merkwaardigerwijs in leven. We hadden vier vrouwen die zonder medicijnen heel langzaam aan kanker lagen te sterven. Kinderen werden om 10 uur 's morgens binnengebracht en waren om 2 uur 's middags dood. Alleen in de sporadische pakketten van het Rode Kruis zaten af en toe medicijnen. We moesten mensen zo goed als we konden verzorgen. We hadden dr. Williams en onze hoofdzuster, mevr. Jansen. Alleen deze twee voor 8000 mensen. Daarnaast waren er maar een paar gediplomeerde verpleegsters en vrijwilligers zoals ik. Bij dysenteriepatiënten was je de hele tijd in de weer. Ik deed de nachtdienst om een beetje bij de vrouwen vandaan te zijn. Toen de oorlog voorbij was, vroeg mijn pleegvader me waar ik heen wilde. "Overal, zolang er maar geen vrouwen zijn," antwoordde ik. Maar voorzover ik weet konden vrouwen gevangenschap beter aan dan mannen.

Vrouwen ruilden sieraden voor voedsel en op een dag werd een vrouw betrapt en gruwelijk gestraft. Ze spleten een bamboestok en bonden die achter haar knieën. De randen waren heel scherp en ze moest de hele dag geknield in de gloeiende zon zitten en daarna nog de hele avond. We mochten niet in haar buurt komen. Ze bouwden een tweede schutting in een poging een einde te maken aan het smokkelen, met bewakers die door de corridor liepen die tussen de schuttingen was ontstaan.

Sommigen van de vrouwen waren erg moedig. Er was er een die tegen een Japanner in ging, en ze sloegen haar zo hard dat ze haar bekken brak, waarna ze haar in een goedang (bergruimte) smeten. De situatie werd nog erger doordat er een bijenzwerm hing die openscheurde door het geweld waarmee ze binnen werd gesmeten. Ze werd door de woedende insekten aangevallen en vreselijk gestoken. We mochten niet naar binnen om haar te helpen en ze was gezwollen als een ballon. De Jap die we Jan de Mepper noemden was hier verantwoordelijk voor. Hij kon zijn handen gewoon niet thuishouden. Hij rende soms midden in de nacht door het hospitaal om ons angst aan te jagen, en als je niet vlug genoeg boog kreeg je een dreun. Ik kreeg er een paar keer van langs. Soms maakte hij zijn riem los en sloeg vervolgens met het ijzeren beslag op de vrouwen in. Een keer hield hij op toen hij net bij de vrouw vóór me was aangeland. Ik had geluk.

Er was een officier die maanziek was, zoals ze het noemden. Hij had een Duitse vader en een Japanse moeder. Hij was heel groot, wat ongewoon was omdat de meeste Japanners kortere benen hadden. Bij volle maan hielden we ons rustig, omdat hij dan altijd als een dolle tekeerging en zonder enige reden naar de vrouwen om zich heen sloeg.

Ik dacht dat ik voor de rest van mijn leven in het kamp zou zitten. Ik dacht dat er nooit een einde aan zou komen. Ik zei tegen mijn moeder dat er uiteindelijk, wanneer ik ongeveer tachtig jaar zou zijn, nog maar een handvol van ons over zou zijn. Wat moesten we beginnen wanneer alle anderen zouden zijn gestorven?'

Vrouwen deden allerlei dingen, waaronder over eten praten, om niet aan hun gevangenschap te hoeven denken. Ze beschreven tot in de kleinste bijzonderheden hoe ze het zouden bereiden en verorberen, en ruilden zelfs recepten. Ze schreven de recepten op elk overgebleven stukje papier dat ze te pakken konden krijgen. Het was net alsof over eten en de bereiding ervan praten op een of andere manier de altijd aanwezige knagende honger hielp verlichten. Ze speelden ook bridge met kaarten die ze zelf van stukken karton hadden gemaakt. Zoals zovelen van hen zeiden, was verveling de grote vijand in de kampen, vooral voor hen die te oud of te ziek waren om te werken.

Juul Paasse vertelt een prachtig verhaal. Zij en haar vriendinnen slaagden erin ongestraft een van de bewakers belachelijk te maken, die altijd bezig was de vrouwen te pesten die op weg waren naar hun werk in de bakkerij. Omdat het bakken tijdens de avondklok begon, moesten vrouwen die er werkten een witte hoofddoek dragen en een pas bij zich hebben. Eén bewaker maakte het hen altijd moeilijk en ze beraamden dus een plan om hem een lesje te leren. Andere vrouwen, niet de bakkers, deden een witte hoofddoek om, en toen de bewaker met zijn gebruikelijke schunnige voorstellen naar hen toe kwam, deden ze alsof ze zijn eisen zouden inwilligen en lokten hem naar een bosje. Stomverbaasd over dit buitenkansje, volgde hij hen gretig het donker in, om daar vervolgens met tientallen scherpe breinaalden venijnig te worden aangevallen. Het genot dat hij had verwacht bleek een nachtmerrie. De vrouwen lieten hem in treurige en ellendige toestand achter, terwijl hij overal door deze huishoudelijke wapens was gekwetst en gestoken. Ze verdwenen in de nacht, en de echte bakkers – druk bezig met brood bakken – bleven buiten verdenking. Er volgden geen straffen, want, zo zegt Juul: 'Welke krijger wil zo'n nederlaag, toegebracht door vrouwen met breinaalden, toegeven. We moesten er nog dagen om lachen.'

Enige tijd later vond er een onderzoek naar smokkelwaar plaats, misschien als gevolg van het breinaaldenschandaal, en werd de vrouwen bevolen kookstellen, fototoestellen, radio's en fietsen in te leveren. De barakken werden doorzocht en er werd een zeer oud pistool gevonden. Juul herinnert zich:

> *De arme vrouw van wie het was werd naar een centrale plek op het veld gebracht. Alle vrouwen stroomden erheen, hopend dat haar niets vreselijks zou gebeuren. De officier die haar ondervroeg stond met zijn zwaard naast zich op een verhoging en de vrouw stond een paar treden lager. Ze legde uit dat het antiek was en jarenlang in bezit was geweest van de familie van haar man. Er zaten geen kogels bij en ze wilde het voor haar man bewaren. De officier zei iets zeer ongunstigs over de moed van haar man en ze diende hem kwaad van repliek. Hij gaf haar een klap in het gezicht en ze sloeg hem onmiddellijk terug! We stonden allemaal stokstijf, stil van ongeloof. Het gezicht van de officier werd knalrood en we verwachtten dat hij haar ter plekke zou vermoorden of in elk geval tegen de grond zou slaan. De spanning op het plein was haast zichtbaar. De officier staarde haar aan, deze magere, onverzorgde, maar woedende vrouw die hem recht in de ogen keek. Het ongelooflijke gebeurde. Hij schreeuwde plotseling: 'Verdwijn! Lekas! (snel).'*
>
> *Ze draaide zich om en liep van de traptreden af naar ons toe, en wij namen haar snel tussen ons in, haar aan het gezicht onttrekkend, en liepen in kleine groepen weg. Natuurlijk ging ze niet terug naar haar eigen huis en hield ze zich een tijdlang gedeisd. De vrouwen spraken*

er nog lang over en vroegen zich af of hij misschien had gevonden dat haar woede gerechtvaardigd was, toen hij de moed, potentie en trouw van haar echtgenoot in twijfel trok. Respecteerde hij de woede van de vrouw op dit vlak? Of deed de verontwaardiging in haar gelaatsuitdrukking hem denken aan de blik van zijn moeder wanneer hij iets had uitgehaald? Ik weet niet of ze het kamp heeft overleefd en daarna nog vele jaren van huwelijksgeluk heeft beleefd, maar ze had zich zeker kranig geweerd. We vonden haar een heldin.

Op een dag kwamen de Japanners met het bevel dat alle sieraden moesten worden afgegeven. Sommige vrouwen werden betrapt en raakten hun ring en broches kwijt, maar anderen maakten snel borduurwerkjes om hun ring, deze camouflerend als een kleine broche in de vorm van een bloem. Weer anderen slikten hun trouwring uit wanhoop in!

~

De familie Visser was trouw rooms-katholiek en had in verschillende delen van Indonesië gewoond, omdat vader koloniaal bestuurder was. Gemma was geboren in Patti en was acht jaar toen ze met haar moeder, twee broers en drie zussen naar de kampen moest. Ze woonden in Tjilatjap toen de Japanners in het gebied arriveerden, en hun vader bracht hen dus snel naar een weeshuis in Karananjar. Het was echter te laat. Nadat ze zich in Keboemen bij een ander gezin hadden gevoegd, werden ze overvallen en in veewagons geladen die aan gewone passagierswagons werden gekoppeld. Ze stapten in Jogjakarta over en werden vandaar op 22 december 1942 naar Ambarawa gebracht. Mevrouw Visser zorgde niet alleen voor haar jonge gezin van zes kinderen, maar bleef vol vertrouwen en zag erop toe dat de kinderen dat ook deden. Ze vond zelfs tijd om een dagboek bij te houden en bewaarde het zolang de oorlog duurde.

Gemma zegt:

Ik was destijds acht jaar en moeder troostte me met de woorden: 'Maak je maar geen zorgen, het zal maar twee of drie maanden duren.' We waren allemaal zó vol vertrouwen dat onze eigen mannen de Jappen zouden verslaan en ons zouden redden. We mochten van moeder geen Indonesisch praten in het kamp en ze sprak zelf alleen algemeen beschaafd Nederlands. Ze benadrukte ook hoe belangrijk het was dat we allemaal bij elkaar bleven.

In dit eerste kamp verbleven 2000 vrouwen en kinderen, voornamelijk afkomstig uit Banjoemas, Soemowono, Tjilatjap en Bandoeng. Op 31 december 1944 werden ze allemaal overgebracht naar andere kampen; de familie Visser naar Solo, waar het aantal geïnterneerden nu tot 4200 was gestegen.

Een halfjaar later verhuisden ze weer en kwamen ze in het reusachtige kamp in Lampersarie in Semarang terecht.

Terugdenkend aan hun aankomst, zegt Gemma:

De Japanners fouilleerden ons allemaal toen we aankwamen, en enkele vriendinnen van mijn moeder, die hun papiergeld niet hadden ingeleverd, werden hard geslagen en geschopt. Moeder bewaarde haar trouwring en een gouden halssnoer in een houten kistje en was vastbesloten het te houden. Wij, kinderen, wisten dit en huilden van angst voor wat er met onze moeder zou gebeuren. Moeder zei: 'Laten we bidden' en begon het weesgegroet te bidden. Ik kon geen woord uitbrengen, zo bang was ik. Eindelijk liep de bewaker verder en waren we gered.

De vrouwen die al in Lampersarie zaten, waren niet blij ons te zien en gaven er totaal geen blijk van ons te herkennen of te verwelkomen. Ze wezen ons zelfs volledig af. We moesten steeds achter in de rij staan voor voedsel en kregen soms helemaal niets. Het kamp werd verteerd door afgunst en zelfzucht. Jan de Mepper, die de leiding over ons had in Solo, werd tegelijk met ons naar Lampersarie overgeplaatst, en alle vrouwen verweten ons hem te hebben meegebracht. Het was een vreselijke man. Heintje Myne Knecht, een goede kerel, kwam echter ook met ons mee. Hij was een soort bediende van Jan de Mepper. Toen we uit Solo vertrokken om naar Lampersarie te gaan, kwam hij naar buiten en boog naar ons, terwijl de tranen over zijn wangen stroomden. We waren heel blij hem terug te zien toen hij naar Lampersarie was overgeplaatst.

Aan het einde van de oorlog gingen enkelen van de Merdeka's, wachtend op hun bevrijding en bewaakt door onze oude vijanden de Jappen, een geregelde slag met hen aan en namen er een gevangen. Ze hingen hem naakt ondersteboven aan het prikkeldraad, sneden zijn oren, neus en geslachtsdelen af en haalden de gedek weg, zodat we goed konden zien wat ze hadden gedaan.

Toen de geallieerde vliegtuigen overvlogen, stonden we op het punt aan onze voortdurende diarree, gezwollen voeten en zweren te sterven. Mijn moeder weigerde op te geven en haalde ons er allemaal levend doorheen. Ze leeft nog, vierentachtig jaar oud, is in goede gezondheid en woont in Holland.

~

Net als Gemma had Joeke van Vlaardingen overal in Indië gewoond, omdat haar vader koloniaal ambtenaar was en om de paar jaar in een ander gebied werd gestationeerd. Ze was geboren in Denpasar, Bali, een kleine, afgelegen buitenpost in die tijd, waar afgezien van ambtenaren nauwelijks Europeanen te bespeuren waren. Ze woonden vervolgens op Oost Noesa Tenggara, Sumatra, Bangka en Midden-Java, en bevonden zich in Pati, Midden-Java, toen Pearl Harbor werd aangevallen. Ineens was het gevoel van veiligheid van het gezin verdwenen en voelden ze dat er gevaar dreigde. Haar vader werd teruggeroepen naar Bandoeng en besloot zijn gezin naar Magelang, een legerstad, te sturen, waar hij meende dat het veiliger zou zijn. Ze vertrokken in konvooi met twintig anderen, maar konden niet verder komen dan Temanggoeng en keerden dus terug naar Semarang, waar het gonsde van de geruchten dat mensen werden verkracht en vermoord. Omdat ze zich ook hier onveilig voelden, keerde het konvooi terug naar Pati, onderweg verlaten *kampongs* passerend, en arriveerde het opnieuw in Pati om daar vervolgens door een woedende resident (Hollandse gewestbestuurder) te worden begroet.

De Kempetai hadden de macht al overgenomen en alle mannen waren weg. De vrouwen en kinderen werden nu door de Kempetai opgepakt, omdat sommigen van hen op het bureau van het Rode Kruis hadden gewerkt en de Japanners dachten dat ze allerlei informatie zouden hebben. Joeke vertelt:

> *Ze ondervroegen ons en sloegen er elke keer dat we het antwoord niet zeiden te weten op los. Ze weigerden 'nee' als antwoord op wat dan ook te accepteren. We werden in cellen gestopt en midden in de nacht wakker gemaakt om opnieuw te worden gestraft. Eén keer wekten ze ons en moesten we naar buiten om er getuige van te zijn dat mannen werden onthoofd. Het Japans burgerlijk bestuur nam het nu van de Kempetai over en we werden gewaarschuwd dat we onmiddellijk per trein naar Soerabaja moesten vertrekken.*

Ze werden weldra in kamp Darmo ondergebracht en werden voor het eerst door Japanners benaderd om als vrijwilligster in een 'fabriek' te werken. Toen alleen jonge meisjes werden benaderd, was het duidelijk dat de fabriek in werkelijkheid een bordeel was. Er werden honderd vrijwilligsters gevonden, die tot taak hadden soldaten te amuseren die terugkwamen van de strijd in de zuidelijke Stille Oceaan en behoefte hadden aan rust en vermaak.

> *Voorzover ik weet werden meisjes nooit gedwongen met hen mee te gaan. Ze gaven je altijd de gelegenheid te weigeren.*

In oktober 1943 werd het gezin Van Vlaardingen naar Lampersarie overgebracht en werd Joekes moeder, die toen 38 was, aangesteld als hancho van hun huis, de zevende *Manga*. Haar bijnaam was Jos. Een van de Japanse hoofdofficieren was een zeer vreemde man die door de maan leek te worden beïnvloed. Zijn optreden was volkomen onvoorspelbaar. Wanneer ze *fus-*

himbang hadden ('s nachts de wacht hielden), verstopte hij zich soms achter bomen en sprong hij plotseling te voorschijn om hen te laten schrikken. Dit is dezelfde Jan de Mepper die door velen van de vrouwen wordt vermeld. Joeke herinnert zich:

> *Als we niet lieten merken dat we waren geschrokken, ranselde hij ons af. Op een dag waren ze in de keuken laat met het eten, zodat mijn moeder de werkgroep toestemming gaf erop te wachten, waardoor die te laat op het werk kwam. Hij kwam binnenmarcheren en vroeg wie er verantwoordelijk voor was dat de werkers te laat waren, en toen mijn moeder zei dat zij dat was gaf hij haar er zó met een zweep van langs dat ze over haar hele lichaam open, bloedende wonden had. Ik stormde naar haar toe om haar te troosten en iedereen dacht dat hij ook mij zou aftuigen, maar hij liep gewoon weg. Haar wonden waren heel diep en er plakten stukjes stof aan door de kracht waarmee zijn zweep haar blouse had geraakt.*
>
> *Omdat ik kreupel was geworden, zat ik de volgende dag overdag te naaien, wat verboden was voor meisjes van mijn leeftijd. Hij trapte de deur open en ik bleef gewoon zitten, zonder op te staan en te buigen, en hij zei: 'Ik kom mijn verontschuldigingen aanbieden. Ik was kwaad omdat ik zelf moeilijkheden met de baas had.'*
>
> *Hij ging zitten en begon tegen me te praten, en zei dat hij vóór de oorlog op de Mitsui-bank in Soerabaja had gewerkt en dat we naar dezelfde feesten waren gegaan. Hij wist alles van me, zelfs naar welke kostschool ik was gegaan. Ik vroeg hem waarom hij had geprobeerd mijn moeder dood te slaan, en hij zei dat het kwam doordat ze leek op zijn eigen moeder, een Duitse vrouw die met een Japanner was getrouwd. Hij moet zijn moeder hebben gehaat.*
>
> *Daarna werd hij haast overdreven aardig en bracht hij ons vaak cadeautjes in de vorm van fruit en andere dingen. Mensen waren jaloers op ons. Wanneer hij me fruit gaf, gaf ik het dikwijls weg aan een paar van de zwakkeren, maar dit maakte hem woedend en hij drong er daarna op aan dat ik alles wat hij me gaf opat waar hij bij stond.*

Ondanks het geschonken fruit ontwikkelde Joeke een ernstig vitaminetekort en leed ze aan twee verschillende vormen van malaria. Wanneer ze niet kon lopen, liet Jan de Mepper haar naar een zogenaamde kleuterschool brengen, waar zij en een non voor de kinderen van werkende moeders zorgden. Ze hadden geen boeken of papier of enig soort materiaal, maar speelden het klaar de kinderen tevreden te houden door, met stokjes in het zand, voor hen te tekenen en te schrijven.

Er kwamen meer vrouwen en kinderen en de situatie in het kamp begon moeilijker te worden. Zingen of lachen mocht niet meer en er kwam nog maar twee keer per dag water uit de kranen, en dan niet veel meer dan een nietig straaltje. Het kamp werd almaar smeriger, de riolen liepen over en de Japanners sprongen uit angst voor ziekte opzij als iemand in hun buurt moest hoesten.

Heel wat vrouwen in het kamp werden krankzinnig, waren niet in staat de vreselijke omstandigheden het hoofd te bieden. Eén vrouw probeerde kinderen te doden toen ze zonder begeleiding naar het open toilet gingen. Ze duwde er verscheidenen van hen in, en de kinderen werden alleen gered door hun wanhopige hulpgeroep. Joeke herinnert zich dat er een Japanse psychiater bij werd gehaald om haar te onderzoeken, en dat die haar aantrof terwijl ze naakt op haar hoofd stond.

Ze brachten haar weg naar wat ze een krankzinnigengesticht noemden, maar het was in werkelijkheid een plaats waar ze zich van mensen ontdeden. Ze lieten ze er gewoon zonder eten en drinken achter en uiteindelijk stierven ze. Een dove vrouw verloor haar kind aan tyfus en rende dag en nacht tierend en gillend over straat. Ze brachten haar ook naar het 'gesticht' en we zagen haar nooit meer terug.

De Japanners hadden overal specialisten voor, zelfs voor foltering. Er was een man die de gewoonte had een arme vrouw elke dag te martelen, terwijl wij allemaal moesten toekijken. Aanvankelijk sloeg hij haar niet zo hard, maar het werd elke dag geleidelijk erger, totdat ze ten slotte na zeven dagen stierf. Hoewel ze ons dwongen toe te kijken, leerden we ons hoofd omhoog te houden, maar onze ogen neer te slaan, en zo de indruk te wekken dat we keken. Velen van ons waren erg jong om zulke vreselijke dingen te moeten aanzien, en velen hebben het uit hun gedachten verdrongen en zeggen dat het nooit is gebeurd.

Hoger op de heuvel waarop Lampersarie lag bevond zich een Indonesische begraafplaats. De graven waren niet erg diep en bevatten geen doodkisten. Na een zware regenbui spoelde de grond naar beneden, het kamp in, en als ze maar lang genoeg aanhield spoelden de lijken via de open rioolgreppels mee omlaag.

We liepen door de modder naar de keuken om ons eten te halen. Dit alles met open, onbehandelde zweren op onze benen. Op een dag kreeg ik een pan kokende pap over mijn benen heen en ze spoelden het er met water af. Ik ging naar het hospitaal, maar ze konden niets voor me doen omdat er geen medicijnen waren. Vliegen streken op de brandwonden neer en mijn benen kwamen weldra onder de zweren te zitten. Elke dag stierven er mensen en de lichamen werden op rekken gelegd – soms wel een week lang.

De omstandigheden waren zo onbeschrijfelijk dat velen van de vrouwen hun wanhoop op hun buren afreageerden en, met potten en pannen als wapens, met elkaar vochten. Het zou een komedie hebben kunnen zijn, als het niet zo monsterachtig was geweest.

Veel vrouwen zeggen dat, hoewel ze gebeurtenissen kunnen beschrijven, het onmogelijk is dingen op te roepen zoals de afschuwelijke stank van de immer aanwezige diarree en verrotting, die dag en nacht hun neusgaten belaagde. Ze roken zelf als lijken, met hun etterende zweren die nauwelijks met vodden waren verbonden en die krioelden van maden, en de verschrikkelijke hongerpijn in hun gekrompen maag. Zoals één vrouw zei: 'Dat alles aan u proberen te beschrijven is net zoiets als gezichtsvermogen proberen te beschrijven aan een blinde. U zou het u nooit kunnen voorstellen zonder het te hebben meegemaakt.'

Op sterven na dood toen de oorlog voorbij was, werd Joeke met het eerste schip, de *Oranje*, naar Perth gebracht. Ze was toen vrijwel geheel verlamd en had het geluk een specialist te vinden die wist hoe haar ziekte moest worden behandeld.

~

Bien van Kammen was met haar schoonmoeder en driejarig dochtertje Nikki per trein van Malang naar Karang Panas, Semarang, overgebracht, een reis die ze zich als de beroerdste van haar leven herinnert. Ze duurde twee dagen, er was geen eten, er waren geen toiletten, en kinderen huilden de hele tijd door de hitte en het gebrek aan voedsel en water. Ze werden naar Karang Panas gebracht, een voormalig weeshuis voor jongens, en de omstandigheden waren er vreselijk, wat voornamelijk te wijten was aan gebrek aan leiding onder de vrouwen. Vooral de voedselverdeling was slecht geregeld. Sommige groepen kregen meer te eten dan andere. Toen er meer vrouwen en kinderen uit Soerabaja aankwamen, braken er relletjes uit over deze oneerlijke regeling en waren zelfs de Japanners niet in staat er een einde aan te maken. Er kwam echter een beter systeem en voedsel en water werden eerlijk verdeeld. In dit kamp werd niet gehandeld en kerkdiensten en zingen waren volstrekt verboden.

Tegen het einde van 1944 werden de 2600 vrouwen en kinderen die vanuit Soerabaja en Malang naar Karang Panas waren verhuisd, overgebracht naar de kampen Lampersarie en Ambarawa, die voor een lang verblijf bestemd waren. Nikki en haar moeder waren bij deze verhuizing betrokken en legden de lange reis naar Lampersarie te voet af. Ze liepen meer dan twee uur.

Bien herinnert zich: 'Ik had een grote ketel en gaf die aan mijn dochtertje Nikki, die hem de hele afstand heeft gedragen.'

Lampersarie was toegeeflijker met kerkdiensten dan Karang Panas, en Nikki werd er gedoopt door een predikante van de Verenigde Protestantse Kerk van Nederlands Oost-Indië.

~

N. was het tweede van zeven kinderen en haar moeder was deels Atjehse, deels Soendanese en deels Française. Haar vader was parlementslid geweest en had een fabriek in Soerabaja. Ze woonden in Lawang, een koele stad in de heuvels nabij Malang. Ze was veertien jaar toen de Japanners landden en haar vader stuurde zijn gezin naar een nonnenklooster in de hoop dat ze daar veilig zouden zijn. Hij werd spoedig gearresteerd en het gezin werd niet lang daarna door de Kempetai opgepakt. Hoewel ze gedeeltelijk Indonesisch waren, werden ze ondergebracht in kamp Darmo en later naar Karang Panas overgebracht. N. werkte daar in de tuinen en trok ook karren met water. De kinderen waren vaak ziek door tyfusaanvallen en een van hen kreeg hersenvliesontsteking. Haar moeder sliep altijd met de kinderen bij zich in bed en was voor hen allemaal een grote troost. Het was een klein vrouwtje met veel moed dat de vreselijke jaren van straf opmerkelijk goed het hoofd bood. Ze was katholiek en zeer vasthoudend en weigerde toe te staan dat haar kinderen neerslachtig werden.

Toen ze naar Lampersarie, hoger op de heuvel, werden overgebracht, werd N. erg apathisch en wilde opgeven, maar haar moeder en zus gaven haar een paar tikken tegen het gezicht en brachten haar weer tot bezinning. Haar moeder was een opmerkelijk eerlijke vrouw en deelde eventueel extra voedsel met de zwakste mensen in hun buurt, waarbij ze het zelfs haar eigen kinderen ontzegde als ze meende dat iemand buiten het gezin het harder nodig had.

Een van N.'s taken was het schoonmaken van de reusachtige kooktonnen. Aan de binnenkant kleefden altijd restjes voedsel en ze nam die mee naar haar familie om uit te delen. Moeder verdeelde alles zorgvuldig en gaf het aan de mensen in de buurt. N. was woedend.

'Waarom geeft u het weg aan andere kinderen als wij zo'n honger hebben?'

Haar moeder keek haar berispend aan en zei: 'Hou je gemak. Je hebt genoeg gehad.'

Haar moeder stuurde hen er op uit om kikkers te vangen wanneer er zieke mensen te verzorgen waren. De billetjes werden gekookt om te eten.

> *Zonder moeder zouden weinigen van ons het hebben overleefd. De schaarse pakketten van het Rode Kruis die aankwamen werden zorgvuldig bewaakt en beetje bij beetje uitgedeeld. Hetzelfde gold voor Spaanse pepers. Ze waren rijk aan vitamine C en zelfs de kleintjes moesten ze eten, al was het tegen hun zin. De arme schatjes hadden er het land aan, maar gehoorzaamden.*

Nan Reedijk-Pelser was pas een week getrouwd toen de Japanners landden. Haar man vluchtte vanuit Tjilatjap onmiddellijk per boot naar Australië en sloot zich aan bij het Z-leger. Hij werd opgeleid in Adelaide, Port Jackson en de VS en was gestationeerd in Batchelor, ten zuiden van Darwin, toen hij op een noodlottige expeditie werd gestuurd naar het eiland Kay, ten zuiden van Nieuw-Guinea. Hij werd door de Japanners gevangengenomen en op 23 juni 1944 gedood. Nans meubilair was allemaal nieuw, door haarzelf ontworpen en door Chinese schrijnwerkers vervaardigd. De Japanners kwamen naar haar huis in Soerabaja, namen alles mee en interneerden haar in kamp Darmo.

In oktober 1942 werd ze naar kamp Gedangan, een oud klooster, in Semarang gebracht, waar ze tweeëneenhalf jaar bleef.

> *Ik kreeg altijd veel last van engtevrees wanneer de grote poort dichtsloeg, en bood me dus als eerste als vrijwilligster aan om buiten in de tuinen te werken. Ik maakte een schuilplaats voor de heiho's en met behulp van zo'n twintig vrouwen kregen we die ten slotte overeind. We legden er zelfs borders in Griekse stijl omheen, wat ze zó waardeerden dat ze ons twee van die verschrikkelijke rubberachtige broden gaven. Maar het was voedsel. Er stond een citroenboom in dat kamp en ik hield mezelf gezond door stukjes groene citroen aan mijn dagelijkse portie rijst toe te voegen. Iedereen dacht dat ik gek was, maar ik bleef er gezond door. Ik weet niet waar het kamp lag, maar het moet vlak bij de haven zijn geweest. We konden al het lawaai van een haven horen en de felle lichten zien.*
>
> *In maart 1944 moest ik verhuizen naar Sompok, een kampong bij Lampersarie. De leiding was er in handen van een echt gemene kerel die we Jan de Mepper noemden. Op een dag verzuimde ik voor een heiho te buigen en daalde er een regen vuistslagen op me neer. Hij sloeg me tegen mijn jukbeenderen en prikte me met zijn bajonet in het gezicht. Ik hield me zo roerloos als ik kon, wetend dat elke beweging fataal zou kunnen zijn. Mijn ogen zaten helemaal dicht door de afranseling en ten slotte zakte ik in elkaar. De vrouwen droegen me naar binnen en een vrouwelijke arts uit Ambon legde koude kompressen op mijn gezicht, het enige wat ze kon doen.*

~

Juul werkte in de hoofdkeuken van Lampersarie, waar ze tien vuren hadden, die elk voldoende waren voor twee kooktonnen. Om 5 uur 's morgens de vuren aansteken leverde soms problemen op. Lucifers waren schaars en het hout was vaak vochtig. De soep werd onder het koken de hele tijd geroerd, wat erg warm werk was in het broeierige klimaat, en werd wanneer ze klaar was overgeschept in kleinere bakken om uit te delen. Dit werd met emmers gedaan en moest heel zorgvuldig gebeuren. Elke druppel was kostbaar. Er werd voor wat vlees gezorgd, misschien een halve koe voor 3000 mensen. Uiteindelijk telde het kamp 8000 mensen en kwam er toch niet meer voedsel. Juul zegt dat ze een sport maakte van het vinden van een stukje vlees! Het vlees werd apart bereid en de bouillon gelijk verdeeld over alle tonnen. Alleen de vrouwen die het meeste vertrouwen genoten waren met deze taak belast. Als er ooit spinazie of lever was, werd die voor de kleinste kinderen en de zieken gereserveerd. Rijst werd gekookt in speciale pannen, die ook voor griesmeel werden gebruikt.

~

Jean Sande kwam met haar moeder en zus uit een kamp in Solo naar Lampersarie. Ze reisden per vrachtwagen en trein en moesten bij aankomst in Semarang in het stof en de hete zon eindeloos op inspectie wachten. Het was een overlevingstest, en de vrouwen hadden geen medeleven meer over voor degenen die geen familie waren. Jeans neefje smeekte een vrouw, die een veldfles had, vergeefs om een slokje water. Ze klemde die egoïstisch tegen zich aan, zeggend dat ze haar later nodig zou kunnen hebben. Een officier die de veldfles zag, rukte deze als een vreemd soort vergelding voor dit egoïstische gedrag uit haar handen, en gooide de fles, en vervolgens de bezitster ervan, in het riool. Toen sloeg hij haar met zijn zwaard, terwijl ze God smeekte haar te helpen. Jean zei dat het iets vreselijks was om getuige van te zijn, maar ze moesten er inwendig toch om giechelen. Hebzucht kwam ten val.

Het eten in Lampersarie werd aangevuld met zoveel slakken, kikkers, ratten en katten als ze maar konden vangen. Het was geen ongebruikelijke straf om 24 uur helemaal geen eten te krijgen. De gevangenen kregen nooit te horen wat de redenen voor deze maatregel waren en probeerden wat proviand voor dergelijke noodgevallen te reserveren. De verzamelde dieren moesten worden bereid, zodat hout van bedden, deuren en veranda's werd gebruikt om op kleine vuurtjes te kunnen koken. Het verzamelen van dat hout leverde vaak gevaar op voor de huizen zelf. Jean zegt:

> *We hadden een waarschuwingskreet die we telkens gebruikten als er een Jap in de buurt kwam wanneer we aan het koken waren. We riepen dan: 'Oliebollen!'. In minder dan geen tijd waren de vuren gedoofd en was het voedsel verstopt.*
>
> *Op een dag verscheen Jan de Mepper achter in onze straat en schreeuwde tot onze afschuw: 'Oliebollen!'. Ons geheim was bekend. Hij wist wat we hadden gedaan. Toen we niet lang daarna in een kleine groep bedden voor het hospitaal aan het maken waren, dook hij op en vroeg wat we deden. Toen we het hem vertelden, voer hij uit, vooral tegen mij: 'Jullie hebben geen bedden nodig. Jullie verbranden ze alleen maar!'*

Veel vrouwen zwoeren Jan de Mepper te grazen te zullen nemen wanneer de oorlog voorbij was, maar toen die dag eindelijk aanbrak was hij nergens te bekennen. De laatste keer dat Jean hem zag was toen ze met haar vriendin wachtdienst had. Ze zaten, wat verboden was, en toen hij verscheen sprongen ze bij het bevel *'Kiotskay, Kiray, Nowray!'* overeind, verwachtend dat ze geslagen zouden worden omdat ze zo langzaam waren. Jan de Mepper deed echter niets. Hij keek hen alleen enkele ogenblikken aan, draaide zich om en verdween.

Banjoe Biroe

Banjoe Biroe (Blauwe Wateren), een stad aan de westkant van het Rawapeningmeer in Midden-Java, was van december 1942 tot oktober 1945 de lokatie van een gevangenkamp voor Hollandse vrouwen en kinderen. Het oorspronkelijke kamp, genaamd Banjoe Biroe II, was een voormalige kazerne aan de rand van de stad. In februari 1944 werd in een oude gevangenis een tweede kamp, Banjoe Biroe 10/11, geopend en in augustus 1945 werd in een school aan de rand van de stad een derde kamp, Banjoe Biroe 12, gevestigd. Uiteindelijk werden in deze kampen 11.200 vrouwen en kinderen gevangen gehouden. Ze kwamen uit kampen in Oost-Java, zoals Malang en Kediri, uit Bandoeng, Jogjakarta en Solo, en uit nabijgelegen steden – Ambarawa en Moentilan.

Truus de Vos liep een hele dag lang met 1200 andere vrouwen en kinderen over een stoffige weg van een kamp in Moentilan naar Banjoe Biroe. Ze herinnert zich dat het nieuwe kamp beter was dan Moentilan. Meer herinnert ze zich niet. De rest van haar ervaring is uitgewist. Haar rantsoen was zo klein geworden – 3800 kilojoules per dag – dat het onmogelijk was aan iets anders te denken dan in leven blijven.

Niet alle gevangenen in Banjoe Biroe kwamen oorspronkelijk uit Java. Freddy Wiebenga kwam uit Medan in het noorden van Sumatra. Met haar zoon op de vlucht toen de bommen begonnen te vallen, nam ze een trein naar Kotaradja, waar ze door kapitein Smirnoff werd meegenomen en naar een gebied in Midden-Sumatra werd gevlogen. Het was een erg gevaarlijke vlucht en ze moesten meermalen landen en nieuwe brandstof innemen. Langs de startbanen stonden mensen met brandende fakkels om de landingsstroken bij te lichten. Ten slotte landdden ze in Jakarta en werd Freddy met een klein militair vliegtuig naar Bandoeng gebracht. Haar oom, de gouverneur van West-Java, zorgde voor een bungalow, maar het was allemaal te laat. De Japanners namen vrijwel direct de macht over en ze werd gearresteerd en in kamp Tjihapit geïnterneerd. Ze bracht er een jaar door, waarna zij en haar zoon in een 'verduisterde trein' naar Banjoe Biroe werden vervoerd en in de oude stenen gevangenis – Banjoe Biroe 10/11 – werden ondergebracht. Het was een vreselijk oord vol ratten en kakkerlakken, met alleen harde planken om op te slapen en maar één plek waar vrouwen zich konden wassen – een grote open bak. De Japanse bewakers stonden de vrouwen bij hun wasbeurt te bekijken. De gruwelen hebben de meeste van haar herinneringen uitgewist, maar ze herinnert zich dat er een vliegtuig overkwam dat pamfletten uitstrooide om mensen te zeggen dat ze moed moesten houden, omdat de oorlog weldra voorbij zou zijn.

Anna Wilhelmina Berg was getrouwd met een Hollandse ingenieur en was in 1939 op tweeëntwintigjarige leeftijd naar Indonesië gekomen. Haar zus woonde in Pontianak, Borneo, en toen ze beiden gevangen werden genomen werden ze samen, met hun kinderen, in hetzelfde huis in Tjihapit, Bandoeng, ondergebracht. Ze gelooft dat het geen toeval, maar een kwestie van Japanse doelmatigheid was. Ze schenen te weten wie en waar iedereen was, en wat hun onderlinge relaties waren, in hun omvangrijke stelsel van gevangenkampen. Anna's echtgenoot werd afgevoerd naar Japan om in de mijnen te werken.

Ze werd in 1943 naar Banjoe Biroe overgebracht en bleef daar tot de oorlog afgelopen was. De leefruimte voor haar en haar kind was 45 centimeter op een kale plank zonder beddegoed. Ze was gehuisvest in een door de Japanners gebouwde bamboeschuur, en het was haar werk van de vroege morgen af treinen te lossen bij het station een eind verderop. Haar schoenen hielden het niet lang en ze liep daarom barrevoets. Ze bofte dat ze een oudere vrouw kon vinden om elke dag voor haar kleine jongen te zorgen en hem, met een vinger in het zand, de grondbeginselen van het schrijven bij te brengen. Behalve dat ze treinen loste, trok ze ook karren met voedsel en goederen naar de andere kampen.

De vrouwen koesterden veel rancunes, vooral jegens de officiersvrouwen die het kamp leidden. Anna vond dat ze meer gemeen had met de soldatenvrouwen, die ze billijk en fatsoenlijk vond bij alles wat ze deden. Ze waren bereid samen het smerige, onaangename werk te doen, in tegenstelling tot de vrouwen die de leiding hadden, die al het vuile werk vermeden en meer ruimte en zelfs meer voedsel kregen. Anna dreigde dat ze zich bij de Japanners zou beklagen over de oneerlijke toewijzing van voedsel en ruimte. Uiteindelijk kreeg een van de Japanners medelijden met haar en gaf haar een klein kamertje dat ze met de verzorgster van haar kind mocht delen.

Ondanks de moeilijke omstandigheden vierden de vrouwen toch verjaardagen en maakten ze van het weinige dat ze bezaten cadeautjes voor elkaar. Anna bezit nog altijd een zakdoek die ze had gekregen – geborduurd met gekleurd garen dat uit handdoeken was getrokken en met een bamboenaald genaaid. Er zijn namen van mensen, en een voorstelling van de halve wortel die haar verjaardagstraktatie was, op geborduurd. Anna herinnert zich geen van de vrouwen wier naam op de zakdoek staat, maar koestert de zakdoek op zichzelf en vanwege degenen die hem voor haar hadden gemaakt. Ze heeft ook een schort en een houten paardje dat voor haar zoon was gemaakt.

In de laatste vreselijke dagen van het kamp waren ze allemaal uitgehongerd en op het randje van de dood, omdat er praktisch geen eten meer was.

Er waren veel sterfgevallen onder de oude vrouwen en de kinderen. Ze stonden er niet bij stil wanneer de oorlog zou eindigen – al hun energie was gericht op in leven blijven.

De Ambarawa's

Ambarawa is een mooie marktstad ten zuiden van Semarang op de hoogten boven het Rawapeningmeer. De stad telde acht interneringskampen, zeven voor vrouwen en kinderen en één voor jonge knapen en oude mannen, die waren gehuisvest in gereserveerde huizen, voormalige ziekenhuizen, kazernes, scholen, weeshuizen en kostscholen. Vrouwen en kinderen werden vanuit Jogjakarta, Semarang, Bandoeng, Moentilan, Magelang, Banjoe Biroe, Tjimahi en Solo naar de Ambarawa-kampen gebracht. Op hun hoogtepunt verbleven er meer dan 10.000 mensen.

Betty Berghuis werd op kerstavond 1942 met haar drie kinderen het kamp in gedreven. Haar man was gearresteerd en ze had geen idee waar hij was. Ze had de twee toegestane koffers volgepropt met sterke katoenen kleren, schoenen met lage hakken, medicijnen, boeken, speelgoed en spelletjes, en had voorlopig voldoende geld. Zoals vrijwel alle Hollanders geloofde ze dat dit snel voorbij zou zijn. Niemand mocht hen helpen en vrienden stonden ontzet en boos toe te kijken, maar wisten dat hun beurt weldra zou komen. Met de eenjarige Kees op haar rug en een koffer in elke hand, terwijl de twee andere kinderen grimmig de handvatten vasthielden, werd ze te voet afgevoerd naar een leeg kamp, zonder water, zonder toiletten en zonder mogelijkheden om een zuigfles op te warmen. Het was een kerstavond die ze nooit zal vergeten.

De volgende dag werden ze in een gesloten trein geladen voor een reis die langer dan vierentwintig uur duurde. Het was onmogelijk te beoordelen hoe laat het was – de deuren en ramen werden niet één keer geopend. Toiletvoorzieningen waren volkomen ontoereikend en kinderen waren doodsbang voor het donker en het onbekende. Toen er ten slotte een einde kwam aan de afschuwelijke reis, werden ze naar een verlaten legerkamp afgevoerd. De smalle poort aan de ingang van het kamp, dat Ambarawa 6 heette, werd geopend en de vrouwen stormden naar binnen, verlangend om de beste plaats voor zichzelf te vinden, maar nauwelijks beseffend hoeveel van hun toekomstige leven zich binnen die muren zou afspelen.

Joke Bromet-van Hulssen, 25 jaar en getrouwd, kwam in oktober 1943 naar Ambarawa vanuit een *perlindoengan* (beschermingskamp) in Soerabaja. Hoewel ze voor honderd procent Hollandse was en in Holland was geboren, was ze tot dan toe vrij geweest omdat ze bruine ogen en donker haar had. Japanners beoordeelden nationaliteit in veel gevallen alleen op grond van uiterlijk

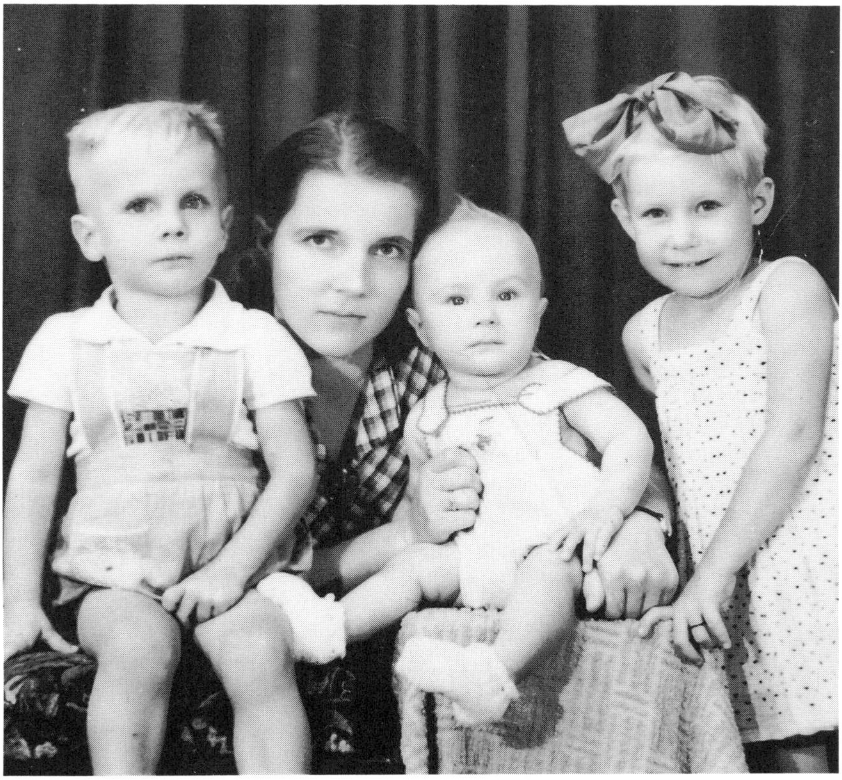

Betty Berghuis met haar kinderen. Deze foto werd gemaakt om naar haar man te sturen toen ze in 1942 werd geïnterneerd.

voorkomen. Blonde mensen met blauwe ogen werden ondanks hun raciale status als eersten gevangengenomen. Het kamp waar men haar naar toe bracht, Ambarawa 9, was een oude katholieke jongensschool waarvan de klaslokalen als accommodatie werden gebruikt. In het begin vond Joke het kamp draaglijk, afgezien van het feit dat water er schaars was. Er waren maar twee kranen in het kamp en gevangenen werd slechts één klein blik water per dag toegestaan, waarmee ze alles moesten doen. Het schepblik was een oud Australisch Blue Band-boterblik waaraan een houten steel was bevestigd. Op de verdeling van water werd streng toezicht gehouden, zodat niemand meer dan haar deel kreeg.

Joke werkte als secretaresse voor de Hollandse commandant en had toegang tot bepaalde Japanse documenten. De officiële tolk was een Witrussische, Helen Lotichius, geboren Sokolovsky en afkomstig uit Siberië, die op zevenjarige leeftijd met haar ouders naar Japan was gegaan. Joke hield gedurende haar hele internering een dagboek bij, dat ze tussen de kantoorpaperassen verstopte. Meer dan 45 jaar later is het nog steeds in goede conditie.

Vrouwen die geen zwaar werk konden doen werden beziggehouden met het maken van petten, met gaatjes om de lucht te laten circuleren, voor de Japanse soldaten. Een andere taak was *fushimbang* – 's nachts op wacht staan om te verhinderen dat plaatselijke dieven over de muur binnendrongen. Alle volwassenen werden voor deze taak op de lijst gezet. Wanneer ze door de bewakers werden gecontroleerd, moesten ze buigen en '*Ichiwa. Arimasen* (alles oké)' zeggen.

Kaalscheren als straf kwam in de Ambarawa's niet voor. Afranselingen waren even gebruikelijk als onthouding van voedsel. Joke merkt op dat overleving mogelijk was als je voldeed aan wat de Japanners eisten, maar dat het leven voor rebelse geesten moeilijk was. Veel hing af van de Hollandse vrouwen die de leiding hadden in het kamp. Als ze rust en discipline konden handhaven, functioneerde alles betrekkelijk soepel.

Miep Verbeek bleef een paar maanden op vrije voeten, hoewel ze in Soerabaja woonde, en bezocht haar man die samen met veel Australiërs op het tentoonstellingsterrein gevangen werd gehouden. Ze mochten af en toe bezoek ontvangen, vooral op de verjaardag van Tenno Heika, maar ten slotte kwam hier een einde aan en werd ze ondergebracht in een vrouwenwijk, of beschermingskamp, in de buitenwijken.

Eind 1943 werden 7000 vrouwen en kinderen overgebracht naar kampen in Midden-Java. Miep kwam terecht in Ambarawa 9, met haar vriendin Ans Habler, die hoogzwanger was. De Ambonese echtgenoot van Ans kwam vaak bij haar op bezoek in het kamp, 'rennend als een paardje dat buiten adem was'. De baby werd gezond en wel geboren. Ans was een geweldige moeder en maakte nooit drukte, maar ze begon na de geboorte van de baby dikker in plaats van slanker te worden. Er werd baarmoederkanker vastgesteld.

> *Ze klaagde nooit. Zuster Schuurman, een oude doopsgezinde verpleegster, vroeg ons afscheid te komen nemen toen het zover was, maar ik had niet de moed om erheen te gaan. Aan het einde van de oorlog kwam haar man, die dol op haar was, haar zoeken en stuitte bij toeval op haar graf, toen hij buiten de poort over de begraafplaats liep. Hij was gebroken.*
>
> *We zagen in Ambarawa vreselijke dingen gebeuren die we in Soerabaja niet hadden meegemaakt. Op een dag moesten we allemaal naar de binnenplaats komen om te kijken hoe een vrouw die iets verkeerds had gedaan werd gestraft. Ze hadden scherpe bamboestokken achter haar knieën gebonden, haar handen waren achter haar rug gebonden, en ze begonnen haar te slaan terwijl wij gedwongen waren toe te kijken. We kwamen nooit te weten wat ze had gedaan, omdat de Japan-*

ners alleen maar tegen ons schreeuwden en geen enkele verklaring gaven. Ze lieten uitgehongerde honden in het kamp los en vervolgens vingen ze die en sloegen ze met stokken dood. Het leek volslagen onzinnig. Gewoon wreedheid en anders niets.

Ik werd in mei 1945 met 4000 anderen naar kamp 6 overgebracht en kreeg de taak om takken van bomen te kappen. Ze kozen 900 vrouwen uit en brachten ons naar kamp 8. Alle vrouwen die jong en sterk waren. We kregen zo goed als nooit voldoende te eten en kregen nooit genoeg water om het vreselijke zetmeel dat ze ons te eten gaven te koken. Wanneer we nachtdienst, fushimbang, hadden en een druppende kraan tegenkwamen, brachten we de anderen er snel van op de hoogte en slopen de vrouwen in het donker naar buiten om hun blik te vullen. We aten alles wat er uitzag als voedsel. Op een nacht vonden we in het donker iets op de keukenvloer en verslonden het direct. Toen het licht werd, merkten we dat het varkensvoer was geweest.

Mijn manier om het te redden was zo opgewekt mogelijk te blijven, moppen te tappen en gekheid te maken. Ik zat nooit, zoals sommige mensen, maar wat recepten uit te wisselen en me ellendig te voelen, met een vinger in elkaars benen te porren om te zien hoever oedeem was voortgeschreden. Wanneer het erg was, bleef er een diepe deuk in het been achter.

Na enkele verschrikkelijke ervaringen in een werkkamp dat Lengkong heette, werd de zestienjarige Yo-Yo, de oudste in een gezin van vijf kinderen, met haar moeder in een geblindeerde trein vol huilende kinderen en hysterische vrouwen naar Ambarawa overgebracht. Ze hadden geen idee waar ze waren en geen van de bewakers wilde het hun vertellen. Ze liepen een aantal kilometers naar een primitief kamp zonder stromend water – alleen een put – en zonder matten om op te slapen. Het toilet was een open riool en de commandant, die altijd dronken was, liet zijn mannen hun gang gaan in het kamp. Veel meisjes werden verkracht en Yo-Yo's moeder stuurde haar een mangoboom in om zich te verstoppen wanneer ze zo tekeergingen. Twee van haar vriendinnen van de middelbare school werden in het kamp verkracht.

Het waren geen gelukkige jaren voor mij in het kamp. Ik kan me geen aardige voorvallen herinneren, alleen spanning, bezorgdheid en angst. Zelfs onder de gevangenen was er disharmonie, gekibbel, gekrakeel, geruzie en zelfs verraad. Kortom, het was AFSCHUWELIJK! Als ik zo'n periode nog eens moest beleven, zou ik liever zelf een einde aan mijn leven maken.

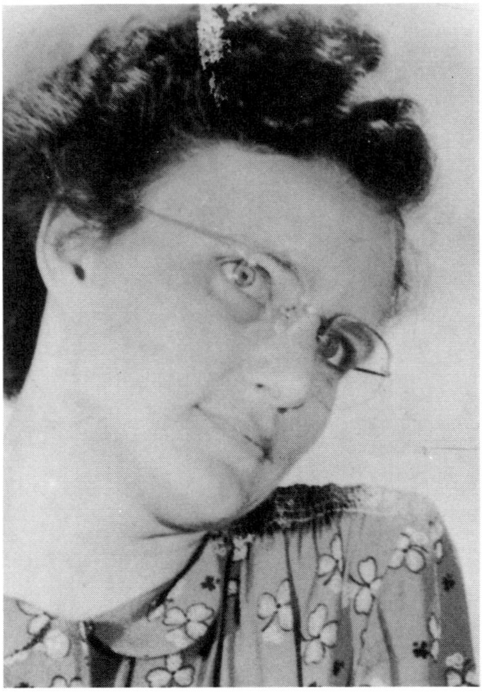

Wilma Ebbers in 1946.

Yo-Yo had een heerlijke jeugd gehad, waarin ze naar hartelust over het platteland kon zwerven. Haar vader, een ethisch hoogstaand man met veel Indonesische vrienden, was hoofd van de verkenners en werd door de plaatselijke bevolking op handen gedragen. Niemand droeg hem een kwaad hart toe.

Soms hoorde ze andere Hollandse mensen kwaadspreken over Indonesiërs. Wanneer ze haar vader er vragen over stelde, zei hij altijd dat ze er niet naar moest luisteren en dat het gewoon domme mensen waren. Hij was ingenieur in de suikerindustrie en ze was heel trots op hem. Ze was geboren in Semarang, maar opgegroeid in Pandji, bij Sitibone, en in Lestari, bij Kertosono.

Ze zat op de middelbare school in Semarang, en op een dag in de vakantie, nadat de Japanners waren gearriveerd, speelde ze met een paar vriendinnen in de rijstvelden. Ze stuitten op een lange trein met open wagons op een zijspoor en gingen erheen om te kijken, omdat ze mensen hoorden roepen. De wagons waren geladen met mannen in varkenskooien, die om water riepen. Zonder goed te begrijpen wat er allemaal aan de hand was, vulden ze enkele kokosnootschalen met water en gaven die aan de mannen om uit te drinken, toen ze een paar Japanners aan zagen komen. Doodsbang renden ze naar een bamboebosje en doken daar angstig ineen. Yo-Yo herinnert zich dat zich in het bosje waarin ze zaten ook een slang schuilhield, en dat ze te bang waren om die dood te slaan voor het geval ze zouden worden ontdekt. Ten slotte reed de trein met zijn akelige lading weg en konden ze de slang ontvluchten.

Toen de Japanners het gezin kwamen arresteren, was haar moeder hoogzwanger. De Japanners sloegen haar, gelovend dat ze iemand verborgen hield, maar uiteindelijk mocht ze vertrekken om haar baby te krijgen. Haar vader werd weggevoerd en had, zoals ze later ontdekte, in contact gestaan met guerrilla's die zich in de bergen schuilhielden.

De moeder en kinderen werden ondergebracht in een werkkamp van ruw opgetrokken huizen van *atap* en bamboe die *lengkong* werden genoemd. Op een avond werd Yo-Yo naar de Kempetai gebracht en ondervraagd over de guerrillabeweging. Toen ze ontkende iets te weten, brachten ze een jongeman binnen die ze nog kende van de lagere school en die boodschapper voor de guerrilla's was geweest. Om te laten zien dat het hun ernst was, schoten ze hem voor haar ogen dood. Sidderend van angst overtuigde ze hen dat ze niets van de guerrilla's wist, en ze zonden haar terug naar het kamp, waarbij ze haar te verstaan gaven dat ze nooit mocht praten over wat er was gebeurd, en anders net als de jongen zou worden doodgeschoten.

Enige tijd later kreeg ze bevel te gaan werken in een restaurant voor Japanse officieren, met aan de achterkant een bordeel. Ze vond de Japanse soldaten grof en walgelijk, vooral wanneer ze in het bijzijn van de jonge serveersters braakten en urineerden. Op een avond gaf het hoofd van de Kempetai een groot feest in het restaurant. Alle meisjes moesten aanwezig zijn en zijn tafel bedienen. Yo-Yo viel bijzonder bij hem in de smaak en hij beval een van zijn helpers haar in zijn bed te installeren. Ze was zo radeloos dat de helper medelijden kreeg en een prostituée haalde om haar plaats in te nemen. Enkele maanden later werd het hele gezin naar Ambarawa overgebracht.

De kleine jongens van Betty Berghuis waren vaak ziek en leden aan mazelen, kinkhoest, difterie en dysenterie, maar kregen heel weinig medische hulp. De enige dokter en twee van de verpleegsters waren oude vrienden uit Betty's verleden, die de jongens bij verschillende gelegenheden het leven redden: 'Je kon hun ribben tellen, hun bed was altijd nat, het eten leek gewoon door hen heen te vallen. Aan het einde van de oorlog was het kleintje vier jaar en woog hij evenveel als toen hij op eenjarige leeftijd in het kamp belandde.'

Om 6 uur 's morgens rinkelde er een bel en stormden de vrouwen naar de kranen om niet te laat te zijn, duwend, trekkend en ruziënd – ze waren prikkelbaar zo vroeg in de morgen. Het eerste maal, *kandji*, werd pap genoemd, maar smaakte naar stijfsel en de meesten lustten het niet. Het was geen *oebi kajoe*, tapioca of maniok, maar een ander knolgewas dat op Java voorkomt. De twee andere maaltijden waren soep van *kangkong* en postelein, en om 6 uur 's middags na het appel rijst en een soeplepel pap van *ketela*. Af en toe was er een pastei van ingewanden – slakken, slangen en kikkers werden voor de zieken bewaard. Soms was er een snee brood. Kleine kinderen, zoals die van Betty, kregen een halve portie, tieners die zwaar werk deden kregen extra. Het voedsel werd angstvallig nauwgezet verdeeld en jaloers bewaakt. Het met een open *gerobak* (sleperskar) afgeleverde brood was halfgaar en steenhard. Mary Valois herinnert zich dat het op een dag aankwam, terwijl het onder het stof zat en er een bezorger bovenop lag. Ze laadden het uit en veegden het stof er zo goed mogelijk af, hopend dat hun eigen portie uit een van de onderste lagen zou komen.

In sommige kampen was er een tabaksrantsoen, en de rokers vonden dat van bladzijden uit de bijbel de beste vloeitjes konden worden gemaakt. Japans typepapier van het bureau was ook goed, maar moeilijk te gappen zonder te worden betrapt. Niet-rokers ruilden hun rantsoen voor andere dingen die ze nodig hadden. Het gebruik om de bijbel voor vloeitjes te gebruiken leidde ertoe dat Joke Bromet-van Hulssen, die vóór de oorlog naar de kerk ging, dit na haar ervaringen in de kampen niet meer deed. De kerk leek niet meer relevant.

Connie Broekman Wessendorp was zes jaar toen de jongens van tien jaar en ouder werden afgevoerd:

> *Voordat we uit Tjihapit vertrokken om naar Ambarawa te gaan, gaven soldaten bevel dat alle jongens boven de tien jaar bij hun moeder weg moesten. Moeders waren hysterisch en de kleine jongens waren radeloos. De soldaten gaven geen uitleg. Toen de jongens weg waren, werd ik met mijn moeder en grootmoeder op een vrachtwagen geladen en naar het station gebracht. Onze vierentwintigurige reis naar Ambarawa, zonder eten, drinken of licht, zou normaal maar twee of drie uur hebben geduurd. In het kamp, Ambarawa 6, moesten we ons eigen gat graven, als toilet dat met 60 vrouwen moest worden gedeeld. Weldra was iedereen aan de diarree en begonnen mensen met twee of drie per dag te sterven. Mijn arme grootmoeder was een van de eerste slachtoffers. Mijn tante en moeder moesten een gat graven en haar zelf begraven.*
>
> *Op een bepaald moment werden veel jonge meisjes meegenomen om op kantoor te werken – zo werd hun verteld – maar ze werden nooit meer teruggezien. Ik herinner me dat mijn tante en moeder erover praatten.*

Betty herinnert zich dat de Japanners tien meisjes vroegen. De vrouwen waren woedend en probeerden hen er met kracht vanaf te brengen. De protesten liepen uit op tumult, totdat een groep vrouwen, volgens Betty een erg christelijke groep die altijd de bijbel aanhaalde en zeer van zichzelf overtuigd was, hen tot bedaren bracht en zei: 'Laat ze gaan. Het zal beter zijn voor de rest van ons.' De protesteerders stonden op het punt amok te maken, maar ze waren met te weinigen en de meisjes werden weggevoerd. De meeste mensen beschermden zichzelf tot elke prijs. Morele oordelen waren te gevaarlijk om zelfs maar te overwegen.

Joke noteerde de verdwijning van de jonge meisjes op 28 februari 1944 in haar dagboek:

> *Het waren zeven meisjes en twee getrouwde vrouwen. Ik weet hoe ze heten. Ze gingen niet vrijwillig. Moeders probeerden hen met geweld te beschermen, maar ze werden weggeslagen. Ze werden in een vrachtauto afgevoerd. Drie maanden later, op 11 mei, werden ze teruggebracht en met hun familie herenigd. Ze praatten erover en het waren geen leuke verhalen. Ik was onlangs in Holland en sprak met een van de meisjes die waren weggevoerd. Ik weet dat mijn dagboek heel belangrijk is. Wanneer ik sterf, zal het naar het Centrum voor Oorlogsdocumentatie in Holland worden gestuurd en kunnen ze ermee doen wat ze willen. Voorzover ik weet, zijn deze zaken tijdens het oorlogstribunaal ter sprake gebracht, maar ik denk dat ze die hebben afgesloten omdat de meisjes er niet over willen praten. Dit waren heel jonge meisjes. Ze kregen geen therapie toen ze met hun moeder werden herenigd en werden apart gehouden in het kamp. Het geeft een stigma. God weet wat voor stempel het allemaal op deze jonge meisjes heeft achtergelaten. De zus van mijn vriendin in Holland maakt het goed. Ze is getrouwd met een heel begrijpende man en heeft drie prachtige zoons. Niemand buiten de familie is op de hoogte van haar kampervaringen. Deze meisjes werden allemaal tegen hun wil meegenomen, maar er waren er ook die vrijwillig meegingen omdat ze de beperkingen en het kampleven niet meer konden verdragen.*

DE NACHT DAT HET WANDLUIZEN REGENDE – Mary Valois was een twintiger in de kampen, en heeft een bepaald luchthartige kijk op het verleden.

> *Het was een rustige nacht. We hadden fushimbang en overal in de barakken klonk gesnurk. Iedereen was bang voor regen en toen we het eerste gerommel van de donder hoorden, was iedereen ineens klaarwakker. Toen begon het te regenen en begonnen de sirap (dakpannen) te lekken. Met het binnenstromen van de regen kwamen ook de wandluizen – die door de kracht van het water uit hun schuilplaatsen waren gesleurd. Iemand stak een paraplu op om haar kind te beschermen*

en anderen trokken een jas aan. Niemand kon nog slapen. We zetten overal schalen neer, die binnen de kortste keren vol waren, en goten ze leeg om ze vervolgens in enkele minuten weer vol te zien stromen. Wandluizen stinken verschrikkelijk en toen hun gekneusde lijfjes zich met de modder vermengden ontstond overal een verpletterende stank. Al het hout dat nodig was voor de vuren was nat en de luizen bleven in drommen neervallen. De rest van de nacht werd doorgebracht met luizen doodslaan en krabben.

Betty M. was 28 en woonde met haar twee jongens in Magelang toen de oorlog uitbrak. Haar man werd in het leger ingelijfd en op een dag kwam er een Japanner naar haar huis, beval haar een kleine koffer met kleren te pakken, hem de sleutels te geven en te vertrekken. Met haar tweejarige Bart aan haar rokken en Roeland van negen maanden in haar armen, liep ze in shocktoestand naar buiten om samen met andere vrouwen en kinderen uit de stad op weg te gaan naar Ambarawa.

Omdat ze twee kleine kinderen had, werkte ze niet in de velden, maar verrichtte ze werkzaamheden in het kamp. Ze bracht veel van haar tijd door met kleine slakken en waterpest zoeken, om haar voeding en die van haar kinderen aan te vullen. Op een dag kregen ze te horen dat ze hun echtgenoot een brief mochten sturen, maar de 'brieven' waren voorbedrukte formulieren met zinsneden zoals:

1 Ik ben gezond.
2 Het eten is goed.
3 De kinderen zijn gelukkig.
4 Het is mooi weer.

Het opruimen van rioolslijk was in alle kampen een probleem, en een team vrouwen leegde de kuilen en open rioolgreppels. Ze schepten het in tonnen met geïmproviseerde emmers die van oude boterblikken waren gemaakt. Toen een groep vrouwen op een dag dit verfoeilijke werk aan het doen was, zei een van hen: 'Ben ik daarvoor Goddomme naar de Oost gekomme?'

Het was nogal grove taal en alle vrouwen barstten in lachen uit. De Japanse opzichter was zo verbaasd over deze lachbui dat hij met zijn bamboestok walgend tegen zijn glanzende zwarte laarzen sloeg en wegbeende met de woorden: 'Wat zijn deze Hollandsen voor vrouwen dat ze bij zo'n gelegenheid kunnen lachen?'

Zoals velen van de vrouwen was Mary Valois kritisch over de tv-serie *Tenko*, waarin het leven van vrouwen in een Japans kamp op Sumatra werd geschetst:

Het was zo onecht. Ze waren constant aan het schreeuwen tegen de Jappen en aan het klagen. Zo was het niet. Je hield je mond. Als je te-

keerging, werd het hele kamp gestraft. De film was onzin. De belangrijkste verschrikking van het kamp was dat er niets gebeurde. Het was zo vervelend. Vervelend, vervelend, vervelend. Ik praat niet graag over het kamp omdat ik het verkeerd vind de hele toestand te dramatiseren en alleen te praten over de gewelddadige dingen die er gebeurden.

Voordat Mary naar Ambarawa werd overgebracht, zat ze met haar moeder in Tjihapit. Ze hadden een 'huis-Jap' – een vriendelijke soldaat die de geïnterneerden graag bezocht om met hen te praten. Het was een kapitein, en toen Mary vroeg of ze een pas kon krijgen om een vriendin in de buitenwijken van Bandoeng te bezoeken, gaf hij haar een stukje papier waarop in het Japans een boodschap was geschreven. Ze vroeg wat er stond, maar hij zei kortaf: 'Vraag dat niet. Ga maar.' Toen ze bij het station aankwam, lazen de bewakers het briefje en salueerden voor haar. Hetzelfde gebeurde bij alle controleposten, tot haar bezoek voorbij was en ze weer thuis was. De kapitein gaf er nooit enige uitleg over, maar ze denkt dat op het briefje misschien stond dat ze de maîtresse van de generaal was.

Wilma Ebbers kwam via een lange en indirecte route in Ambarawa 6 terecht. Ze was in 1925 geboren en woonde, toen de oorlog uitbrak, met haar familie in Roemenië. Ze ontsnapten naar Turkije en gingen vandaar per trein naar Bagdad, om vervolgens naar Basra, Jodhpur, Calcutta, Rangoon, Singapore, Medan, Jakarta en Soerabaja te vliegen. Ze waren met vier meisjes in het gezin en hun moeder overleed niet lang na hun aankomst aan een hartaanval. De bedienden en de oudste zus, die 19 was, zorgden voor hen, maar hun vader bracht hen in verband met de oorlogsdreiging naar Malang, voordat hij naar Borneo vertrok. Toen de Japanners landden, slaagde hij erin onder beschutting van de duisternis in een patrouilleboot van de Hollandse marine te ontsnappen, ontweek in een hevige storm de Japanse onderzeeërs die in de wateren patrouilleerden, en bereikte ten slotte Madagascar.

De meisjes in Malang werden door de Japanners geïnterneerd en naar Solo gebracht, waar ze het geluk hadden een fatsoenlijke commandant, Funakushi genaamd, aan te treffen. Hij was met een Française getrouwd, 'maar werd al snel vervangen door een vreselijke man, die Toronaka of "de Beuker" werd genoemd'. De vier meisjes verhuisden later naar Ambarawa 6 – 'dat onder leiding stond van de slager Toro Tanaka'. Behalve de jongste verrichtten ze allemaal zware arbeid, zoals treinen lossen en in een fabriek of mijn werken.

Dieven van buiten en binnen de kampen waren een probleem. Betty Berghuis plantte Spaanse pepers, tomaten en papaja's, maar de vruchten werden gestolen zodra ze rijp waren, tenzij er constant iemand op wacht stond. Mensen van buiten gebruikten lange stokken met een haak om was van de lijn te trekken en er vervolgens mee vandoor te gaan.

De Indonesische mensen buiten de schutting waren erg arm in die tijd. Velen van hen hadden geen werk nu alle Hollandse mensen in de gevangenis zaten. Ze hadden vooral gebrek aan kleren. Op een nacht drong een man via de rioolgreppel binnen en stal wat kleren van onze waslijn. We moesten er een einde aan maken, omdat onze kleren het enige waren wat we hadden om te ruilen voor extra voedsel. Enkele vrouwen hielden de wacht en betrapten hem op een nacht. Hij was moeilijk te pakken te krijgen, omdat hij zijn hele lichaam met vet had ingesmeerd, maar het lukte hen om hem bij zijn haren vast te houden. Ze brachten hem naar de Japanse commandant. Later hadden de vrouwen er echt spijt van dat ze dit hadden gedaan, omdat de arme man in de zon, met een bus over zijn hoofd, aan een boom werd gebonden. Zijn hersenen raakten hierdoor oververhit en hij stierf in folterende pijn. De gevangenen werden allemaal gedwongen om toe te kijken terwijl hij stierf.

Oefeningen doen was een Japanse wet waaraan iedereen zich moest houden. Alle geïnterneerden moesten aantreden, hun rug strekken, springen en een vol kwartier in cirkels rondrennen – waarbij de hele procedure door een van de vrouwen zelf werd geleid. Alleen degenen die heel oud waren en zieken hoefden niet mee te doen. Daarna begon de echte lichaamsbeweging – tuinieren, vrachtwagens lossen, kruiwagens duwen, wasvertrekken en toiletten schoonmaken. Oudere en zwakkere vrouwen werkten in de keuken, waar ze groenten fijn moesten snijden. Ze werden in de gaten gehouden om te voorkomen dat ze onder het werk zouden eten – groenten waren kostbaar en werden zorgvuldig geteld.

Ze waren ingekwartierd in lange barakken en in het begin waren gezinnen door tussenschotten van elkaar gescheiden. Toen er later meer mensen bij kwamen, werden die verwijderd.

Marijke Micola von Fürstenrecht herinnert zich dat ze in de hete zon op eten stond te wachten.

Mijn moeder had haar kleine beetje geld in onze schoenen, onder onze voeten, verborgen en hoopte dat we niets zouden zeggen. Ik was altijd te bang om ook maar iets te zeggen, uit angst dat de Jappen me zouden slaan. Ik was pas vijf jaar.

Marijkes moeder kreeg tsutsugamushiziekte en werd erg ziek, zodat Marijke toen zelf naar de keuken moest om in de rij te gaan staan voor hun eten – een kom plakkerige rijst. Andere vrouwen probeerden haar het eten af te pakken, maar ze leerde al snel, hoe klein ze ook was, het voedsel goed vast te houden en terug te rennen naar haar broertje. Ze zorgde als een moeder voor hem, zolang haar moeder ziek was, en herinnert zich dat ze hem uit het open riool viste, waar hij in gevallen was, en hem schoonspoelde.

Er was een heel dikke vrouw die we altijd madame Blubber noemden. Ze had een kat gevangen en wilde die bereiden, maar ze wist niet hoe ze haar dood moest maken. Dus stopte ze haar in een emmer en ging erop zitten tot ze stikte. We stonden allemaal te kijken, hopend dat ze haar zou krabben.

De kampen waren niet alleen saai, ze waren ook onnatuurlijk. Er was geen toekomst om naar toe te leven en de vrouwen leefden in een wereld van lusteloze wanhoop. Voorzover ze wisten, zouden ze mogelijk in het kamp blijven tot ze stierven. Er was geen nieuws over de buitenwereld of over het verloop van de oorlog. Marijke herinnert zich:

Het gonsde van de geruchten, maar de belofte dat de Amerikanen ons zouden redden werd nooit vervuld. Bestond er echt een wereld daarbuiten, waar mensen in een gezin in een echt huis woonden en een vader hadden die tegen hun kleintjes praatte? Waren er daar moeders die niet de hele tijd moe waren, mopperden en schreeuwden? En wat was er gebeurd met de kleine jongetjes die waren meegenomen? Waren ze gestorven? Wie had ze begraven?

Ook Betty Berghuis werd door deze vragen gekweld en schreef in haar dagboek:

'Vandaag was een zwarte dag. Ik schoot plotseling wakker en vroeg me af wat er voor ons in het verschiet lag. Hoe het met onze echtgenoten ging, zo ver weg. We zijn allemaal zó overstuur en gebroken. Is dit dezelfde oorlog die we in het begin moedig onder ogen meenden te kunnen zien? Dit langzame verhongeringsproces! Die momenten waardoor je steeds stijf staat van angst. Het volgende moment sta je weer in de rij voor je dagelijkse maal. Het vooruitzicht op de toekomst is grauw. Wat moet er van ons worden? Ik heb malaria gehad, niet één keer, maar vele malen. Ik voel me verschrikkelijk slap, de kinderen zijn ziek en we zijn allemaal somber. Wanneer een van onze vriendinnen overlijdt, vragen we ons soms af of wij daarna aan de beurt zullen zijn. De kinderen houden ons echter op de been. We moeten doorgaan en doorgaan. Vrouwen zonder kinderen sterven, de ene na de andere. De primitieve hospitalen zijn overvol en de patiënten kunnen niet worden geholpen. Ze geven gewoon op en sterven. We kunnen niets voor hen doen. Er zijn geen medicijnen en er is geen vechtlust meer. Waar moet dit alles eindigen?

Januari 1945 bracht de kampen een aardige verrassing. Een vliegtuig vloog, als een bezoeker uit de hemel, laag over de terreinen – een Dakota met aan de onderkant van haar vleugels een geschilderde Hollandse vlag. De vrouwen waren zo verbluft dat ze stil werden, en begonnen daarna te schreeuwen en wild te zwaaien. Ze konden de bemanning heel goed zien. Ineens begonnen, als een zwerm vlinders, papiertjes in hun richting te dwarrelen. Het vliegtuig scheerde meermalen laag over de gebouwen heen en verdween vervolgens. De boodschap was kort en luidde dat bevrijding nabij was en ze snel vrij zouden zijn. Huilend van blijdschap renden de vrouwen wild in het rond, terwijl sommigen bijna te overstelpt waren om de pamfletten te lezen. Betty vertelt uitvoerig wat er daarna gebeurde:

> *Toen kwamen de Jappen. Schreeuwend, stampend met hun zware laarzen, woest en gevaarlijk. De vrouwen moesten aantreden en in de zon staan wachten tot de hoofdcommandant met een wagenvracht humeurige Jappen zou arriveren. We maakten ons niet al te veel zorgen, omdat we wisten dat ze ons geluk niet konden afnemen. Dat konden ze echter wel en ze zorgden er voor dat het ook gebeurde.*
>
> *Ze spraken ons toe, in het begin heel beschaafd, feliciteerden ons dat we het oppassendste kamp van allemaal waren en vroegen ons of we onder Nippons toezicht geen goed leven hadden? We knikten, wetend wat van ons werd verwacht. Ze zeiden dat ze op de hoogte waren van de pamfletten en of we zo vriendelijk wilden zijn ze in te leveren. Sommige mensen deden dat, maar anderen verstopten ze onder hun kleren. Daarna werden we eens goed onderhouden over de goedheid van het Japanse volk en over het feit dat we nog altijd te eten hadden, terwijl mensen in Japan honger leden. Of we nu dus de rest van de pamfletten maar wilden afgeven. Er werden er nog enkele ingeleverd. Toen veranderde alles dramatisch. Ze begonnen tegen ons te schreeuwen en woest rond te rennen, en weer overhandigden enkele vrouwen de papiertjes. Dit ging zo lange tijd door, en daarna kondigden ze aan dat dit de laatste waarschuwing zou zijn. Als er iemand met een pamflet werd aangetroffen, dan zou ze de doodstraf krijgen. De vrouwen die hun papiertjes nu inleverden werden apart gezet, en werden direct gestraft omdat ze zo lang hadden gewacht. Met de blote vuist, stokken en zwaarden werden deze vrouwen onophoudelijk geslagen. Wanneer ze neervielen, werden ze geslagen tot ze overeind kwamen, en het leek alsof hun folteraars niet konden stoppen. De Jappen lieten zich van hun slechtste kant zien, lieten zien hoe ze deze koppige vrouwen haatten. Wij, de toeschouwers, voelden ons zó misselijk, waren zó kwaad. Het is maar goed dat de kleine kinderen die dit alles zagen te jong waren om het te onthouden. Ik heb ze nooit over deze afschuwelijke middag horen praten. We kregen geen eten en we gingen ziek van honger en afschuw naar bed.*

Ik had mijn pamflet nog en het eerste wat ik deed was het lezen en daarna vernietigen. Later kwamen we erachter dat het vliegtuig uit Australië kwam en alleen bij toeval over Ambarawa was gevlogen. Volgens de tekst zouden we over een paar maanden zeker vrij zijn en was er een grote slag aan de gang in de Golf van Leyte.'

Mary Valois was een van de pamfletbezitsters die onwillig waren om hun schat af te staan, en moest dus voor bestraffing aantreden. Ze werpt nieuw licht op het stoïcijnse gedrag van de betrokken vrouwen en hun ongelooflijke dapperheid. Terwijl ze tegen de grond werden geslagen, bleven ze de Japanners aankijken en weigerden ze te gillen. Zoals zij het zich herinnert, kregen de Japanners zo het land aan het geringe effect dat hun afstraffing op de slachtoffers had dat ze hun stok weggooiden en wegliepen. Mary zou aan de beurt zijn geweest voor een afranseling en bleef gespaard.

Betty M. bewaarde haar pamflet in haar japon en verstopte het later in de daksparren. Ze bewaarde het tot de oorlog afgelopen was en heeft het nog steeds.

De verergering van ziekte en ondervoeding, waarbij oedeem, zweren en tuberculose om zich heen grepen, maakte dat veel vrouwen zich afvroegen hoeveel langer ze het nog konden volhouden, voordat de begraafplaats hen zou opeisen. Er was weinig waar ze moed uit konden putten. Door het gedrang van mensen overal in het kamp was er nooit een plek of moment voor rust of alleen-zijn. Zoals Betty Berghuis gekweld uitriep: 'Heel eenzaam, maar nooit alleen.'

Ondanks hun uitputting bezochten sommigen van de vrouwen 's avonds vriendinnen in andere barakken om over vroeger te praten en verhalen over eten te vertellen. 'Eten, eten, eten, dat was het enige waaraan we konden denken.' Mary herinnert zich dat een jonge moeder het had over het bakken van een omelet van zes eieren. Daarna van tien eieren, toen van twintig!

Niet lang na de toestand met de pamfletten kwamen de Koreaanse bewakers in opstand. Buiten het kamp waren veel schotenwisselingen te horen en ze zagen twee dagen geen Japanse soldaten in het kamp. Hoewel er uitzonderingen waren, lieten de vrouwen zich vaak positief uit over de Koreaanse bewakers. Joke Bromet-van Hulssen geeft toe dat ze wreed waren, maar gelooft dat ze dat van de Japanners, die hen gebruikten om hun vuile werk op te knappen, hadden geleerd.

Tijdens de opstand lag een vriendin van Mary in de ziekenzaal van kamp 6. Het was pikdonker en plotseling stormden twee Koreanen binnen en verstopten zich onder haar bed. Ze fluisterden: 'Stil, stil.' Na een poos gingen ze weg en werd er opnieuw geschoten. Niemand kwam er ooit achter hoe het afliep of waar het om ging.

Terugdenkend aan de pamfletten, vroegen de vrouwen zich af of de opstand samenhing met een of andere gebeurtenis in de oorlog die met het

Koreaanse vaderland te maken had. Nadat Korea 35 jaar door de Japanners was overheerst, verklaarde de voorlopige Koreaanse regering in Washington in februari 1945 ten slotte de oorlog aan Japan en Duitsland. Veel Koreaanse studenten en jonge mannen die in het Japanse leger waren ingelijfd en in China gestationeerd waren, deserteerden uit hun eenheid om zich bij de manschappen in China's anti-Japanse verzetsoorlog aan te sluiten.

Miep Verbeek hield bij hoe lang ze in het kamp zat door van kleine stukjes papier een kalender te maken.

> *Alle oorspronkelijke exemplaren waren van blauw papier, maar ze zijn verloren geraakt. Ik heb nu alleen nog fotokopieën. Alle kruisjes zijn gebeurtenissen. Bijvoorbeeld, 1945, een kruisje, nerveuze nachten waarin overal werd geschoten. Ik geloof dat het de Koreanen waren die tegen de Jappen vochten. Die andere kruisjes zijn mensen die stierven – baby's en oude vrouwen.*

In alle Ambarawa's gingen veel geruchten over de toekomstplannen die de Japanse soldaten met hun gevangenen hadden. Sommige vrouwen meenden dat ze naar de oerwouden van Nieuw-Guinea, Borneo of Sumatra zouden worden gebracht en daar zouden worden achtergelaten om te sterven, anderen dat de Jappen met hen de zee op zouden gaan en hen overboord zouden zetten. Weer anderen dachten dat de verstrekking van voedsel uiteindelijk volledig zou worden gestaakt en ze zouden verhongeren.

Het is nooit duidelijk geworden wat het algemene plan was dat de Japanners met hun gevangenen hadden, maar sommige mensen geloven dat ze eerder van plan waren zich bij een geallieerde landing in de veroverde gebieden van hun gevangenen te ontdoen dan die aan hen uit te leveren. Op sommige van de Stille Zuidzee-eilanden hadden dergelijke landingen al plaatsgevonden, maar omdat alle Japanse documenten vóór de overgave waren vernietigd, is de waarheid moeilijk te achterhalen. In het laatste halfjaar van de oorlog werden gevangenen in steeds grotere aantallen naar steeds minder kampen overgebracht. Tegen 1945 bevonden zich alleen al in de Ambarawa-kampen meer dan 10.000 vrouwen en kinderen. In het laatste halfjaar van de oorlog was het sterftecijfer tien keer zo hoog geworden als 'normaal'. Het sterftecijfer in de mannenkampen was ongeveer tweeëneenhalf keer zo hoog als dat voor vrouwen.

> *Dit komt waarschijnlijk doordat vrouwen zich beter aan veranderde omstandigheden kunnen aanpassen, waardoor ze actiever en opgewekter blijven.*

Omdat de kampen zo vol waren, was slapen moeilijk en sliep men niet langer dan een paar uur. Er werden steeds meer mensen ingepropt en een goede nachtrust was zeldzaam. Betty Berghuis herinnert zich dat de kinderen na een paar uur wakker werden.

> *'Binnen de kortste keren waren ze allemaal onophoudelijk aan het huilen en hoesten. Vooral in de kinkhoesttijd. Het was een verschrikkelijk geluid, die zieke en ondervoede kinderen die bijna stikten. De arme moeders, die probeerden hen te troosten en te knuffelen en weer in slaap te krijgen. Het enige dat hielp was een slok water. Ze strompelden naar buiten, naar de kraan of put, en haalden water, wasten bevuilde kleren en leegden potjes in het pikdonker, en het zou nog erger worden. Mijn kleine meid behoorde tot de zieken die mogelijk aan difterie leden en moest samen met het zoontje van een andere vrouw naar een ander kamp worden overgebracht. Het was haar enige kind en ze was gebroken van verdriet. We wisten niet waar onze kinderen heen werden gebracht, of er goed voor hen werd gezorgd en hoe het met hen ging. Onze hoofdvrouw probeerde voor ons aan nieuws te komen, maar het baatte niet.*
>
> *Ten slotte kwam mijn kleine meid terug, heel ziekelijk en mager en niet in staat te vertellen wat er was gebeurd in de tijd dat ze weg was geweest. Het lot was wreed voor de andere vrouw, die net een briefje had gekregen waarop stond dat haar zoontje was gestorven. Ze kreeg niet eens te horen waar hij was begraven.*
>
> *Er waren pakketten van het Rode Kruis aangekomen! Geen gerucht deze keer, maar echt, omdat sommigen van de meisjes ze hebben gezien. Onze verbeelding slaat op hol. Zouden we er ieder een krijgen? Niet waarschijnlijk met 6000 mensen in ons kamp. Onze stemming werd echter een stuk beter toen we onze kinderen vertelden dat mensen in andere delen van de wereld het hadden geregeld ons deze dingen te sturen, en dat we niet waren vergeten. (Uit het dagboek van Betty Berghuis.)*

Betty zegt:

> *De pakketten lagen in het Japanse pakhuis opgeslagen, en op een zondagmorgen kregen sommigen van ons bevel in onze beste kleren bij het wachtlokaal te verschijnen. Ik had nog een nette japon en maakte dus deel uit van de groep. We stonden samen voor tafels waarop allerlei voedingsmiddelen waren uitgestald. Sommige waren geopend en de geur van kaas trof ons als iets wat sinds lang vergeten was. Er waren ham, vruchten op siroop, chocola en vele andere lekkernijen.*
>
> *Op commando bogen we allemaal diep, en toen we ons oprichtten, arriveerde er een auto vol zeer belangrijk uitziende Jappen, heel dik en zwaar gedecoreerd. Toen begonnen de toespraken. We verstonden die*

natuurlijk niet, maar via de tolk begrepen we dat ze zeiden dat de Amerikanen en de Engelsen werkelijk heel slecht waren. Ze torpedeerden schepen die al deze lekkernijen naar de vrouwen en kinderen in de kampen brachten. Ook al hadden de Japanners grote verliezen geleden, ze brachten ons toch al dit lekkers. Waren ze geen geweldige mensen? Daarna kregen we bevel te buigen en bogen zij terug. Het was net een Japanse opera. We giechelden zachtjes.

Er volgde nog een toespraak en er werd opnieuw voor onze weldoeners gebogen, en daarna zagen we de camera's. Ze gleden over onze glimlachende gezichten, terwijl we eraan dachten hoe heerlijk het zou zijn om al dit lekkers met onze kinderen te delen. Hoe we de inhoud op ons beschimmelde oude brood zouden smeren, dat we dun zouden snijden om het nog eens door de hete zon te laten bakken. Het zou een koningsmaal zijn en wij zouden de filmsterren van de toekomst zijn.

Na een laatste toespraak waarin ons te verstaan werd gegeven dat we ons goed moesten gedragen en bevelen prompt moesten opvolgen, bogen we nogmaals en reden de hoge omes in hun auto weg. We waren blij en opgelucht omdat veel van onze emotionele reserves was gevergd. Maar (...) terwijl we ontzet en vol ongeloof toekeken, werden de geopende pakjes weer dichtgemaakt en de pakketten teruggebracht naar het pakhuis. We moesten inrukken en de rest van de dag was net als elke andere. We probeerden onze grote teleurstelling niet te laten blijken. Het was een grote propagandastunt geweest. Een paar weken later kregen we wat extra's bij een maaltijd en dachten we dat het vermoedelijk restanten van de Rode-Kruispakketten waren.'

Halmahera

Halmahera, een van de bijzonder akelige kampen, had te lijden van een frequente wisseling van commandanten en had wat ondervoeding betreft een van de slechtste reputaties van heel Indonesië. Het lag in de oostelijke buitenwijken van Semarang en was geen gevangenis of kazerne, maar bestond uit een aantal rustige straten met honderd huizen, omheind met *gedek* en gesitueerd op enigszins oplopend terrein. Het werd begrensd door een hoofdweg die in die tijd de Karreweg werd genoemd. Gevangenen werden aangevoerd uit Oost- en Midden-Java en waren oude mannen, jonge knapen, vrouwen en kinderen. Aan het einde van de oorlog had het een populatie van bijna 4000 personen.

Rie de Beer en haar moeder kwamen uit Soerabaja en arriveerden na een nachtmerrieachtige reis van twee dagen in een 'verduisterde' trein, zonder goede toiletvoorzieningen of voedsel, in Halmahera. In het begin van de Japanse bezetting was haar broer met 32 andere jonge mannen, op de beschuldiging dat ze een verzetsgroep vormden, door de Kempetai opgepakt en was ook haar vader, een leraar wiskunde en aardrijkskunde, gearresteerd. In tegenstelling tot vele anderen was hij bezorgd over de afloop van de Japanse inval, en toen zijn zoon werd afgevoerd, huilde hij zacht: 'Ik weet niet hoe dit zal aflopen, maar als we het overleven zal ik God op mijn knieën danken.'

Rie en haar moeder werden met 6000 andere vrouwen en kinderen ondergebracht in kamp Darmo en bleven daar tot juni 1943, toen de helft van de vrouwen naar Ambarawa werd vervoerd en de andere 3000 naar Halmahera. Het laatste kamp had voorheen gezinnen gehuisvest die voor de Japanners werkten en telde uiteindelijk maximaal 4000 mensen. In elk huis werden veertig vrouwen en kinderen ondergebracht en het kamp werd als Halmahera III aangeduid.

De omstandigheden verslechterden toen zieke oude mannen en jongens uit een ander kamp in Semarang het kamp binnen werden gebracht. Behalve dat het ruimtegebrek erdoor verergerde, zaten ze onder de wand- en andere luizen en was het hele kamp er in minder dan geen tijd van vergeven. Het enige positieve aan het kamp was zijn ruime aanvoer van water. Aanvankelijk was er een winkel, geëxploiteerd door de Japanners, die bonnen verstrekten om kleine dingen te kopen. De waren raakten al snel op, tot er alleen nog grote blokken bergzout over waren. Rie zei: 'Het had geen zin om geldige bonnen weg te gooien, zodat ik al het zout nam. Ik wist zeker dat het op een of andere manier van pas zou komen.'

Rie's moeder had haar eigen muskietennet uit Soerabaja meegenomen en klaagde dat het vol wandluizen zat en erg stonk. Er was natuurlijk geen zeep of ontsmettingsmiddel, en Rie kreeg de vernuftige inval het net los te maken en onder te dompelen in een kuip waarin ze het zout had opgelost. Ze trappelde erop tot ze zeker wist dat alle wandluizen dood waren en hing het net te drogen. En waarachtig, niet alleen waren de wandluizen allemaal dood, maar ook die bijzonder afschuwelijke luizenstank was verdwenen.

Velen van de mannen leden aan tbc en een kleine jongen overleed eraan. Ze bleven bijna zeven maanden in ons kamp en daarna werden ze naar elders overgebracht. Na hun vertrek werden we aan het werk gezet om de rommel op te ruimen. Tussen wat afval vond ik een potje dat in redelijk goede staat was, behalve dat er een gat in zat. Ik maakte het schoon en ontsmette het met ongebluste kalk. Ik vond ook een oude autokoplamp en dacht dat ik die als vergrootglas zou kunnen gebruiken. Ze werkte goed, en door gebruik te maken van de zon kon ik op straat wat teer laten smelten en die gebruiken om het gat in het potje dicht te maken. Na een week viel het eruit, maar het was gemakkelijk om meer teer te halen en het weer te repareren. Het was een uitkomst voor moeder, die zich niet zo goed voelde en het moeilijk vond om 's nachts de toiletten te bereiken.

Door het vuil in het kamp ontstonden er veel huidziekten, en Rie had veel last van ringworm doordat ze met blote voeten in de modder had rondgelopen. Ze ging naar de dokter, die zei dat ze voeten die onder de modder zaten niet kon behandelen, zodat Rie ze tot bloedens toe schoonschrobde en de dokter er daarna jodium opdeed, het enige medicijn dat ze had. Het werkte en Rie's voeten genazen.

Het eten was erg slecht en bestond uit weinig anders dan koolsoep en rijst, maar op een dag slaagden ze er tot ieders grote tevredenheid in om als aanvulling op de pot een hond te doden. Op het terrein stond een broodvruchtboom, en de commandant zei dat ze de vruchten mochten eten. De oorlog was echter voorbij voordat ze rijp genoeg waren.

De vrouwen moesten *fushimbang* houden, waarbij ze in hun stratenblok patrouilleerden en zich van tijd tot tijd bij de Japanse bewakers meldden. Sommige vrouwen smokkelden spullen om die met mensen buiten het kamp te ruilen voor voedsel, en toen ze op een nacht werden betrapt, liet de Japanse commandant zijn eigen bewakers aantreden en gaf hun een afranseling. De vrouwen die *fushimbang* hadden gehouden, moesten aantreden en werden buiten westen geslagen. Toen ze daar lagen, werd er een emmer water over hen heen gegooid, werden ze aan de haren overeind getrokken en opnieuw geslagen. Bovendien werden de vrouwen en hun kinderen voor

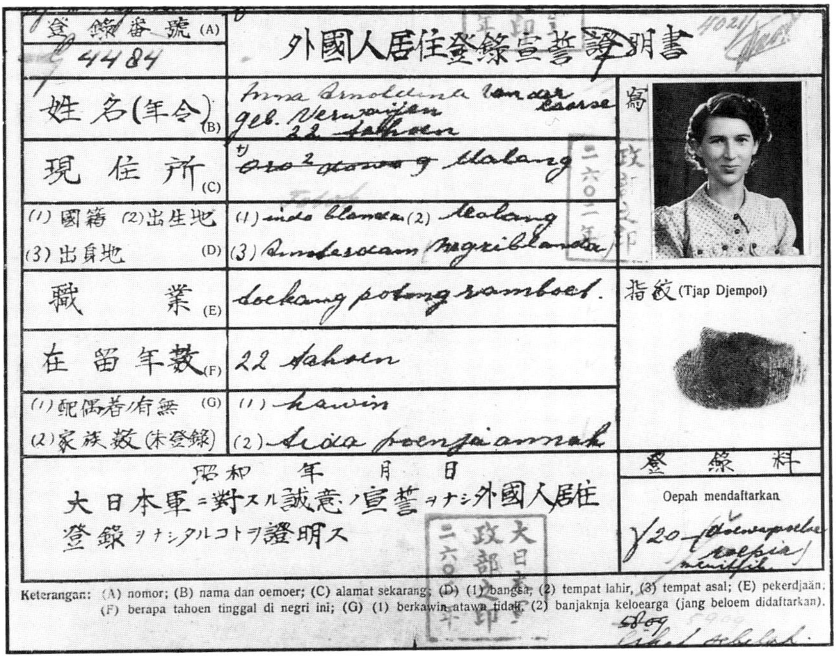
登錄番號 (A) 4484

外國人居住登錄宣誓證明書

姓名(年令) (B) Anna Arnoldina van der Laarse geb. Verwaaijen 22 tahoen

現住所 (C) ... Malang

(1)國籍 (2)出生地 (3)出身地 (D) (1) indo blanda (2) Malang (3) Amsterdam negri blanda

職業 (E) doekang potong ramboet.

在留年數 (F) 22 tahoen

(1)配偶者ノ有無 (2)家族數(未登錄) (G) (1) kawin (2) tida poenja anak

寫

指紋 (Tjap Djempol)

昭和 年 月 日

大日本軍ニ對スル誠意ノ宣誓ヲナシ外國人居住登錄ヲナシタルコトヲ證明ス

登錄料

Oepah mendaftarkan

¥20

Keterangan: (A) nomor; (B) nama dan oemoer; (C) alamat sekarang; (D) (1) bangsa, (2) tempat lahir, (3) tempat asal; (E) pekerdjaän; (F) berapa tahoen tinggal di negri ini; (G) (1) berkawin atawa tidak, (2) banjaknja keloearga (jang beloem didaftarkan).

Persoonsbewijzen zoals dat van Anneke werden na de Japanse inval verstrekt.

straf een week opgesloten in een huis waarvan alle ramen en deuren gesloten bleven.

~

Anneke kwam met haar moeder en zus in februari 1944 naar Halmahera. Hoe erg Boemi, hun vorige kamp in Solo, ook was geweest:

> *Het stelde allemaal niets voor vergeleken met de haat, het egoïsme en het kwaad die dit nieuwe kamp in hun greep hadden. Bij aankomst lieten ze ons drie uur op straat staan en fouilleerden ze ons op geld, messen, sieraden en boeken, en werden degenen die ze op het achterhouden van dergelijke dingen betrapten zwaar gestraft. Eén vrouw werd in een kooi opgesloten. Een tweede werd in een varkenskot vastgebonden. Beiden stonden in de gloeiende zon. Toen de zon ten slotte onderging, werden we het kamp binnengeleid en met acht mensen per kamer in huizen ingekwartierd. Er was van meet af aan een tekort aan voedsel.*

De normale goede vormen van beschaafd leven begonnen door het ruimtegebrek weg te vallen, en voedsel stelen behoorde meer en meer tot de dagelijkse gang van zaken. Zelfs gerespecteerde groepshoofden vervielen tot kleine overtredingen en diefstallen – van een stukje knol of een koolblad. Anneke en haar zus vormden een anticorruptiegroep, zwoeren nooit iets, hoe onbeduidend ook, te stelen en spraken af dat elk lid zich mocht terugtrekken als ze het knagen van haar honger niet meer kon weerstaan en zich gedwongen voelde om te stelen.

> *Het tragische was dat niemand zich voor stelen schaamde – zelfs nonnen deden eraan mee. Wanneer ze in de tuinen werkten, verstopten ze groenten onder hun habijt. Andere vrouwen zorgden voor ouderloze kinderen om de extra rantsoenen te krijgen. Onze anticorruptiegroep telde maar zes leden en we waren zeer impopulair. Als we in de keuken werkten, werd er, per ongeluk expres, wat kokend hete soep op onze benen gemorst. Het vlees dat in de soep zou moeten worden verwerkt, werd door de grote massa van de gevangenen nooit aangetroffen. Onze groep werd ook oneerlijk behandeld door de opscheppers, die kleinere porties rijst op ons bord schepten.*
>
> *Toen ik zag dat er een stuk lever werd binnengebracht, hield ik nauwkeurig in de gaten waar het heen ging en zorgde ik dat ik het geen moment uit het oog verloor. Het ging van de kuip naar de vleesmolen en vervolgens naar een schotel, die werd afgedekt. Ze vertelden me dat het nu veilig was, maar ik verloor die lever pas uit het oog toen hij van de schotel werd gehaald en aan de zieken werd gegeven. We zwoeren dat we ons door niets zouden laten weerhouden, al waren we nog zo impopulair.*

Mensen die in Halmahera hebben gezeten praten allemaal over het hoge sterftecijfer, maar de erkende autoriteit, dr. Van der Velden, kent geen enkel cijfer. De moeder van Miep B. stierf in het kamp ten tijde van de bevrijding, en Ina Leenaars, die zeven verschillende kampen had meegemaakt, zei dat het eten in Halmahera het slechtste was van allemaal. Zetmeelpap en grassoep met een beetje 'wat is dat voor iets' erin was het dagelijkse menu. Soms kregen ze sojabonen of maïskolven voor koeien, maar beide waren volslagen oneetbaar tenzij ze dagenlang hadden staan koken, en er was geen vuur. Amoebische dysenterie en malaria waren er endemisch en ten slotte stierven er zes tot acht mensen per dag. Elke dag kwam er een ossenkar om de lichamen op te halen. Op een schoolbord midden in het kamp stonden de namen van de doden vermeld. Op het laatst nam niemand nog notitie van de namen. Ze keken alleen naar de leeftijden en zagen hun eigen leeftijdsgroep steeds dichterbij komen.

Commandanten kwamen en gingen, als om de vrouwen te ontmoedigen. Ze hadden geen succes. Een Japanse soldaat zei tegen een van de verpleegsters: 'In deze oorlog gaven jullie soldaten het meteen op. Jullie mannelijke burgers vochten iets harder. Als de Hollandse vrouwen tegen ons in de strijd waren geworpen, zou het moeilijk voor ons zijn geweest om te winnen.'

Anneke vond de Japanners:

> *... een totaal ander slag mensen dan wij. We konden hen evenmin begrijpen als zij ons. Het waren ook geweldige psychologen. Op een dag hadden twee kleine jongens ruzie, en dus lieten ze hen ramen lappen, ieder aan één kant van het glas, zodat ze elkaar constant aankeken zonder elkaar te kunnen aanraken. Ze kalmeerden er weldra van. Ze wisten ook dat ze ons ertoe konden brengen, door ons voortdurend te ergeren en ons zinloze dingen te laten doen, zoals groenten omspitten en een hoofddoek dragen, waar dan het gebrek aan voedsel bijkwam, onszelf te vernietigen. Verbazend genoeg werd in Halmahera slechts één zelfmoord gepleegd, een Engelse vrouw die zich met ijzerdraad de polsen doorsneed en zich in een beerput verdronk.*

Kleine kinderen speelden rond deze putten en gooiden er vaak stokken en flessen in. Op een dag ontploften de putten door exploderend gas.

Rie werkte bij de putten, die ze met met behulp van een blik met de hand moest leegscheppen.

> *Het was afgrijselijk werk, maar je kreeg er een dubbele portie eten voor. Eén keer deed ik het en lustte ik daarna het eten niet toen ik het kreeg, zo misselijk was ik. Je kunt je niet voorstellen hoe vreselijk de stank was wanneer erin werd gewroet. Wanneer je klaar was, was er geen zeep of ontsmettingsmiddel om je handen te wassen en leek je de stank nooit kwijt te raken.*

Anneke herinnert zich de moeders die stierven omdat ze te veel van hun eigen rantsoen aan hun kinderen gaven. 'Het tragische was dat de ouderloze kinderen vaak werden overgenomen door vrouwen zonder scrupules die hen alleen verzorgden om hun rantsoen te krijgen.' Rie, die geen kinderen had, kon de moederlijke toewijding niet begrijpen. 'Maar nu we zelf kinderen hebben wel. Het moet iets vreselijks zijn geweest voor de moeders om hun kinderen om eten te horen huilen.' Anneke herinnert zich:

> *De Jappen besloten tuinen aan te leggen en we moesten alle heggen uitgraven en de heuveltjes egaliseren die volgens traditie in het midden van de groepen huizen waren opgeworpen. In de omgespitte grond werden groenten geplant, altijd in bedden die van noord naar zuid liepen. Ze werden bemest met urine en faecaliën. Wanneer ze bijna klaar waren voor de oogst, moesten we ze uitgraven en een nieuw stuk grond*

in oost-westrichting beplanten. De groenten bleven gewoon liggen rotten. We mochten er niet aankomen. Ze gaven ons nooit enige verklaring of reden voor dit vreemde gedrag. Het enige wat we konden bedenken was dat ze het deden om ons krankzinnig te maken en de dood in te jagen.

We hielden varkens, die met komkommers en tomaten werden gevoerd, en de kinderen stonden vaak bij de kotten te kijken hoe de varkens al dit voedsel opaten, terwijl ze het zelf niet mochten aanraken. Elke dag werden twee zakken aardappelen in stukken gesneden voor de varkens, en het was geweldig als je dat werk moest doen, omdat je onder het werk stukjes aardappel kon eten. Het waren zeer verwende varkens. Als de stukken te groot waren, keerden ze die de rug toe en wachtten ze tot ze het juiste formaat zouden krijgen. Velen van ons raakten op de vette beesten gesteld en één vrouw huilde toen ze werden opgehaald om voor de Japanners te worden geslacht.

Annekes anticorruptiegroep slonk tot vier personen, maar de meisjes vonden het fijn te zien dat ze enig effect hadden. De voedselporties werden zichtbaar groter en er zat vaak een spoortje vlees in de soep. Ook apathie was nog een algemeen voorkomende gemoedstoestand. Naarmate de kinderlichamen steeds magerder werden, maakten hun gezwollen gewrichten en buik het moeilijk voor hen om rond te lopen. Kikkers die 's nachts kwaakten tekenden hun doodvonnis. Hoe zwak de vrouwen ook waren, ze slopen naar buiten om het smakelijke hapje op te sporen. Loslopende honden en katten hadden geen kans om te overleven en er werd meedogenloos jacht op gemaakt.

Anneke vermeldt een van de commandanten van Halmahera, die Geitepoot werd genoemd omdat hij altijd met een gebalde vuist rondliep en die vaak zonder duidelijke reden gebruikte om een vrouw te straffen. 'Niemand wist of zijn hand misvormd was, maar ze wisten allemaal dat hij meestal half dronken was.'

Soms klonk er 's nachts geschreeuw, waarvoor nooit een verklaring werd gevonden. Miep herinnert zich brandwonden van sigaretten op oren en neus van jonge meisjes te hebben gezien. 'Eén soort straf hield in dat vrouwen naar een veld werden gebracht en aan een touw in een boom werden gehesen. Ze werden dan hard geslagen en bengelend achtergelaten. Ik zag ook dat soldaten vrouwen zó hard in hun buik schopten dat de urine er uitstroomde. Soms kwamen soldaten het kamp binnen en pakten jonge meisjes op om die mee te nemen. Mijn moeder vertelde me dat ik er altijd zo lelijk mogelijk uit moest zien, om niet te worden uitgekozen. Eén vijftienjarige die was meegenomen kwam terug en zei dat ze zou worden doodgeschoten, als ze iets vertelde over de manier waarop ze was behandeld.'

Samen bidden gebeurde steeds vaker naarmate de situatie verergerde, en vrouwen kropen vóór het slapen gaan dicht bij elkaar voor een wanhopige smeekbede om genade en kracht: 'Alstublieft, God, geef ons vrede. Geef ons voedsel, onze echtgenoten, onze zoons.' Anneke herinnert zich het bidden in het kamp en zei:

> *We waren aan het eind van ons Latijn, hadden geen kracht meer, we hadden het vechten opgegeven. Alleen bidden bleef over, het was onze laatste toevlucht. Degenen die niet konden bidden gingen gewoon liggen sterven.*

Moentok/Palembang

Sumatra, dat door de evenaar in twee bijna even grote delen wordt verdeeld, is het grootste van de Grote Soenda-eilanden en ligt naast Maleisië, waarvan het gescheiden is door de Straat van Malakka – de westelijke zeeweg naar het legendarische Oosten. Langs zijn westkant loopt een hoge bergketen en oostelijk daarvan liggen vruchtbare alluviale vlakten, meren en rivieren. Er zijn vier bevolkings- en taalgroepen – Atjeeërs in het noorden, Batakkers in het midden-noorden, Minangkabauers in het zuiden en Maleiers in het oosten. Na vele oorlogen en eeuwen van bittere strijd tegen plaatselijke sultanaten en de Portugezen, met enige Engelse bemoeienis, vestigden de Hollanders ten slotte hun soevereiniteit over de verschillende staten. Bij het uitbreken van de Tweede Wereldoorlog telde het eiland tien miljoen inwoners, onder wie 26.000 Europese mannen, vrouwen en kinderen, in meerderheid Hollanders.

De Japanners landden op 13 januari 1942 met 10.000 man op Sumatra, in de hoop de olie-installaties in Palembang, Zuid-Sumatra, intact in handen te krijgen. Ze werden opgewacht door de strijdkrachten van het door de Hollanders geleide Nederlands-Indische leger (het KNIL), die voornamelijk afkomstig waren uit de christelijke gebieden van Indonesië, vooral Ambon. Deze soldaten waren gewend om op kleine schaal tegen plaatselijke oproerlingen te vechten en waren niet opgewassen tegen de goed bewapende, getrainde Japanse troepen, die net overwinningen in Maleisië en Singapore hadden behaald en bijna vijf jaar oorlogservaring in China hadden.

In het islamitische Atjeh in het noorden ontstonden direct opstanden tegen de Hollanders en in Medan verzamelden zich voor de Grote Moskee duizenden moslims om de invallers met de kreet *Banzai* te verwelkomen. De Japanners landden aan de kust en vonden op onderweg gevorderde fietsen hun weg naar Medan.

Zodra ze Sumatra in handen hadden, werd het onder bestuur geplaatst van het zevende leger in Singapore, dat onmiddellijk overging tot geleidelijke internering van allen die de Hollandse nationaliteit bezaten, behalve degenen die in staat waren hun Hollandse achtergrond te verhullen. De betrekkelijk humane behandeling, in de begintijd, onder dit bestuur steekt gunstig af bij de vaak onmenselijke behandeling die gevangenen in Java onder een ander militair bestuur ondervonden. Het bestuur had echter niet veel controle over de Kempetai, of geheime politie, die een spoor van vreselijke herinneringen heeft achtergelaten aan de manier waarop ze in Palembang gevangenen behandelden. De leiding van de gevangenissen stond onder streng toezicht, en Hollandse scholen werden gesloten, het gebruik van de Nederlandse taal werd verboden en alle privileges die de Hollanders voorheen hadden werden ingetrokken. Elke gelegenheid werd te baat genomen om de koloniale Hollanders in de ogen van hun vroegere onderdanen te vernederen. Het Japanse beleid begunstigde de Indonesische middenklasse, in plaats van die van Euraziërs of Chinezen, die als vijandelijke buitenlanders werden geclassificeerd.

In de eerste maanden van hun bezetting richtten de Japanners de Driemaal A-beweging op om door propaganda steun te verwerven, waarbij Japan werd aangeprezen als leider, beschermer en als licht van Azië. Japanse moslims waren met de eerste invasietroepen op Sumatra aangekomen en tegen maart hadden de Japanners een Bureau voor Religieuze Aangelegenheden opgericht, waarbij moslimleiders door de opperbevelhebber, schout-bij-nacht Maeda, gastvrij werden ontvangen. Masjoemi, de moslimorganisatie die zo ontstond, beschikte over militaire hulptroepen, de Hezbollah, met behulp waarvan de Japanners mohammedaanse steun probeerden te vergaren voor een Heilige Oorlog tegen de geallieerden. Ze hadden hun huiswerk gemaakt, maar ze beseften niet dat ook zij in de ogen van de moslims een regering van ongelovigen waren.

De eersten die door de Japanners gevangen werden genomen waren waarschijnlijk de onfortuinlijke mannen, vrouwen en kinderen die op 13 februari 1942 midden in de Japanse invasievloot terecht waren gekomen. In een poging te ontsnappen uit Singapore, dat door kanonvuur en bommen in vuur en vlam was gezet en op het punt stond zich over te geven, waren ze met een flottielje van 44 vaartuigen van allerlei soort de zee op gevlucht, hopend Australië te bereiken. Vier van de schepen werden getorpedeerd en de overlevenden werden òf door de Japanse landingsvaartuigen opgepikt òf bereikten uiteindelijk zwemmend de kust. In één tragisch incident gaven Japanse stoottroepen 21 gevangengenomen verpleegsters bevel de zee in te lopen en werden ze niets ontziend gemitrailleerd. Vivian Bullwinkle, een Australische verpleegkundige, overleefde het bloedbad door te doen alsof ze dood was. Ze werd later gearresteerd en gevangengezet, maar bewaarde haar gruwelijke geheim, uit angst voor verdere represailles, zolang de oorlog duurde.

Zevenhonderd vrouwen en kinderen overleefden de schipbreuk of buitmaking van de *Mata Hari, Vyner Brooke, Giang Bee* en *Kuala*. De helft van hen stierf tijdens de drieëneenhalf jaar gevangenschap die erop volgde. Hun tragische verhaal is opgetekend in boeken door en over de overlevenden. Ze zaten een maand gevangen in Moentok op het eiland Bangka, verhuisden naar Palembang, keerden terug naar Moentok en werden ten slotte opnieuw overgebracht naar Palembang en Belalau aan de westkust.

Pamela Thane was een van deze ongelukkige vrouwen. Het was een Australisch meisje dat met haar ouders in Seremban, Maleisië, woonde toen de

Japanners op het schiereiland landden en zegevierend door het zwak verdedigde land trokken. Op de vlucht voor het oprukkende fietsleger, arriveerden Pamela en haar moeder in Singapore en namen direct verpleegwerk op zich in het St. Andrewsziekenhuis, dat met een groot personeelstekort kampte en boordevol gewonde soldaten en burgers lag. Ze was negentien jaar en opgeleid op de afdeling vrijwillige verpleegsters van de geneeskundige hulpdienst van vrouwen in het Serembanziekenhuis in Negri Sembilan, Maleisië.

Singapore stond voortdurend bloot aan luchtaanvallen en er werden patiënten met afschuwelijke verwondingen het ziekenhuis binnengebracht.

De bombardementen hielden tot in januari aan en weldra waren de Japanners vanuit Singapore te zien. De onverstoorbare koloniale Britten begonnen nu toch enigszins te sidderen, en bij de P&O-kantoren begonnen zich lange rijen vrouwen en kinderen te vormen, omdat mensen kaartjes probeerden te krijgen voor de stoomboot naar Colombo en Engeland. De laatste lijnboot vertrok toen de Japanners vanuit Johore op het eiland landden.

Er kwamen nu berichten over de Japanse barbaarsheden die op de morgen van eerste kerstdag in Hongkong hadden plaatsgevonden. Soldaten waren het St. Stephen's noodhospitaal binnengestormd en werden tegemoet getreden door twee hoofdartsen, die naar het Rode Kruis en de brancards met gewonden wezen. Beide artsen werden meedogenloos met de bajonet doorstoken en de Japanners renden het ziekenhuis in, rukten het verband van de gewonden af en staken hen dood. Daarna grepen ze de verpleegsters, verkrachtten hen in de loop van vierentwintig uur bij herhaling en doodden drie van hen. Verscheidene vrijwillige verpleegsters werden keer op keer verkracht en daarna doodgeschoten.

In Singapore besloot generaal Percival, toen hij deze berichten hoorde, alle verpleegsters onmiddellijk te evacueren. Gas- en waterleidingen waren defect, de elektriciteit was uitgevallen en riolen liepen over. De lucht was vol rook en de geur van verrotting. De hele structuur van koloniale macht stortte in.

Pamela en haar moeder gingen in gezelschap van verpleegsters en andere vrijwilligsters op weg naar de haven. Politieagenten en militairen waren naar het ziekenhuis gekomen en hadden hun opgedragen zo snel mogelijk naar de haven te gaan. Pamela's vader bleef achter, en ten slotte arriveerden zij en haar moeder in Sinap, vanwaar ze per motorsloep naar de *Mata Hari* werden gebracht, een vrachtschip met een bemanning die bestond uit een samenraapsel van zeelieden, afkomstig van gezonken schepen, en met accommodatie voor negen passagiers. Tegen de tijd dat de boot klaar was voor vertrek waren er meer dan 320 aan boord. Nadat het anker was gelicht, werd de kapitein verzocht er nog eens 120 mee te nemen en vertrok het schip ten slotte in de vroege morgen van vrijdag 13 februari, tegelijk met een allegaartje van 43 andere vaartuigen, met 483 passagiers aan boord.

Slechts een handvol van de schepen werd niet tot zinken gebracht of buitgemaakt. Schepen met verpleegsters en andere vrijwilligsters aan boord waren, naast de *Mata Hari*, de *Vyner Brooke*, de *Giang Bee* en de *Kuala*. Net als de *Mata Hari* waren alle schepen veel te zwaar beladen. De *Vyner Brooke*, met ruimte voor 12 passagiers, had er 250, de *Giang Bee* 290.

Zodra de *Mata Hari* het dichte mijnenveld dat Singapore omgaf achter zich had gelaten, via de verkeerde kant van het eiland zoals zo tragisch duidelijk zou worden, koerste het schip naar open zee. De rokende puinhopen van de eens zo trotse Britse vesting bleven achter, en de kapitein van het schip bereidde zich voor om verstoppertje te gaan spelen tussen de tienduizenden eilanden waarmee de wateren van de Straat zijn bezaaid. Ze pikten een handvol zich aan wrakhout vastklemmende overlevenden op, die over de torpedering van hun schip vertelden, zodat de kapitein het besluit nam zich overdag tussen de eilanden schuil te houden en 's nachts te varen, in de hoop ontdekking te vermijden.

Pamela herinnert zich:

'We gingen voor anker in de beschutting van een eilandje, maar de Japanners ontdekten ons en wierpen overal om ons heen bommen uit, die echter geen van alle echt doel troffen. Ze vlogen weg, denkend dat ze ons te pakken hadden, veronderstel ik. We dachten dat we waarschijnlijk zouden verdrinken, maar we hielden de moed erin door monopolie te spelen en liedjes te zingen. Ik geloof dat we al verscheidene dagen op zee waren, toen de Jappen ons ten slotte vonden. Het was midden in de nacht.

Het schip had de tragische pech midden in de Japanse vloot van torpedobootjagers en landingsvaartuigen terecht te komen die op het punt stond Sumatra binnen te vallen. Verblindende zoeklichten fixeerden het schip als een dode vlinder op een plank en beide partijen wachtten. De kapitein liet een witte vlag hijsen en zei door een luidspreker dat hij zijn schip vol vrouwen en kinderen had, maar de Japanners reageerden niet. Daarna gaf hij de vrouwen bevel zich aan dek op te stellen, zodat ze goed te zien zouden zijn in de felle gloed van de zoeklichten. Nog steeds geen reactie. Plotseling werden de zoeklichten uitgeschakeld en was de *Mata Hari* in de zwartheid van de nacht gehuld.

De kapitein, die nauwelijks kon geloven dat ze er zo goed van afkwamen, gaf bevel op halve kracht op te stomen, en het schip gleed weg en voer twee uur ongehinderd verder, tot het opnieuw in zoeklichten werd gevangen. Deze keer was geen ontsnapping mogelijk.

Een torpedobootjager voer langszij en de Japanners kwamen aan boord. Het was de eerste keer dat we hen in levenden lijve zagen en het was angstwekkend. Ons schip werd in beslag genomen, we werden al-

lemaal gevangen genomen, en ze hesen de Japanse vlag in de mast. Voordat we aan land gingen, opende onze kapitein de provisieruimte en deden we ons allemaal te goed aan voedsel, het laatste feestmaal dat we drieëneenhalf jaar lang zouden krijgen. Ze brachten ons naar Moentok op het eiland Bangka.

De ondiepe wateren van de baai bij Moentok waren voorzien van een lange pier die vanaf de kust 400 meter in zee reikte. Japanse motorsloepen brachten de vrouwen en kinderen naar de pier, waar ze de eerste nacht, dicht bij elkaar gekropen, zonder voedsel of water doorbrachten. Japanse soldaten liepen hen voorbij, spottend met hun toestand. De volgende dag maakten ze, hun schamele bezittingen dragend, de lange wandeling naar de wal. Ze hadden allemaal bevel gekregen hun ring en horloge af te staan, en voegden zich bij de overlevenden van 60 schepen die in de omgeving tot zinken waren gebracht of waren opgebracht.

Na twee weken in het kamp in Moentok werden ze in allerlei vaartuigen, van schepen van de wilde vaart tot schuiten, over de rivier de Moesi naar Palembang overgebracht. De kampen waarin ze werden gehuisvest waren al bewoond – naar sekse gescheiden – door de Hollanders en er was nu groot ruimtegebrek. Pamela's eerste kamp telde 700 gevangenen. Hollandse vrouwen die nog niet gevangen waren genomen waren vriendelijk en behulpzaam en kwamen met geschenken in de vorm van tandenborstels, brood, speelkaarten en kussens, die we een grote weelde vonden.

Het kamp was omgeven door prikkeldraad en we moesten ons eigen eten koken door onze eigen vuren te maken. Er waren geen dokters of verpleegsters, maar we konden zo nodig hulp krijgen van het Hollandse ziekenhuis, waar ze enkele nonnen als verpleegsters hadden. Ik verpleegde zo goed als ik kon, maar er waren geen medicijnen. Zelfs toen er pakketten van het Rode Kruis kwamen, haalden de Japanners er alle medicijnen uit voordat wij ze kregen. We probeerden allerlei eetbaars te pakken te krijgen, omdat wat ze ons gaven niet genoeg was om in leven te blijven. We aten gras en onkruid en zelfs gekookte bananeschillen.

Op 1 april werd het burgerlijk bestuur van het kamp door een militair bestuur vervangen, en de omstandigheden verslechterden vrijwel meteen. De nieuwe commandant was kapitein Siki, die alle gevangenen, zelfs de jongsten, liet aantreden om achter hun naam, nationaliteit en geboortedag te komen. Pamela herinnert zich:

Hij arriveerde in een sterke geur van vuur en zwavel, als een satan (...) Zijn gelaatstrekken waren wreed en werden gedomineerd door een scherp starend bruin oog, terwijl het andere afzichtelijk bloeddoorlopen en kennelijk onbruikbaar was.

Hij vertelde de gevangenen dat ze elke maand zouden worden gewogen – vermoedelijk om te kunnen zien hoeveel werk ze nog konden doen – en hield met behulp van een tolk een lange toespraak waarin de glorie van het alles overwinnende Japanse Rijk werd geprezen.

In augustus 1944 kregen de vrouwen en kinderen preventieve injecties tegen tyfus en cholera, maar betaalden hiervoor met zwaarder lichamelijk werk. Ze moesten in hun verzwakte toestand zakken rijst uit vrachtauto's laden, die ook veel van hun krachten zouden hebben gevergd als ze in goede lichamelijke conditie waren geweest. Ze moesten taaie klei bewerken met zware schoffels die in verhouding tot hun grootte en kracht volslagen ongeschikt waren. Ze moesten ook de greppels en open riolen schoonmaken en al hun water in emmers halen bij een standpijp op 800 meter afstand. Deze zware lichamelijke arbeid was verantwoordelijk voor veel sterfgevallen in het laatste halfjaar van hun gevangenschap.

Toen kwam het vreselijke nieuws dat ze opnieuw naar Moentok zouden verhuizen. Een verandering van locatie was altijd een angstwekkende ervaring voor de vrouwen. Ook al waren de omstandigheden slecht, ze hadden er in elk geval mee leren omgaan en voelden zich bij elke verhuizing door de verschrikkingen van het onbekende bedreigd. In oktober werden ze in de loop van tien dagen in groepen uit het kamp gehaald, als vee in schuiten met drie dekken gestouwd, en over de rivier naar zee en vervolgens naar Moentok op het eiland Bangka vervoerd. Opnieuw moesten ze de lange wandeling over de pier maken, en ze kwamen tot hun verrassing in een tamelijk schoon kamp terecht, dat een grote verbetering was ten opzichte van de goorheid van Palembang. Er stond wind uit zee en er was water uit een nabijgelegen riviertje, maar het duurde niet lang of ze kregen een volgende domper door wat wel een epidemie van Bangkakoorts leek. Met de hoge koorts, de bewusteloosheid en de rauwe, geïrriteerde huid leek het een soort knokkelkoorts. Weldra waren 200 personen erdoor getroffen en er waren geen medicijnen. De koorts duurde verscheidene dagen, maar was daarmee nog niet voorbij. Na twee weken kwam ze met hernieuwde kracht terug, en er leek geen enkele manier te zijn om de ellende te verlichten. Er waren veel sterfgevallen en de slachtoffers werden op een kleine Chinese begraafplaats in het oerwoud begraven. Pamela zegt:

Ik verpleegde mijn moeder, die beriberi, knokkelkoorts en dysenterie had gekregen en er heel ziek van was, veel te ziek voor het zware werk dat ze haar wilden laten doen, zoals wegen egaliseren. We moesten op betonplaten slapen, maar ze zou nooit zo ziek zijn geweest als we behoorlijk voedsel en een goede behandeling zouden hebben gekregen. Ze was pas vijftig toen ze in mei vóór het einde van de oorlog stierf. Ik moest haar begraven. De rooms-katholieke verpleegsters legden haar in een kist en ik moest haar samen met andere gevangenen op een onderstel van bamboestokken dragen, en zelf het graafwerk doen om het graf klaar te maken.'

Ondervoeding en de moeilijke omstandigheden bezorgden het merendeel van de vrouwen tropische beenzweren ter grootte van grapefruits, die niet te behandelen waren. Zonder enig vooruitzicht dat er een einde aan hun lijden zou komen, verloren velen van hen alle hoop en verlangden zelfs naar de dood. Tegen januari 1945 waren 75 lichamen naar de kleine begraafplaats gedragen – meestal slachtoffers van de geduchte Bangkakoorts.

Pamela kreeg een razende tandpijn die haar blind maakte van pijn, en toen de Japanse tandarts haar onderzocht, wilde hij de tand trekken zonder pijnstillers, wat ze weigerde. Toen ze de kamer uit liep, vergat ze te buigen, en ze moest voor straf de hele dag zonder eten of drinken bij de ingang van het wachtlokaal in de zon staan.

Men bleef het gewicht van de gevangenen zorgvuldig registreren, hoewel het iedereen duidelijk was dat ze langzaam werden uitgehongerd. Er vond een Japanse operette plaats toen een piano en stoelen, een kudde geiten en enkele kippen en ganzen naar de paradeplaats werden gebracht. De redenen voor dit merkwaardige gedrag werden de vrouwen duidelijk toen ze allemaal voor *tenko* moesten aantreden en er een grote stoet auto's vol belangrijk uitziende Japanners arriveerde. Ze bogen allemaal en de Japanners bogen terug, er werden foto's gemaakt, en daarna verdwenen ze even mysterieus in hun auto's als ze waren gekomen. De uitgemergelde vrouwen, die tegen wil en dank aan deze schijnvertoning hadden meegewerkt, hadden het gevoel op een of andere manier in een krankzinnigengesticht terecht te zijn gekomen.

Vervolgens kwam het bevel dat ze terug moesten naar Palembang. Ze vertrokken in de stromende regen, terwijl de vele gevangenen die te zwak en ziek waren om te lopen op brancards werden gedragen. Tijdens de vreselijke tocht over de vochtige delta stierven nog verscheidene personen, die in zee werden begraven. Veel van de kinderen leden aan dysenterie en de nonnen wasten hun uitgeteerde lichamen. De doordringende stank van diarree was bijna verpletterend in de hete en overvolle boten. De reis duurde 26 uur. Acht mensen stierven en werden op zee begraven.

Van Palembang werden sommigen van hen per trein naar Loebok Linggau gebracht – een reis van een dag – waar ze niet mochten uitstappen, maar 's nachts in de wagons moesten blijven, hun derde nacht op een rij dat ze nergens konden gaan liggen. 's Morgens kregen ze een lang en folterend *tenko* te verduren, omdat het de Japanners keer op keer niet lukte hun juiste aantal vast te stellen. Uiteindelijk werden ze per vrachtauto 20 kilometer naar een verlaten rubberplantage vervoerd die Belalau heette.

Het dodental nam nu snel toe en van de 65 Australische verpleegsters die uit Singapore waren vertrokken, waren er nog maar 24 in leven. Pamela was zwaar ziek en herinnert zich erg weinig van deze laatste maanden. Toen er een einde aan de oorlog kwam, was zij een van degenen die naar Singapore werden gevlogen om in het ziekenhuis te worden opgenomen. Ze kreeg vitamine-injecties en andere medicamenten en vond haar vader terug – die de Birma-spoorweg had overleefd en zelf erg ziek was. Toen ze allebei voldoende waren hersteld om te reizen, keerden ze terug naar Australië.

POELAU BRAJAN

In dezelfde tijd waarin vrouwelijke krijgsgevangenen het slecht hadden in het zuiden van Sumatra, werden overal in Sumatra duizenden andere Hollandse vrouwen en mannen opgepakt, geregistreerd en gecategoriseerd naar ras, godsdienst en achtergrond, en ondergebracht in een totaal van 67 kampen, van Atjeh in het noorden tot Palembang in het zuiden. Er zijn geen nauwkeurige cijfers bewaard gebleven, maar het aantal geïnterneerden zou volgens schattingen ongeveer 26.000 kunnen zijn geweest. In sommige kampen waren mannen en vrouwen samen geïnterneerd, maar in de meeste gevallen waren ze in aparte kampen gehuisvest.

Betty Landzaad is in 1921 geboren in Pematangsiantar, een stad op de hellingen van de bergketens die niet ver van het Tobameer liggen, waar haar vader als secretaris voor verscheidene plantages werkte. Ze had in Bandoeng en Holland op school gezeten. Toen de Japanners landdden, trokken de Hollandse strijdkrachten zich naar Atjeh in het noorden terug, de stad vrijwel verlaten achterlatend, zodat er alleen nog vrouwen en kinderen en zeer oude mensen te zien waren.

In die begintijd was er een grote leemte. Niemand wist wat er ging gebeuren en mensen van de plantages kwamen voor veiligheid en bescherming naar de stad. Sommigen van hen logeerden bij de familie Landzaad en uiteindelijk waren ze met z'n dertienen in huis, met haar vader als enige man. Op een dag ging het LBJ-luchtalarm (*lari bomb jatoeh!*) – het signaal dat de Japanners eraan kwamen. Een vriendin werd er buiten op straat door verrast, wanhopig op de pedalen van haar fiets trappend, toen een Indiase smid haar situatie zag en haar naar binnen wenkte. Ze stormde naar binnen en verstopte zich onder zijn bed. Het verhaal werd later onder veel vrolijkheid verteld in Hollandse kringen, omdat Hollandse dames gewoonlijk niet op erg intieme voet stonden met Indiase smeden. Betty herinnert zich de Japanse landing:

> *'We zaten koffie te drinken toen plotseling een kleine Jap in de achtertuin verscheen. Hij pakte een fiets, waarna er nog enkele Jappen opdoken en het huis binnenkwamen, vragend om onze horloges. Toen ze waren vertrokken, kwam een groep Indonesiërs, aangemoedigd door onze hulpeloosheid, de tuin in, klaar om zich te bedienen van alles wat er maar te vinden was, maar mijn vader joeg ze weg. We hielden potten en pannen bij de hand om plunderaars mee op het hoofd te slaan*

'Badkamer – Poeloe Brayan', een onvoltooide aquarel door Betty Landzaad.

als ze weer binnen probeerden te dringen. Later verscheen er weer een Jap, trok een lijn in het zand om de Indonesiërs te waarschuwen dat ze die niet mochten overschrijden, en zei ook dat hij het huis voor gebruik door de Japanners zou vorderen.

Voordat dit gebeurde, begroef vader zijn geweer in de tuin, maar toen de Jappen kwamen, doorzochten ze al zijn papieren, vonden een wapenvergunning en vroegen waar het wapen lag. Hij moest naar buiten gaan en het opgraven. De Jappen waren erg zakelijk over alles. Wij verhuisden en zij namen het huis over. Ze hechtten grote waarde aan orde en tucht en waarschuwden meisjes van mijn leeftijd dat we van de straat moesten blijven en ons niet moesten vertonen. Er vonden niet erg veel verkrachtingen plaats onder hun regime, maar in de buurt van het Tobameer was een vriendin van me verkracht. Door het onbehaaglijke gevoel dat we hadden en door het onordelijke gedrag van de Indonesiërs, waren we echt opgelucht toen ze ons in een kamp onderbrachten. Nadat ze waren vertrokken, gingen we terug naar huis om wat van onze spullen op te halen, en ze hadden alles smetteloos achtergelaten, terwijl ze al het tafelzilver hadden afgewassen en op theedoeken te drogen hadden gelegd.

Kolonel Nomura gaf vader te verstaan dat ieder van ons een koffer moest pakken en dat we met een kar naar het koelieziekenhuis, Dokter Fonds, in Pematangsiantar moesten gaan. Eind april 1942 werden we overgebracht naar een theeplantage bij Bah Biroeng Oeloe en bleven daar met beperkte bewegingsvrijheid. Ze lieten ons drie keer Banzai zeggen en een verklaring tekenen dat we de Jappen niet om geld voor voedsel zouden vragen en er zelf voor zouden zorgen. Het was erg moeilijk voor mensen die helemaal uit Atjeh in het noorden kwamen en geen onderdak hadden. In juli werden we weer naar Dokter Fonds gebracht en vervolgens opnieuw naar de theeplantage. Ze schenen niet te kunnen beslissen wat ze met ons aan moesten. Ik denk dat de militairen schoon genoeg hadden van burgergevangenen. Ze wilden weer aan de slag. We bleven tot september 1943 op de plantage.

Toen kwam mijn vader binnen en zei dat we deze keer echt zouden worden geïnterneerd, en dus werden we met 700 personen naar Brastagi en vandaar naar Poelau Brajan in Medan overgebracht. We werden allereerst in oude Hollandse huizen gehuisvest, maar die verkeerden in beroerde toestand, zodat we onze Japanse commandant, Freddy Fluweel, vroegen of we naar de koeliehuizen mochten verhuizen, wat werd toegestaan. We bleven er tot onze verhuizing naar Aik Pamienke in juni 1945.

In Poelau Brajan bevonden zich na die verhuizing 3500 vrouwen en kinderen. Betty en haar familie waren aangenaam verrast toen ze bij hun aankomst een heel ei bij hun rijst kregen. De dag daarop werd een Indonesiër betrapt die textiel met de nieuwkomers probeerde te ruilen, en sleepte de commandant hem voor de vrouwen, die allemaal bijeen waren geroepen om zijn straf gade te slaan. Hij werd onder hun ogen genadeloos afgeranseld, toen plotseling een Hollandse vrouw met een stok in haar hand naar voren stormde en de commandant ermee op zijn hoofd en buiten westen sloeg. Ze verstopte zich weer in de menigte en was onvindbaar. Daarna selecteerden de Japanners 80 grote, blonde vrouwen, die aan haar beschrijving beantwoordden, en voerden hen af naar Medan. Ze werden opgesloten in cellen in een voormalig warenhuis, waar ze op een kale, betonnen vloer moesten slapen. De meesten van hen konden na hun terugkeer naar Poelau Brajan wekenlang niet op een echt bed slapen.

Poelau Brajan was verdeeld in de kampen A, B en C, die uit koeliehuizen bestonden, en D, dat uit Hollandse huizen bestond. Toen er meer dan 2000 vrouwen en kinderen in zaten en ze vol waren, werd er in E een nieuw kamp met koeliehutten geopend. Er verbleven 1400 vrouwen en kinderen, en het kamp overstroomde volledig wanneer de moesson aanbrak, zodat de vrouwen paden begonnen aan te leggen van een paar stapels bakstenen die ze in een hoek van het terrein hadden gevonden. Betty beschrijft de reactie van de Japanners:

Er gebeurde een poos niets, tot de grond opdroogde en de Jappen al die bakstenen opmerkten die overal lagen, en de rest van ons bevel gaven ze allemaal op te rapen. In het begin renden we als gekken rond, bakstenen dragend en tegen elkaar opbotsend, tot iemand op het heldere idee kwam een menselijke keten te vormen. Toen alle bakstenen buiten het Jappenkantoor waren opgestapeld, waren ze hiermee zeer ingenomen en zeiden ze dat we als beloning een paar Rode-Kruispakketten zouden krijgen. We kregen opdracht onszelf te verdelen in kongsi's (groepen) van zeven, en aan elke kongsi zou een pakket worden uitgereikt.

We vormden onze eigen groep met een jonge moeder van twee kinderen en haar moeder, mevr. Dolleman en haar twee jongens en haar moeder, plus mijn moeder en ik. Kinderen telden voor een half. De volgende dag kregen we de pakketten en we droegen ze in triomf naar huis. De ogen van de kinderen schitterden van verwachting. Ik kan me niet herinneren wat er allemaal in zat, maar ik herinner me dat we alles zonder ruzie verdeelden. De melkpoeder ging naar de Dollemans, vanwege de kinderen, en hetzelfde gold voor de sigaretten, omdat mevrouw Dolleman de enige rookster was. De suiker werd eetlepel voor eetlepel onder ons allen verdeeld, waarbij iedereen met uitpuilende ogen toekeek. Chocola ging naar de kinderen en de Nescafé ging naar mevr. E., mama en mij. Zo ging het verder tot alles eerlijk was verdeeld. Dat alles zo eerlijk en zonder problemen verliep, is een van mijn echt gelukkige kampherinneringen.

~

Een van de taken die vrouwen in Poelau Brajan hadden, was het maken van touw. Betty Landzaad beschrijft de uitrusting als een simpel toestel, bestaande uit zes haken aan een lage balk met aan één kant een groot rad. Wanneer aan het rad werd gedraaid, draaiden de haken mee. Bij elke haak stonden twee vrouwen, de ene om te vlechten en de andere om een bosje sisal los te trekken en aan de 'vlechtster' te geven. Een tienjarige jongen draaide het rad. Er werd voortdurend 'Vlugger!' en 'Langzamer!' geroepen, en hoewel het nieuwtje er snel af was, had het werken met sisal voordelen, omdat die kon worden gestolen en kon worden gebruikt om muskietennetten te repareren, en zelfs om er schoenen met touwzolen, zoals Franse espadrilles, van te vlechten.

Een andere taak was het maken van matrassen. Grote katoenen foedralen werden met kapok gevuld en dan gestikt. Het enige gevaar was bij het inademen pluis in de longen te krijgen, maar dit kon worden vermeden door een zakdoek voor de mond te binden. De voordelen waren dat naalden en garen konden worden gestolen. Oudere vrouwen werden ingeschakeld om boomschors te kaarden, waarschijnlijk ten behoeve van het breeuwen van schepen, en enveloppen te maken door papier in de vereiste vorm te knippen en te plakken.

Eten gaf altijd aanleiding tot avonturen, en soms tot verontrusting. Betty herinnert zich zo'n gelegenheid:

> *We kregen een interessant nieuw voedingsmiddel in de vorm van een pan met donkerbruin poeder, dat wat op ruwe cacao leek en roebiameel werd genoemd. Eerst dachten we dat we er misschien iets lekkers van zouden kunnen maken. Nadat we er wat van hadden gekookt, bleek het echter alleen naar zaagmeel te smaken. We probeerden alles wat we maar konden bedenken om het smakelijk te maken, maar het was hopeloos – het schuurde in de keel. Daarna probeerden we het als deeg te gebruiken, wat beter was. We bakten het in palmolie en maakten koekjes en pannekoeken en van alles en nog wat van het gehate roebiameel.*
>
> *Ik weet niet waar het uit bestond, maar ik herinner me persoonlijk dat ik erg loom, vergeetachtig en gewoon slaperig werd wanneer ik het at. Wanneer de Jappen de aanvoer van het roebiameel onderbraken, was ik niet meer duf, dus ik denk dat het iets bevatte dat je energie aantastte.*
>
> *Roebiameel is gemaakt van de schors van de oliepalm. Wanneer we het in de keuken zeefden, vonden we harige, vezelige proppen. Bij ons in Poelau Brajan werd het vlak na de invoering door de (kamp)hoofden geweigerd, omdat drie vrouwen na het eten ervan blind waren geworden (later kregen ze hun gezichtsvermogen echter terug).*

Gevangenen ondernamen vernuftige en zeer vindingrijke pogingen om vervangingsmiddelen te vinden voor ontbrekende gebruiksartikelen. Ze bedachten manieren om zeep en loog te maken en wasgoed te bleken. Betty kwam met de volgende recepten.

ZEEP MAKEN –
Verzamel as van de vuren en wrijf die met behulp van een zeef fijn. Gebruik het materiaal om je lichaam te wassen en je tanden te poetsen.

LOOG MAKEN –
Vul een fles voor een derde met as en vul haar bij met water. Laat verscheidene dagen staan. Giet het water af en gebruik het goedje voor de witte was.

BLEKEN –
Spreid wit wasgoed, wanneer het nog nat is, op gras uit en laat drogen. Bij maanlicht te drogen leggen gaat nog beter.
(Recept van Betty Landzaad.)

We vertrokken als laatsten uit Poelau Brajan, en toen onze trein langzaam van de plek wegtufte, merkten we die hoop bruinachtig, zandachtig spul langs de spoorlijn op. Het was een berg roebiameel! We dankten God dat we het achterlieten en er niet meer van zouden hoeven te eten.

Eén ding dat de kampen me bijbrachten was meer inzicht in de denkwijze van arme en sociaal zwakke mensen.

Koelies hadden vaak een lap stof bij zich, van zo'n meter lang en bijvoorbeeld een halve meter breed. Mijn moeder bekende dat ze zich vaak had afgevraagd waarom ze zo'n lap bij zich hadden, die ze soms over hun schouder hadden geslagen, soms om hun middel hadden gewikkeld. Pas toen we zelf tot de toestand van koelies waren vervallen, leerden we de toepassingsmogelijkheden van een lap naar waarde te schatten.

In de eerste plaats kan men hem gebruiken om zich het voorhoofd te wissen, handen, hals, oksels (...) alles schoon te vegen!

In de tweede plaats is hij altijd handig om iets in te wikkelen, en vooral als men van plan is iets te stelen, bijvoorbeeld een sigaret die iemand heeft laten vallen, wat eten uit de keuken van de commandant, een geschikt stuk brandhout (...) Laat je lap gewoon achteloos over het voorwerp heen vallen, en laat hem daar een poos liggen. Als niemand iets lijkt te hebben gemerkt, pak de lap dan op terwijl je opstapt, waarbij je er tevens voor zorgt dat het betreffende voorwerp erin is gewikkeld!

Er zijn nog veel meer toepassingen: hij kan als tulband, als sjaal worden gebruikt, of kan als noodverband dienen bij een ongeluk. De meesten van ons hadden hun handige lap klaar, wanneer ze in de losploeg werkten, om iets mee naar huis te nemen (...) of, in laatste instantie, om wat onderweg gevonden brandhout te bundelen.'

De vader van Eva ten Brummelaar-Loos was een landbouwingenieur die voor de overheid in Medan werkte toen de Japanners arriveerden. Haar moeder was al naar de bergen gevlucht om zich als Rode-Kruisassistente bij de guerrilla's in Sibolga en Balige te voegen.

'Toen de Jappen kwamen, had ik nog nooit zo'n armzalig zootje gezien. Ik kon niet geloven dat ze ons hadden overwonnen. We werden allemaal met een opgerold matras naar een veld gedirigeerd, en de mannen werden van de vrouwen gescheiden, zodat mijn vader ergens anders heen ging en ik in Poelau Brajan werd ondergebracht. De Japanners maakten zich zorgen dat alle voorzieningen zouden stagneren als ze niet goed werden beheerd, en mannen zoals mijn vader werden dus weer aan het werk gezet. Omdat ik zijn dochter was, werd ik naar het Serdankwartier gestuurd, waar ik vier maanden alleen woonde.

We werden weer als gezin herenigd toen mijn moeder uit de bergen terugkwam.

We woonden in een groep van zes huizen in het Serdankwartier, waarvan er één in gebruik was bij de gouverneur. Er vond een tragedie plaats toen mijn vader een vrouw een paar koffers hielp verplaatsen en door een bende ernstig werd mishandeld en tegen het hoofd werd geschopt. Daarna leefde hij niet lang meer, en toen hij stierf moesten we onze bevoorrechte huisvesting verlaten en werden we naar Tanjoeng Morawa gezonden, een plantage aan de rand van Medan, waar 800 vrouwen en kinderen verbleven.'

Eva's voornaamste klacht was het gebrek aan activiteit in de kampen, en ze herinnert zich dat het allemaal gewoon saai was. 'Het waren vier jaren van mijn leven. Voorgoed kwijt. Er was niets te lezen en geen papier om te schrijven. Gewoon niets om de geest te stimuleren.'

Toen de Japanners steeds meer militaire nederlagen begonnen te lijden in de Stille Oceaan, brachten ze hun plannen ten uitvoer om alle gevangenen in geselecteerde gebieden, die meestal ver van zee lagen, te concentreren. Of ze van plan waren hen allemaal om te brengen, is niet bekend, maar dat is zeker wel wat de meeste gevangenen geloofden. Ze wisten dat ze met opzet werden uitgehongerd – een passieve vorm van genocide. Het gonsde van de geruchten in de kampen.

Rie de Zwart herinnert zich dat het gerucht dat de oorlog was afgelopen op een bepaald moment zo sterk was dat ze met een grote menigte naar het bureau van de commandant gingen en dat, toen de commandant met een knuppel onder zijn arm naar buiten kwam, een van de vrouwen, een heel klein persoontje, die afpakte en hem ermee sloeg.

Ze vloog hem aan en wammes! Ze rende weer de menigte in en we gingen om haar heen staan, zodat ze onvindbaar was, maar we kregen drie dagen niets te eten en we wisten dat de oorlog nog niet echt voorbij was. Toen gooide iemand een stuk papier met de naam van de vrouw erop over de schutting naar de commandant en werd ze naar de Kempetai afgevoerd. Ik geloof dat ze de oorlog heeft overleefd. Ze was voor ons allemaal echt een grote heldin.

~

Aik Pamienke was een plantagegebied op ongeveer 20 kilometer afstand van Rantauprapat in het midden van Sumatra, waarnaar vrouwen en kinderen van april 1945 af werden overgebracht. Tegen juli huisvestte het kamp 5000 personen. Er werden er nog eens 2300 bijeengebracht op een verlaten rubberplantage te Bangkinang aan de westkust. De 600 gestrande Britse en Australische overlevenden en de Hollandse vrouwen en kinderen werden gevangen gehouden op de afgelegen rubberplantage Belalau bij Loebok Linggau, in het binnenland bij Bengkoeloe.

In Aik Pamienke werd zoals gebruikelijk handel gedreven, en de vrouwen die kans hadden gezien hun witte lakens te bewaren, konden er flink winst mee maken, omdat de mohammedaanse Indonesiërs geen textiel konden kopen en witte stof nodig hadden voor begrafenissen. De doden moesten tot elke prijs in een wit laken worden gewikkeld en mensen waren bereid veel voedsel te geven om de stof te krijgen. Eén Indonesische vrouw had zo weinig voedsel om te ruilen dat ze haar man moest begraven met niet meer dan een witte zakdoek over zijn gezicht.

Eva zat de laatste maanden van de oorlog in Aik Pamienke en zegt dat de commandant maanziek was.

'Bij volle maan gedroeg hij zich opgewonden. Hij was een soldaat van de Zonnekeizer en hier zat hij met een massa vrouwen in het oerwoud. Hoe zou hij er na de oorlog over kunnen praten? Hij schreeuwde en ging tekeer, maar slaan deed hij heel weinig. Alleen het oorverdovende, schelle geschreeuw waarvan alle Japanners zich bedienden wanneer ze buiten zinnen waren van woede.

Het was erg vreemd toen er een einde aan de oorlog kwam. Op een dag waren we onder zijn toezicht paalgaten aan het graven, toen hij ineens verdween en onze eigen commandant met de Hollandse vlag in haar hand terugkwam. De oorlog was voorbij. Het was allemaal zo smakeloos. Ze deelden Kotex en lippenstift uit! Het mocht wat! Kun je het je voorstellen? Hier had je ons, half verhongerd rondstrompelend met tropische zweren en beriberi, terwijl we drie jaar niet hadden gemenstrueerd, en ze gaven ons maandverband en lippenstift. De Goerkha's waren geweldig, maar de Britse officieren waren arrogant. Ik ging naar elk feest, omdat je er kon eten en drinken en sigaretten kon krijgen. We werden per trein teruggebracht naar Medan en ondergebracht in een hotel, waar we een maaltijd van gekookte pap kregen. Daarna huisvestten ze ons in huizen met prikkeldraad eromheen. Ze verontschuldigden zich hiervoor, maar zeiden dat we moesten worden beschermd tegen de Indonesiërs. Elke keer dat we weggingen haalden ze ons op met militaire voertuigen, met voor en achter soldaten die met een geladen geweer waren uitgerust. Sommige mensen sliepen met een geweer. Dit alles duurde een jaar. Toen Mountbatten kwam, werd ons gevraagd of we aan de straat wilden gaan staan, maar er verschenen slechts een paar mensen. Het had kwaad bloed gezet dat de Britten de Hollandse krijgsgevangenen lang nadat alle anderen naar huis waren gegaan bij de Birma-spoorweg hadden achtergelaten. Sommige vrouwen moesten zeven maanden wachten voordat ze hoorden dat hun man dood was.'

Omdat het geallieerde opperbevel onder Mountbatten niet tot overeenstemming kon komen met de Nederlands-Indische regering in ballingschap onder Van Mook, en met de sinds kort opgekomen Indonesische onafhankelijkheidsstrijders onder Sjahrir, Soekarno en Hatta, werden de vrouwelijke gevangenen, die al drieëneenhalf jaar onder de Japanners hadden geleden, pionnen in een nieuw politiek spel en werden ze overgebracht naar een ander gevangenkamp, Polonia, in Medan. Terwijl het gekrakeel voortduurde, werden ze nog eens acht maanden vastgehouden voordat ze eindelijk naar Holland vertrokken.

Malino/Kampili

De kolonisatie van Ambon, de hoofdstad van de legendarische Specerij-eilanden, dateert uit de begintijd van de Europese binnendringing van Zuidoost-Azië in de zestiende eeuw. Van alle befaamde specerijen was de kruidnagel het meest in trek, en om de macht erover werd menige bloedige slag geleverd. Een eeuw later gaven de Hollanders, die de macht over de kostbare eilanden aan de Portugezen hadden ontrukt, bevel tot verdelging van kruidnagelbomen op alle eilanden behalve Ambon en Ternate, teneinde schaarste te creëren en prijzen hoog te houden. Er werd veel Engels, inheems en Frans bloed vergoten om dit embargo in stand te houden.

Ambon is een mooi aangelegde stad met brede, met bomen omzoomde straten en veel stenen huizen en bedrijfspanden. De eilanden van de groep staan samen bekend als de Molukken. Hier zaten 550 Hollandse mannen, vrouwen en kinderen in de val toen de Japanners de eilanden op 4 februari 1942 binnenvielen. Ze werden opgesloten in de Stovilschool en de Boskampbarakken, en 791 Australiërs, die bekendstonden als de Gull Force, werden onder jurisdictie van de Japanse vloot vastgehouden in kamp Tantoei. Zeventien van hen werden doodgemarteld, gebruikt als levend doelwit voor bajonetoefeningen, of onthoofd wegens poging tot ontsnapping. Slechts 139 soldaten haalden het einde van de oorlog, de rest kwam door slechte behandeling en ziekte om het leven.

Na acht maanden onder slechte omstandigheden in de school te hebben verbleven, werden de Hollandse mannen en vrouwen gescheiden en verhuisden de vrouwen naar legerbarakken in Tantoei II aan de kust, niet ver van het mannenkamp, Tantoei I. De omstandigheden verslechterden na hun komst snel, terwijl er weinig voedsel of medische hulp was, maar het grootste probleem was het Japanse munitiedepot, dat zich op slechts 20 meter van het terrein van de vrouwen en kinderen bevond. Het resultaat werd tijdens een proces na de oorlog gedocumenteerd:

> *Op het dak van het kamp was geen rood kruis geschilderd en natuurlijk gebeurde het onvermijdelijke. In februari 1943 vlogen geallieerde vliegtuigen over en lieten een serie vliegtuigbommen op het munitiedepot vallen. De hele zaak vloog de lucht in – 200.000 ton brisante springstof. Zevenentwintig vrouwen en kinderen kwamen om. We slaagden erin redelijk wat hulp te bieden en slachtoffers uit de branden te slepen die overal waren uitgebroken.*

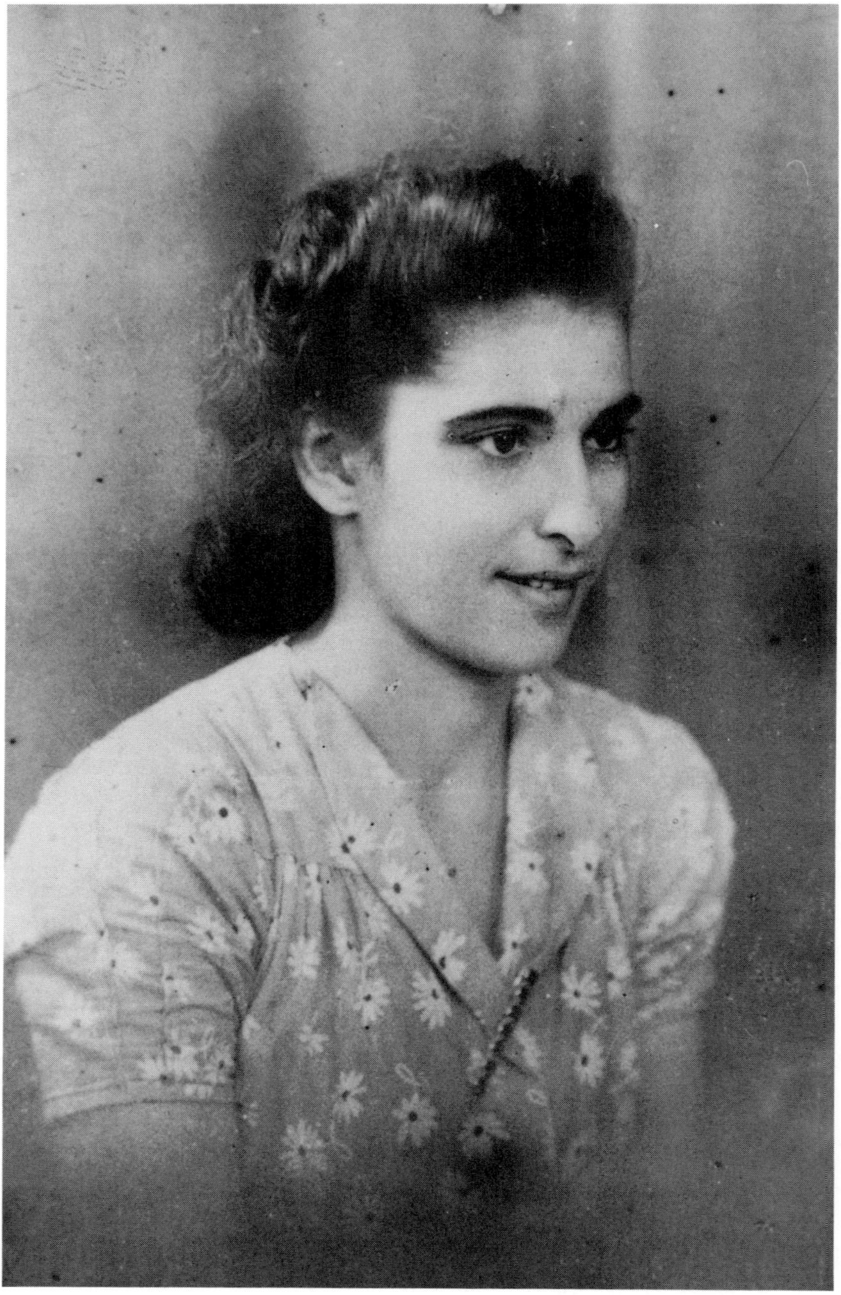

Elsie David in 1940.

De overlevende 320 vrouwen werden een paar maanden later overgebracht naar een kerk in Bethanië en uiteindelijk in maart 1943 naar Kampili in Makassar, Celebes.

Uit andere delen van de Stille Oceaan werden vrouwen en kinderen naar Japan afgevoerd, en de 400 vrouwen en kinderen die in Menado, Noord-Celebes, gevangen waren genomen, werden van Kaaten naar Airmadidi overgebracht en daar tot het einde van de oorlog in een kazerne vastgehouden. De sterfte was omstreeks een op vier.

~

Elsie David was geboren in Makassar, waar haar vader in de import-/exportbranche werkte. Hoewel het gezin Armeens was, werd er thuis Hollands gesproken en ging Elsie naar een Hollandse school. Makassar was een bijzonder aantrekkelijke plek om te wonen, met overal langs de kust vakantie-eilanden en in de buurt koele bergstreken met een overvloed van kristalheldere rivieren en watervallen; de donkere wouden met hun groene graslanden krioelden van bonte vlinders, waar verzamelaars uit de hele wereld op af kwamen.

De Japanners landden op 8 februari 1942 in Makassar en begonnen de Hollandse bevolking systematisch gevangen te zetten.

> *'Toen de Japanners kwamen, was ik ongeveer zeventien jaar en leerde ik typen en steno. Ze gaven ons bevel een koffer te pakken en ons klaar te maken voor vertrek. We waren pas in Java geweest en hadden veel nieuwe kleren gekocht, maar mijn moeder zei dat we ze voor later in de kist zouden laten liggen en alleen wat oude kleren mee zouden nemen, omdat we waarschijnlijk weer snel thuis zouden zijn. Het bleek drieëneenhalf jaar later te worden, en toen we eindelijk thuiskwamen waren alle mooie kleren natuurlijk verdwenen, geplunderd door de plaatselijke bevolking.*
>
> *We gingen naar het huis van een vriend in Malino in de bergen, waar veel mensen hun vakantiehuisje hadden. De Japanners kwamen en lieten ons allemaal buiten aantreden, en haalden alle spullen zoals radio's, zaklantaarns en platenspelers uit de huizen. Daarna deelden ze ons mede dat we moesten buigen als we hen zagen en dat alle mannen naar Parepare in het noorden moesten. We mochten het huis niet verlaten om levensmiddelen te kopen, omdat zij rijst en soms wat groente verstrekten. Ik herinner me dat ik erg bang was.*

Malino werd in mei 1943 geëvacueerd en alle vrouwen en kinderen verhuisden naar Kampili, een tbc-sanatorium in de buitenwijken van Makassar, waar men ook overlevende vrouwen en kinderen uit Ambon en andere Stille-Zuidzee-eilanden had verzameld. De commandant, een generaal die Yamaji heette, had een slechte reputatie. Het gerucht ging dat hij in het mannenkamp in Parepare een man had doodgeslagen. Deze informatie had de vrouwen bereikt voordat het contact met de buitenwereld helemaal was verbroken. Elsie herinnert zich haar leven daar:

Kampili werd ons thuis. Elke barak had een hoofd en we hadden een geweldige vrouw, mevr. Joustra, die de leiding had over alle barakken. Ze was fantastisch. We kregen veel verschillende soorten werk te doen en maakten zelfs uniformen voor de Japanners. Daar kregen we geld voor. We hadden elke avond appel en ze wisten het precies als we er niet waren, omdat we altijd op dezelfde plek stonden. Ik werkte in de ziekenzaal. We hadden twee vrouwelijke dokters en een man die bloed analyseerde. Hij kwam uit Flores en was ook timmerman. De priester was ook slager. Dat was de enige reden waarom je er mocht blijven, als je een of ander vak beoefende.

We moesten loopgraven aanleggen toen de bombardementen begonnen. Ik kan u niet vertellen wanneer dat gebeurde, want we hadden geen kalender. We moesten er om 8 uur 's avonds inkruipen en er tot 4 uur 's morgens blijven. Dan moesten we tot 6 uur werken. We hoorden lange tijd vreemde boorgeluiden, waarna er vliegtuigen overkwamen die pamfletten uitstrooiden. We kregen er een stel te pakken en het bericht luidde dat de vrouwen en kinderen moesten worden weggebracht, voordat de bommen zouden vallen. Dit gebeurde een paar keer en de Jappen deden er niets aan. De derde keer dat de vliegtuigen overkwamen dachten we dat het weer pamfletten waren, maar het waren brandbommen. Alle gebouwen vlogen in brand en we renden de loopgraven in. De Japanners waren overal om ons heen en wij bevonden ons in het midden. Zodra de eerste bom viel, stroomden ze als mieren naar binnen. Toen het voorbij was, liepen we met natte kleren terug, maar de vliegtuigen kwamen opnieuw en begonnen alles wat bewoog te mitrailleren. We doken opnieuw in de loopgraven, omdat ook de Japanners schoten en wij tussen hen in zaten.

We kwamen er later achter dat de boorgeluiden die we hoorden van de Japanners kwamen, die ondergrondse hangars voor hun vliegtuigen aan het bouwen waren. Vervolgens brachten ze ons over naar een verlaten plek, meer landinwaarts, waar de inheemse bevolking was weggetrokken. Enkel bamboeschuren vol bladeren. We moesten alles opruimen en waren doodsbenauwd voor wat zich onder die bladeren zou kunnen schuilhouden, maar na een week zou je je niet kunnen voorstellen dat het er vuil was geweest. Ze verhuisden het hele kamp erheen, met zieken en al.

Een deel ervan werd ziekenzaal, met dysenterie- en cholerapatiënten, maar geen medicijnen om hen te behandelen. Mijn vriendin Nita en ik waren in de ziekenzaal de toiletten aan het schoonmaken, toen we hoorden dat Yamaji erg kwaad werd. Plotseling verscheen hij en riep me bij zich. Ik zei tegen Nita: "Laten we net doen alsof we hem niet horen, het is een gek en ik ben bang", en we gingen dus door met ons werk. Hij kwam nu de hoek om, liep op me af, woest en gevaarlijk, en sloeg me met een gemene klap tegen mijn gezicht bijna omver. Toen pakte hij zijn rotting en ik wist dat hij me zou slaan, zodat ik mijn armen voor mijn gezicht hield terwijl een regen van harde klappen, op mijn hoofd gericht, neerdaalde.

De non, zuster Remolda, stond daar met een stervend kind in haar armen. Ze pakte hem beet en schreeuwde dat hij me met rust moest laten omdat ik nog maar een meisje was. Toen gaf hij háár er van langs en sloeg haar bril af. Ik schreeuwde tegen hem dat ze non was en hij draaide zich nog nijdiger naar me om, sloeg me tegen de grond en begon me met zijn zware laarzen te schoppen. Ik lag daar, verlamd van pijn, terwijl zijn laars tegen mijn nier beukte. Hij raakte mijn oor en ik werd doof. Nita kwam erbij en hij gooide haar tegen de grond. Hij trapte haar tegen de borst en ze slaakte een diepe zucht. Ik dacht echt dat hij haar had vermoord.

Daarna schreeuwde hij tegen ons dat we op moesten hoepelen en strompelden we met de non naar buiten. Plotseling riep hij ons terug. We zagen dat hij een bamboestok in zijn hand had en ik dacht: "Hij gaat ons weer slaan." Maar wanneer je verhit bent, kan het je niets schelen, en we draaiden dus om en liepen naar hem toe. Keer op keer haalde hij naar me uit. Ik hief mijn armen op om hem af te weren, en hij stopte en ging terug naar zijn woning.

Na al die jaren kan ik mijn rechterarm bij de elleboog nog steeds niet buigen en mijn polsen zijn nog misvormd op de plaats waar ze gebroken waren. Tegen de tijd dat de oorlog voorbij was, was het te laat om er nog iets aan te doen.

Zoals Elsie later te weten kwam, was hij woedend omdat ze niet in de houding waren gesprongen en een paar zakken bamboe op zijn bevel niet ogenblikkelijk naar de schuur hadden gebracht.

De volgende morgen kregen we bevel naar zijn woning te komen, en we namen dus afscheid van iedereen omdat we dachten: "Nou, dat was het dan, hij vermoordt ons." We gingen zijn bureau binnen en hij was gekleed in zijn generaalsuniform. Hij was uit actieve dienst ontslagen omdat hij een vergroot hart had. Zijn zwaard glinsterde en schitterde van top tot teen. Hij trok het en ik maakte een kreunend geluid. Hij hield het een ogenblik stil en stak het terug in zijn schede, keek ons aan en zei: "Jullie kunnen allebei een week vrij krijgen. Het spijt me dat ik jullie heb geslagen. Jullie kunnen nu gaan en later in het hospitaal werken."

Rose, Elsies moeder, werd ook door Yamaji gestraft omdat ze een van de jongens een pakje met sokken, gebreid door enkele bejaarde vrouwen, voor haar man had meegegeven. Hij vond haar briefje en ze werd opgehaald en in een kippenren opgesloten. Hij vertelde iedereen dat ze zou worden opgehangen. De timmerman kreeg bevel een schavot te maken en een touw te halen. De vrouwen hielden zich gedekt en probeerden Yamaji niet de voldoening te gunnen te zien hoezeer hij hen kwelde. Enige tijd later werd Rose vrijgelaten, hongerig en dorstig, maar verder ongedeerd. Elsie herinnert zich:

Yamaji leek nauwelijks te slapen. Hij liep de hele tijd in het kamp rond of reed op zijn fiets. Het bombardement van kamp Kampili duurde voort, maar toen het was opgehouden keerden we er allemaal terug.

Yamaji was altijd een mysterie voor de vrouwen. Op een dag riep hij Elsie om te helpen bij het lossen van de grote blokken ijs die elke dag bij de ziekenzaal werden afgeleverd. Ze stak haar armen uit om een blok aan te pakken en liet het door het gewicht op het beton vallen, waar het doormidden brak. Ze verwachtte een pak slaag, maar hij gaf bevel om nog twee blokken op haar armen te leggen, die ze natuurlijk ook liet vallen. Tot haar verbazing begon hij te schateren en liep weg.

Op een dag ontbood hij Nettie, Elsie en nog een meisje op zijn bureau en bood hun bananen aan, maar in plaats van hen die te laten meenemen om ze met de anderen te delen, stond hij erop dat ze ze direct naar binnen werkten. Hij liet hen ook zijn rug boenen wanneer hij zijn bad nam. Wanneer ze 's avonds op het gras zaten, naderde hij hen soms van achteren, gaf een harde klap vlak achter hun oren en barstte in waanzinnig schaterlachen uit. Elsie zegt: 'We noemden hem Bokke. Dat betekent varken.'

Toen er veel mensen aan dysenterie leden, besloot Yamaji dat de ziekte werd verspreid door de vliegen die overal zaten. Hij beval iedereen elke morgen 100 vliegen naar zijn bureau te brengen. Met 1670 gevangenen betekende dat 167.000 vliegen per dag! De vrouwen liepen als dollen rond om te proberen het juiste aantal te vangen. Sommigen sneden hun vliegen zelfs doormidden om tot het juiste aantal te komen. Iemand kwam op het geweldige idee om de vliegen met zeepsop te vangen. Ze zetten overal in de varkensstal blikken zeepsop neer, maar als ze het vereiste aantal zo niet konden vangen, smeerden ze hun handen met zeepsop in en gingen ze zelf achter de vliegen aan. Yamaji telde niet alle vliegenleveranties, maar nam steekproeven en sloeg degenen die tekort kwamen.

Omdat ze geen geneesmiddelen hadden, behandelden de verpleegsters dysenterie door de patiënt met zouten te laxeren en honger te laten lijden om het systeem te reinigen. Hierdoor kregen de ontstoken ingewanden de kans om te genezen. Zodra er enige verbetering optrad, kreeg de patiënt rijstenat en later gewoon rijstepap. Het genezingsproces kon aan volwassenen worden uitgelegd, maar het was haast onmogelijk om kleine kinderen, wanneer ze huilden van honger maar toch geen eten kregen, duidelijk te maken waarom ze zo werden behandeld. Voor hun moeders was het vrijwel ondraaglijk.

Na de oorlog werden Elsie en haar moeder met haar vader herenigd en keerden ze terug naar Makassar, dat volkomen verwoest was en waar al hun bezittingen waren verdwenen. Ze kregen vervoer per vliegtuig naar elke gewenste bestemming aangeboden, maar het werd hun afgeraden naar Europa te gaan, omdat de toestand er even beroerd was. Ze voegden zich bij haar moeders familie in Sydney en dachten dat ze in het paradijs waren.

~

De familie Deibler, Amerikaanse baptisten die een zendingspost hadden in Makassar, werd een poos met rust gelaten, maar werd uiteindelijk met de familie Jaffray, collega's uit Canada, opgepakt en naar Malino gebracht. Darlene Deibler, een jonge bruid van vijfentwintig jaar, zag dat haar echtgenoot werd weggevoerd en kreeg geen kans om afscheid te nemen. Hij werd bij de andere mannen in Parepare gevangen gezet en ze heeft hem nooit meer teruggezien. Hij stierf er op 13 februari 1943.

Een gebeurtenis die de gevangenen koude rillingen bezorgde was de aankomst van de glanzende, zwarte limousine van de Kempetai. Die gebeurtenis betekende altijd iets onaangenaams, en ze beefden, nadenkend wie de volgende slachtoffers van de geheime politie zouden worden. Twee Amerikaanse vrouwen werden opgepakt en meegenomen. Verscheidene dagen later gleed de gevreesde limousine opnieuw door de poort en werd Darlene Deibler opgepakt en afgevoerd.

Darlenes ervaring met de Kempetai wordt levendig beschreven in haar boek *Evidence Not Seen*. Ze zat vier dagen in een cel zonder voorzieningen voor de lichamelijke functies, tot ze ten slotte een blik kreeg. Ze bad onophoudelijk en werd elke nacht geplaagd door zwermen muskieten, elke dag door vliegen, en dag en nacht door wandluizen. Ze hoorde een van de Amerikaanse vrouwen in een belendende cel tekeergaan, en werd na die poging om haar 'murw te maken' uiteindelijk naar een verhoorkamer gebracht.

Vragen die uit het Japans in het Indonesisch werden vertaald, werden in hoog tempo op haar afgevuurd. Als ze een onaanvaardbaar antwoord gaf, kreeg ze een karateklap tegen de onderkant van haar hals of een knip tussen de ogen met een middelvinger. Ze had het gevoel dat haar zenuwen zouden knappen. De vragen duurden twee uur en hielden allemaal verband met haar vermeende spionageactiviteiten. Kende ze het morsealfabet? Wie waren haar meerderen? Waar waren haar radiogrammen? Wie waren haar contactpersonen? De ondervragingen hielden anderhalve maand aan en ze kreeg hersenmalaria. Commandant Yamaji bracht haar een bezoek en toonde oprecht mededogen. Ten slotte werden zij en de twee andere Amerikaanse vrouwen vrijgelaten, maar niet voordat ze door de Kempetai waren bedreigd. Als ze ooit iemand vertelden wat er op het hoofdbureau van de geheime politie met hen was gebeurd, dan zouden ze opnieuw worden opgebracht en worden gedood.

Yamaji werd ter dood veroordeeld omdat hij in Parepare een man had gedood, maar het vonnis werd in levenslang omgezet vanwege zijn vriendelijkheid jegens Darlene in de Kempetai-gevangenis. Later werd ook deze straf omgezet. In 1986 bracht een vriendin van Elsie, die voor een fietsvakantie in Japan was, een bezoek aan een reparatiewerkplaats. De eigenaar sprak Indonesisch en zei dat hij tijdens de oorlog commandant van een krijgsgevangenkamp in Soelawesi (Celebes) was geweest. Hij zei dat het hem speet zo gemeen te zijn geweest tegen de vrouwen.

MOENTILAN

Liefde en romantiek zijn van die heroïsche en blijvende thema's die als een gouden draad door veel van de kampverhalen lopen. Veel reizen eindigden in een ontmoeting tussen geliefden, al was de toekomst nog onzeker. Kinderen overleefden door hun moeders of soms, treurig genoeg, ondanks hun moeders. Anderen overleefden zonder moeders aanwezigheid. Truus en Herman de Vos, die elkaar na de oorlog leerden kennen, vertellen zo'n verhaal.

Herman was tien jaar toen de oorlog in Europa uitbrak, en woonde met zijn familie in de drukke handelsstad Semarang. Hij had drie broers, twee oudere en een jongere, en zijn vader was een bekwame leraar in het technisch onderwijs. Moeder stierf vóór de Japanse inval, twee dagen vóór Hermans twaalfde verjaardag, aan een hartaanval. De jongens werden door bedienden verzorgd tot hun vader hertrouwde. De jongens waren niet al te blij met deze nieuwe familierelatie, vooral niet toen de oorlog dreigde uit te breken en hun stiefmoeder besloot om met het hele gezin te verhuizen naar Singosari, bij Malang in het oosten van Java, de stad waar ze vandaan kwam en een huis had. Dit was de eerste van vele verhuizingen die Herman de daaropvolgende tien jaar te verduren kreeg. Zijn overleving, met zijn jongere broer, is een van de heldenverhalen uit de Japanse kampen.

Op Sumatra, in het uiterste westen van Indonesië, werd in 1929, het jaar waarin ook Herman was geboren, in Tjalang, Banda Atjeh, Truus Clydesdale geboren. Atjeh is een belangrijk mohammedaans gebied in Indonesië, de plaats waar Arabische handelaren in de veertiende eeuw de islam in het land invoerden. Portugezen, Hollanders en Engelsen leverden allemaal strijd om beheersing van het strategische voorgebergte dat de toegang naar de hooggewaardeerde Specerij-eilanden in het oosten bewaakte. In de tijd dat Truus werd geboren hielden de Hollanders toezicht op het gebied om Hollandse belangen te beschermen. Haar vader zat bij het KNIL, het Koninklijk Nederlands-Indisch Leger, en was een zoon van slaven die uit Afrika naar de Hollandse kolonie Suriname waren gebracht. Hij was zijn ouders op jeugdige leeftijd kwijtgeraakt en had dienst genomen in het Surinaamse leger. Hij werd voor opleiding naar Holland gezonden en belandde ten slotte in Tjalang, een buitenpost van het Hollandse rijk. Hij had zijn Hollandse bruid meegenomen en volgens Truus was hun leven in Tjalang een idylle.

De Boekit Barisan of 'Optocht van Bergen' loopt langs de westkust van Sumatra en laat weinig ruimte voor menselijke activiteit tussen rotsen en

Truus de Vos, drie jaar, met haar ouders in 1932.

zee, en de vader van Truus hield toezicht op de smalle kuststrook. Het klimaat was heet en nat en ze waren van de rest van de wereld geïsoleerd, afgezien van een handelsschip dat eens per maand met levensmiddelen langskwam. De komst van het schip was een opwindende tijd, waarnaar iedereen verlangend uitkeek, omdat het nieuws van de buitenwereld bracht, en een duizelingwekkende massa waren om uit te kiezen.

De moeder van Truus was een goede pianiste en speelde elke dag piano, waarmee ze de familie en de bedienden vreugde schonk en hun in hun geïsoleerde gemeenschap de waarde van muziek bijbracht. Een invasie van witte mieren maakte ten slotte een einde aan dit genoegen. Ze tastten het binnenwerk van de piano aan, zich snel door hamertjes en blokjes heen vretend tot de schade te ernstig was om nog te kunnen herstellen.

Tijgers vormden een probleem en bedienden hadden een laaiende fakkel bij zich, wanneer ze 's avonds naar huis gingen, om ze af te weren. Wanneer ze naar bed gingen, werden alle deuren en ramen gesloten om ervoor te zorgen dat de stropers het huis niet binnendrongen. Eén keer werden ze wakker en troffen ze een van de kolossale, gestreepte dieren rustig slapend op de veranda voor het huis aan.

Het gezin telde vier dochters; de enige jongen was als baby aan difterie gestorven. Truus was de oudste en herinnert zich haar vader als erg streng, terwijl hij er altijd op toezag dat ze hun best deden met hun huiswerk. Ze meent dat dit door zijn huidkleur kwam. Hij wilde niet dat zijn kinderen erdoor gediscrimineerd zouden worden.

In de jaren dertig verhuisde het gezin naar Tjimahi bij Bandoeng en vervolgens naar Makassar op Celebes. Truus vond het er heerlijk, maar zegt dat haar moeder niet zo gelukkig was, omdat ze veel tijd alleen moest doorbrengen en hun leven samen niet het idyllische had van hun leven in Tjalang. Haar vader was nu plaatsvervangend kwartiermeester in het KNIL en had het altijd te druk om hen in het weekeinde op hun tochten naar het eiland Poelau Laut te vergezellen.

Ze keerden terug naar Bandoeng en begonnen te houden van het eliteleven daar, met goede scholen, een heerlijk klimaat en een voornaam herenhuis om in te wonen. De overgave van Nederlands Oost-Indië aan de Japanners was een bittere slag: nu hun vader bijna direct werd opgepakt en hun huis verbeurd werd verklaard, bleken Truus en haar moeder zonder middelen van bestaan te zitten. Om te overleven verkocht het gezin alles wat het had kunnen redden.

Ze behoorden tot de eerste vrouwen en kinderen die werden geïnterneerd en werden met verscheidene andere families in een huis, Saninten-laan 21, ondergebracht. *Gedekken* was een sport, tot de straf die de betrapten kregen te zwaar werd. Truus had vriendinnen die wegens *gedekken* werden kaalgeschoren. Ze werden daarna achter op een motor het kamp rondgereden. Twee meisjes die ze kende werden meegenomen en kwamen nooit meer terug. Ze leefden behoedzaam, alle vrouwen en kinderen samen, maar voelden zich min of meer veilig omdat ze elkaar kenden en vertrouwd waren met hun omgeving en bezigheden. Alles wat ongewoon was maakte dat ze zich onbehaaglijk voelden.

Tegen het einde van 1944 – Truus herinnert zich niet precies wanneer – werden plotseling al hun huisdieren opgehaald en kregen ze bevel naar buiten te komen en op open vrachtwagens te stappen, met niet meer dan wat ze konden dragen als bagage. Truus herinnert zich dat ze het potje van de baby pakte, terwijl ze uit het huis naar buiten werden gedreven, en het om haar middel bond. Ze werden naar een trein met geblindeerde ramen en deuren gebracht, en toen alle luiken waren dichtgeslagen, vertrok de trein, achteruit en vooruit rangerend, stoppend en optrekkend, tot ze ontelbare uren later 'ergens' in het pikdonker aankwamen. Er waren geen toiletvoorzieningen in de trein en de stank van urine en faecaliën was verpletterend. Het was bijna een opluchting toen de deuren werden opengerukt en Japanse soldaten hen naar buiten riepen en met de punt van hun bajonet voortdreven. Kinderen jengelden, en ze waren allemaal doodsbang omdat ze niets te eten of te drinken hadden gekregen en ook niet op de hoogte waren gebracht van wat er met hen ging gebeuren. Het vangnet van vertrouwdheid was verdwenen.

'We werden in groepen verdeeld en onze spullen werden ingeladen in gerobaks, karren die normaal door ossen werden getrokken. Nu werden de vrouwen ingespannen en moesten we ze zelf trekken. We liepen en liepen, ik herinner me niet hoever. Ten slotte kwamen we bij een nonnenklooster in Moentilan en werden we in grote schoollokalen ondergebracht. Wij hadden lokaal 90 en werden er met honderd andere vrouwen en kinderen ingepropt.

Moeder huilde altijd. Ze kon het helemaal niet aan. Ze was nachtwacht en moest de hele nacht rondlopen om de wacht te houden. We wisten dat er in de kerk werd gemarteld, omdat we het geschreeuw vaak konden horen. Als ze je naar de kerk brachten, wist je dat je in de problemen zat. Vrouwen werden gemarteld voor het stelen van suiker. Moeder moest de dag daarna de martelkamers opruimen. De arme vrouwen hadden alles laten lopen, urine, faecaliën en braaksel. Het was afschuwelijk. Ze maakten gebruik van elektrische naalden onder je vingernagels en van sigaretten die ze tegen je huid drukten. Dat deden ze bij mij toen ik wortels had opgegeten.

Het ergste verhaal gaat over mevr. Kieboom. Het was een forse vrouw met een massa dik, bruin haar, die een kristalradio onder haar matras had verborgen. Deze werd bij een van hun inspecties gevonden. Ze riepen ons allemaal naar het plein en we moesten allemaal zitten toekijken terwijl ze haar met bamboerottingen sloegen. Het was heet – rond het middaguur – en we moesten daar gewoon blijven kijken. Daarna sleepten ze haar de traptreden op. Ze bleef maar schreeuwen en smeken dat ze zouden stoppen. Alle Jappen sloegen haar om de beurt, de ene na de andere. Alle huid werd van haar armen en lichaam geranseld. Bij zonsondergang werd ze op een brancard naar de toiletruimte naast ons gebracht. Het zal me voor de rest van mijn leven bijblijven. Ik wilde haar zien, maar het traliewerk zat te hoog, zodat ik mijn zusje op mijn schouders zette en haar optilde, en zij me dus kon vertellen wat ze zag. Mevr. Kieboom lag daar alsof ze al vele dagen dood was, en we waren er allemaal heel zeker van dat ze was gestorven. Het enige dat ze haar gaven was water, maar verbazend genoeg overleefde ze het. Als het als les voor de rest van ons was bedoeld, dan had het zeker gewerkt. We waren allemaal doodsbang. Mijn moeder moest er weer heen om de toiletruimte schoon te maken toen mevr. Kieboom eruit mocht. Zoals gewoonlijk was het er met uitwerpselen bevuild.

Soms namen dokters onwetenschappelijke maatregelen in de kampen. Door gebrek aan uitrusting en medicijnen was het onmogelijk om op een normale manier praktijk uit te oefenen. In het kamp van Truus kwam een zekere dr. Feldhaus het gezin controleren op amoebische dysenterie, die overal heerste. Een zus was erg ziek en had direct een bloedtransfusie nodig. Er was geen uitrusting aanwezig, zodat dr. Feldhaus het moedige besluit nam de transfusie rechtstreeks van moeder naar kind uit te voeren. Het lukte op wonderbaarlijke wijze en het kind haalde het.

Een van de taken die Truus had was met haar vriendin Tillie aan de Moentilanbrug werken:

We moesten de uiteinden van de brug onderhouden door met een mand stenen uit de rivierbedding naar boven te brengen. Ik moet een ondeugende bui hebben gehad of zoiets, omdat ik tegen Tillie fluisterde: "Dit is mij te zwaar. Als de bewaker niet kijkt, gooi ik er een paar van de stenen uit en breng ik alleen de kleintjes naar boven."

Wat moet ik onnozel zijn geweest. Toen ik voor de tweede of derde keer met alleen de kleine stenen in mijn mand naar boven kwam, stond hij klaar voor me. Hij trok mijn blouse van mijn lijf en pakte zijn zweep. Tillie viel flauw. Ze dacht dat hij me zou doodslaan. Hij gaf me een verschrikkelijk pak slaag, maar vreemd genoeg kan ik het me niet herinneren. Ik heb de pijn uit mijn gedachten gebannen. Toen ik de laatste keer in Holland was, praatte ik er met Tillie over en konden we erom lachen. Is het niet grappig hoe de tijd deze dingen gladstrijkt in je geest?

Het begraven van de doden behoorde ook tot het werk van Truus. Het gebeurde heel dikwijls dat ze waakte bij iemand die stervende was, en ze die persoon de volgende dag moest begraven. De lichamen werden in bamboemanden gelegd en op de schouders van de jonge meisjes getild. Ze liepen ermee de poort uit en staken een rivier over naar de begraafplaats:

Betty Kickhefer en haar dochter in 1942 en nu.

> *Al het lichaamsvocht droop voortdurend over ons heen. Het was afschuwelijk, maar we moesten het doen. Ik zal nooit een frangipani in mijn tuin planten, omdat de begraafplaats ermee vol stond. Als we er waren, moesten we een graf graven, het dode lichaam begraven en ons daarna weer naar het kamp haasten om van voren af aan te beginnen.'*

Ze probeerden hun voeding aan te vullen door *seledak* te verzamelen, dat op de rivieroevers groeide, en postelein, dat op de weg naar de begraafplaats groeide. In de moestuin werken betekende aan veel verleiding blootstaan, en op een dag besloot Truus een paar wortels uit te trekken en ze ter plekke op te eten. In haar onschuld plantte ze het loof weer in de grond, hopend dat het niet zou worden opgemerkt, maar de verdorde groente werd weldra ontdekt en ze werd afgevoerd naar de kerk, waar haar schouders met brandende sigaretten werden bewerkt.

Truus werd in het kamp als een zorgeloos type beschouwd, maar wanneer ze er nu aan denkt, kan ze zich niet voorstellen hoe ze er opgewekt kon zijn. Zij en Tillie moesten soms de riolen schoonmaken en ontdekten dat er wormen onder hun huid zaten. Ze kwamen via wondjes binnen en veroorzaakten constant jeuk. Toch was er temidden van de misère iets dat hen opmonterde. Op een oudejaarsavond vond er een wonderbaarlijke en spectaculaire zonsondergang plaats achter de Merapi, een vulkaan die ze in de verte konden zien. Er was een gloed van fel oranje, rood, roze en blauw, en de krijgsgevangen vrouwen geloofden dat het een teken van God was dat er spoedig een einde aan hun lijden zou komen. Hij leek langer te duren dan een normale zonsondergang en was de laatste die ze in gevangenschap gadesloegen.

Hoewel Truus pas veertien jaar was, nam ze de verantwoordelijkheid voor haar drie jongere zussen op zich, omdat haar moeder er steeds minder toe bekwaam was. Haar vader had vermoed dat dit zou kunnen gebeuren en had Truus gevraagd voor het gezin te zorgen. Toen het eindelijk vrede werd en ze bericht van vaders dood kregen, keerden ze terug naar Holland. Haar moeder stortte volledig in en raakte dement.

Betty Kickhefer had ook in Moentilan gezeten en herinnert zich de vreselijke tocht van de trein naar het kamp.

> *Ik probeerde buigen te vermijden door te bukken om mijn schoenveter te strikken, maar ze kregen door wat ik deed en gaven me een smak in mijn gezicht. Ik kreeg vaak een pak slaag. De meeste mensen gaven al hun sieraden weg voor eten. Eén vrouw had een kist met massief zilveren lepels en vorken. Ze vroeg me ervoor te zorgen, toen ze naar een ander kamp werd overgebracht. De kist was te zwaar om te dragen, zodat ik die, toen ik zelf naar een ander kamp moest, aan een andere vrouw gaf, waarbij ik twee lepels hield voor het geval ik haar terug zou zien. Dat is nooit gebeurd. Het was de vrouw van een dokter. Ik heb de lepels nog.*

Betty's echtgenoot Kick was karikaturist en werkte na de oorlog bij de *Daily Telegraph* in Sydney. Hij maakte honderden tekeningen van het kampleven, uitgegeven als *Nederlanders in Japanese kampen.*

Moentilan was berucht om verkrachtingen, hoewel die misdaad niet overal in het land gebruikelijk was. Catharine Rouhard, die in een klooster op school had gezeten en ooit van plan was geweest non te worden, woonde met haar moeder en zus in Boeboetan toen de Japanners kwamen. Ze werden in een aantal verschillende kampen gevangen gehouden tot ze uiteindelijk, alle drie ernstig aan dysenterie lijdend, per vrachtauto naar Moentilan werden gebracht. Na ongeveer een halfjaar kregen bepaalde meisjes bevel om buiten de kampen te gaan werken. Er werden er dertig uitgekozen, onder wie Catharine, en ze werden met tweeën in afzonderlijke huizen ondergebracht. Japanse soldaten kwamen overdag om hen te verkrachten, de officieren 's avonds. Dit duurde een halfjaar.

Het trauma van deze ervaringen is me tot op de dag van vandaag bijgebleven. Nadat we onszelf haast van kant hadden gemaakt en gek waren geworden van angst, werden we op een vrachtwagen geladen en naar kamp Bogor in Cheribon gebracht, waar we het ellendig hadden, uren in de zon moesten staan – ook vrouwen met kleine kinderen – en door de Japanners werden geschopt als we niet bogen. Na een jaar in dat kamp werden we naar kamp Kramat in Batavia overgebracht en met onze gezinnen herenigd.

Terwijl Truus en zovele anderen worstelden om te overleven in Moentilan, onderging Herman zijn eigen ervaring met de Japanse bezetting in Malang, Oost-Java. Zijn stiefmoeder was deels Indonesisch, deels Duits. Door op haar meisjesnaam terug te vallen, vermeed ze detentie, maar de twee jongens behoorden tot de eersten die werden opgepakt. Ze werden in de *Wijk*, het detentiegebied van de stad, door mevr. Brinkman, die ze tante Mina begonnen te noemen, onder haar hoede genomen. In november 1942 werden Herman en zijn broer vanuit de gevangenis van Wijk, Malang, in een veetrein vol vrouwen en kinderen overgebracht naar Lampersarie. De reis, die normaal tien uur duurde, nam drie dagen in beslag. Verscheidenen van de ouden en zieken stierven tijdens de reis omdat ze niets te eten kregen. Herman was weer terug in zijn eigen oude stad, maar onder heel andere omstandigheden. Ze werden tijdelijk gevangen gehouden in Lampersarie, maar toen zijn broer eenmaal tien was geworden, werden ze beiden overgebracht naar een mannenkamp in Bojolali, dat bekend werd als het Jongens-slavenkamp.

'Ik veronderstel dat het een voordeel, maar ook moeilijk was om je broer bij je te hebben. Als je zag dat je broer onder je ogen werd gefolterd of doodgeschoten, was dat vreselijk. Dit overkwam sommige jongens. Ze martelden me omdat ik niet hard genoeg werkte, door me te slaan met een bamboerotting die brak door de kracht waarmee ze sloegen, en daarna riepen ze een heiho die een nieuw stuk bamboe moest halen en door moest gaan met slaan. Mijn heup brak of scheurde en is nooit meer goed genezen. Bijgevolg was het ene been 7,5 centimeter korter dan het andere. Het been was uit balans geraakt en ik heb er zo een jaar mee rondgelopen. Toen ik na de oorlog in Holland kwam, merkte mijn tante het en stuurden ze me naar een dokter voor een röntgenfoto, waarop de scheur in de gewrichtsholte te zien was. Ze moesten de heup breken en opnieuw zetten, maar het is niet goed gebeurd, omdat mijn ene been nu 10 centimeter korter is dan het andere.

Mijn broer werd gemarteld doordat bamboe in zijn knieholten werd gebonden. Het is iets heel verschrikkelijks. Je kunt niet staan of zitten of lopen of op enigerlei manier bewegen behalve in half gebukte houding. Hij moest zo de hele dag in de volle zon staan. Ze hingen ook jongens aan hun armen en met gespreide benen in een boom en verbrandden papier onder hen.

Wanneer we bogen, lieten ze ons daarbij naar hen opkijken omdat ze erachter waren gekomen dat we, wanneer we ons hoofd voorover hadden, "val dood" en meer van dergelijke grofheden mompelden.

In september 1944 werden Herman en zijn broer overgebracht naar Bangkong, een kloosterkamp voor 1400 oude zieke mannen en jonge jongens in Semarang. Toen Herman aankwam, leed hij aan een vreselijke beenzweer die 'Nipponpest' werd genoemd.

Ik kon niet meer lopen, zodat mijn broer een kar voor me maakte en me trok. Ik bewoog me ongeveer een jaar zo voort. Er was geen enkel soort medicijn om zweren te behandelen. Op een dag keek dr. Neuberger ernaar en zei dat hij het been beter kon maken. Hij haalde drie jongens om me tegen te houden, terwijl hij het pus er met een lepel uitschepte. Ik gilde de longen uit mijn lijf en ten slotte legden ze een kussen op mijn gezicht om een einde aan het lawaai te maken. Toen het voorbij was, vertelde hij me dat de Jappen mijn benen zouden afzagen als ik niet overeind kwam. Aasvliegen legden eitjes in de wond en elke dag maakte hij hem met de lepel schoon. Daarna zei hij dat ik buiten moest gaan werken om de Jappen te laten zien dat ik gezond was. Maar toen ik buiten was, vertelde hij me dat ik de wond met modder uit de sawah moest bedekken. Ik deed het en verbond hem met wat lappen die ik ergens vandaan had gehaald. Ik denk dat het een dokter uit de loopgraven van de Eerste Wereldoorlog moet zijn geweest. Hij had niets zachtaardigs. Een paar dagen later trok hij het verband eraf en keek naar de wond, en het mooie was dat die er iets beter uitzag. Ik bleef de modder er elke dag op leggen en hij werd steeds kleiner. Gewoon normale modder. Die dokter genas ook mijn astma. "Hou je borst onbedekt, net als ik!" schreeuwde hij. Dat deed ik en waarachtig, ik genas in het kamp van mijn bronchiale astma.

Pa van der Steur, van het Instituut, bevond zich ook in ons kamp. Hij zorgde voor alle jongens, of we nu zwart of blank of wat ook waren. Hij was echt een geweldige vader voor ons allemaal. Hij overleed in mijn kamp. Iedereen in Indonesië kent hem.

Herman herinnert zich met genoegen de mooie liederen die de Japanse soldaten zongen. Ze zongen 's avonds op hun terrein en wanneer ze de jongens bewaakten. De liederen waren prachtig en klonken, al verstond hij de woorden niet, alsof ze over smachtend verlangen naar huis gingen. Herman kan ze nog steeds zingen. Ook de jongens hielden soms een samenzang, maar ze mochten niet zingen en hielden dus op zodra er een bewaker verscheen.

Volgens Herman zaten er 3000 jongens en oude mannen in Bangkong, hoewel de historicus dr. Van der Velden zegt dat het er maar 1400 waren. Het sterftecijfer was erg hoog en een op de drie mensen stierf.

We bevonden ons nog in Bangkong toen er een einde aan de oorlog kwam. De Britten besloten ons onmiddellijk weg te halen, omdat heel Semarang door het Britse bombardement in rep en roer was. We werden per boot naar Batavia gebracht en in de gevangenis Struiswijk gehuisvest. Daarna probeerden de Indonesische vrijheidsstrijders de macht over te nemen, zodat de poorten vier dagen gesloten bleven. Terug in de gevangenis! Het Rode Kruis bracht Cornelis en mij een bezoek en ze vertelden ons dat onze ouders dood waren en dat we terug moesten naar Holland. We zeiden dat we niet naar Holland wilden. Ze drongen aan dat we, omdat we minderjarig waren, naar Singapore moesten gaan en voegden eraan toe dat een Australische dokter uit Melbourne had aangeboden ons te adopteren. Melbourne! Waar lag dat in godsnaam! Het klonk alsof het de andere kant van de wereld was. We zaten maar wat te wachten en op een dag, toen ik de lijsten op het Rode-Kruisbureau doornam, vond ik door puur toeval mijn vaders naam. Hij zat in Tarakan, Borneo. Ze zetten ons dus op het smerigste schip ter wereld en terwijl we wachtten op ons vertrek uit Tanjong Priok, zagen we een paar soldaten van een oorlogsschip met tassen een grote goedang, of pakhuis, in- en uitgaan. Het enige dat ieder van ons bezat was een haveloze korte broek en een plunjezak, zodat we besloten om de goedang zelf te proberen. Toen de kust veilig was, renden we de kade over en glipten door de grote deur naar binnen. Het was aardedonker binnen, maar we konden grote stapels kleren zien liggen en vulden onze plunjezakken dus, renden terug naar het schip, maakten de zakken leeg en renden terug om meer te halen. Deze keer zagen we een grote hoop schoenen, zodat we onze plunjezakken ermee vulden, en de keer daarop vonden we een stapel veldkijkers en veldflessen. Zo leek het wel genoeg, en er waren bewakers in de buurt, zodat we gingen zitten om onze buit te inspecteren. Tot onze ontzetting waren wat wij voor kleren hadden gehouden kussenslopen, en waren alle schoenen linkerschoenen en veel te groot. Dus gooiden we met tegenzin alles wat we niet konden gebruiken overboord, maar we hielden sommige van de kussenslopen, omdat een man aan boord zei dat hij er, in ruil voor een paar kussenslopen voor eigen gebruik, voor ons korte broeken van kon maken. Ik heb nog steeds zo'n veldkijker.

Vervolgens vertrokken we naar Tarakan en gingen aan wal, maar onze vader was er niet. Iemand vertelde ons dat hij naar Balikpapan was overgebracht. We snelden terug naar de boot, maar de kapitein wilde ons niet aan boord nemen, omdat we geen legitimatiepapieren hadden en niemand wist wie we waren. We waren echter vastbesloten om te gaan en we kwamen in Balikpapan. Het was niet al te moeilijk om onze vader te vinden, maar het was heel moeilijk voor hem om ons terug te kennen. We waren nu grote en echt verwilderde jongens. We hadden gevochten om te overleven. Hij moest ons leren hoe we een normaal leven moesten leiden. Hij woonde in een pension, en omdat hij leraar was moesten we naar zijn school en probeerde hij ons weer een beschaafde manier van leven bij te brengen.

Hij moest zich ook zelf aanpassen. Hij had gevangengezeten in Nagasaki en Hirosjima en was daar toen de atoombom viel. Zijn school was een opleiding werktuigbouwkunde, en hij gaf ons er allebei les omdat we erg achterop waren geraakt en bijna vier jaar niet naar school waren gegaan. Later opende hij een school in Sorong, Nederlands Nieuw-Guinea, waar hij jongens uit verre streken in de kost had. Enkele jaren daarna stierf hij aan leukemie.'

~

Cornelis Huig herinnert zich het stelen van suiker nog levendig. Hij zat destijds als tienjarige met zijn moeder en zus in Moentilan. Een vrouw werd op het stelen van suiker betrapt en door een andere vrouw aangegeven. De straf die ze toegemeten kregen was macaber. Beide vrouwen kregen bevel naar het plein te gaan, waarna ze elk de houten steel van een patjol, of schoffel, kregen en elkaar moesten slaan, onder de ogen van de andere gevangenen die gedwongen werden om erbij te zijn. De ene moest de andere tien keer slaan, daarna andersom. Dit ging de hele dag door tot beide vrouwen uitgeput in elkaar zakten.

Cornelis herinnert zich dat deze gebeurtenissen door jonge kinderen als normaal werden aanvaard – ze kenden niets anders. Hij was als kind naar Indonesië gekomen toen zijn vader bij de marine was. Zijn vader was in het begin van de oorlog gesneuveld en Cornelis bleef met zijn moeder en zus onder verschrikkelijke omstandigheden in Soerabaja achter. Zonder geld voor hun levensonderhoud voelde Cornelis, hoewel hij pas tien jaar was, zijn verantwoordelijkheid als de man in het gezin en probeerde een baantje te vinden, zodat ze wat geld voor eten zouden hebben. Aanvankelijk begon hij als fietsenbewaker op een markt, waarmee hij genoeg fooien verdiende om voedsel voor zijn moeder en zus te kopen. Zijn volgende onderneming, met een uit drie lagen bestaand etensblik naar pensions gaan en om overschotjes vragen, liep erg goed en voorkwam dat ze van honger omkwamen. Hij ging ook aan het einde van de dag naar de bakkerij om voor een verlaagde prijs brood te kopen. In de begintijd van de Japanse bezetting hadden veel mensen geen geld.

Toen het gezin in kamp Darmo belandde, was dat bijna een opluchting – er waren gemeenschappelijke keukens waar eten kon worden gehaald. Aanvankelijk maakten alleen mensen die erg in verlegenheid zaten er gebruik van. Het was een grote verantwoordelijkheid voor een kind om voor zijn moeder en zus te zorgen. Toen ze naar het nonnenklooster in Moentilan waren overgebracht, moest hij flink zijn omdat het werk zwaar was en ze steeds minder te eten kregen. Samen met andere kleine jongens sleepte hij ijzeren treinstellen naar het station om levensmiddelen op te halen. In de KNIL-tijd werden deze treinstellen of wagons door paarden getrokken – nu leverden kleine jongens op blote voeten de trekkracht. Ze moesten rennen, niet alleen omdat ze werden voortgedreven door met gummistokken zwaaiende heiho's, maar ook omdat het asfalt zó heet was voor hun blote voeten dat stoppen het folterende branden alleen maar langer liet duren. Hij werkte ook in de keuken, die hij van zakken rijst uit de goedang moest voorzien. Op een dag viel er een zwaar stuk gereedschap op zijn voeten, waardoor zijn tenen bijna werden afgekneld.

Omdat zijn kracht afnam, viel hij vaak aan ziekten ten prooi en leed hij aan malaria, tropische zweren en dysenterie. Toen ze van Moentilan naar Banjoe Biroe verhuisden, moesten ze van het station van Ambarawa naar het kamp lopen. Kees herinnert zich de afstand niet precies – alleen dat elke stap een kwelling was. Zijn moeder en zus konden hem niet helpen, omdat ze zelf zo zwak waren. Toen ze er eindelijk waren aangekomen, werden ze in huisjes ondergebracht, maar er was geen voedsel of enige vorm van organisatie. Het leek alsof de Japanners niet wisten wat ze met hen aan moesten, maar hen gewoon allemaal op één plek wilden concentreren. Niet lang na hun aankomst verdwenen de Japanse soldaten en kwamen de Pelopors, Indonesische revolutionairen, die het kamp plunderden. Er arriveerden Goerkha's, die de vrouwen en kinderen per vrachtwagen naar Ambarawa overbrachten. Het geluk bleef aan hun kant, wat niet gezegd kon worden van de mensen in de vrachtwagens vóór hen, die door revolutionairen werden opgeblazen. Iedereen kwam om. Zij echter kwamen veilig aan en bleven een maand in Ambarawa, om vervolgens naar Semarang te worden gebracht. Nadat ze samen met andere overlevenden aan boord van een vliegdekschip van de koninklijke marine waren gebracht, werden ze naar Colombo vervoerd en op de trein naar Kandy gezet. Wat een verrassing! Opnieuw bevonden ze zich in een kamp, en ze begonnen zich af te vragen wanneer er eindelijk eens een einde aan hun opsluiting zou komen.

Cornelis herinnert zich dat er verscheidene duizenden verbijsterde vrouwen en kinderen in dit kamp zaten. Hoewel ze een halfjaar werden vastgehouden alvorens naar Holland te worden gerepatrieerd, vertelde niemand hen ooit waarom ze lang gevangen werden gehouden. Toen ze ten slotte naar Holland terugkeerden, zat niemand op hen te wachten. Mensen hadden daar zelf al genoeg problemen. Uiteindelijk zette de overheid speciale scholen op in een poging de kinderen, die vijf jaar geen onderwijs hadden genoten, te helpen. Cornelis' grootste aanklacht tegen de Japanners is dat ze hem van zijn vroege schooljaren hebben beroofd. Hij ging naar een van de speciale scholen van de overheid en had tegen de tijd dat hij zestien was het niveau van de derde klas van de middelbare school bereikt. Hij besloot de voetstappen van zijn vader te drukken en bij de marine te gaan. Zo kwam hij weer in Indonesië, dat hij altijd als zijn thuis had beschouwd, en belandde later in Korea, Nieuw-Guinea en ten slotte Australië. Omdat hij vrouw en kinderen had, besloot hij dat een huisvader bij zijn gezin moest zijn en nam hij ontslag bij de marine om zich voorgoed in Australië te vestigen. Hij en zijn vrouw, met hun kinderen en kleinkinderen om zich heen, achten zichzelf gelukkig, hoewel ze weten dat ze zich altijd gescheiden zullen voelen van degenen die de kampen niet hebben ervaren. De zus van Cornelis lijdt nog steeds ernstig aan engtevrees – een klacht die algemeen voorkomt bij voormalige gevangenen van de Japanse kampen.

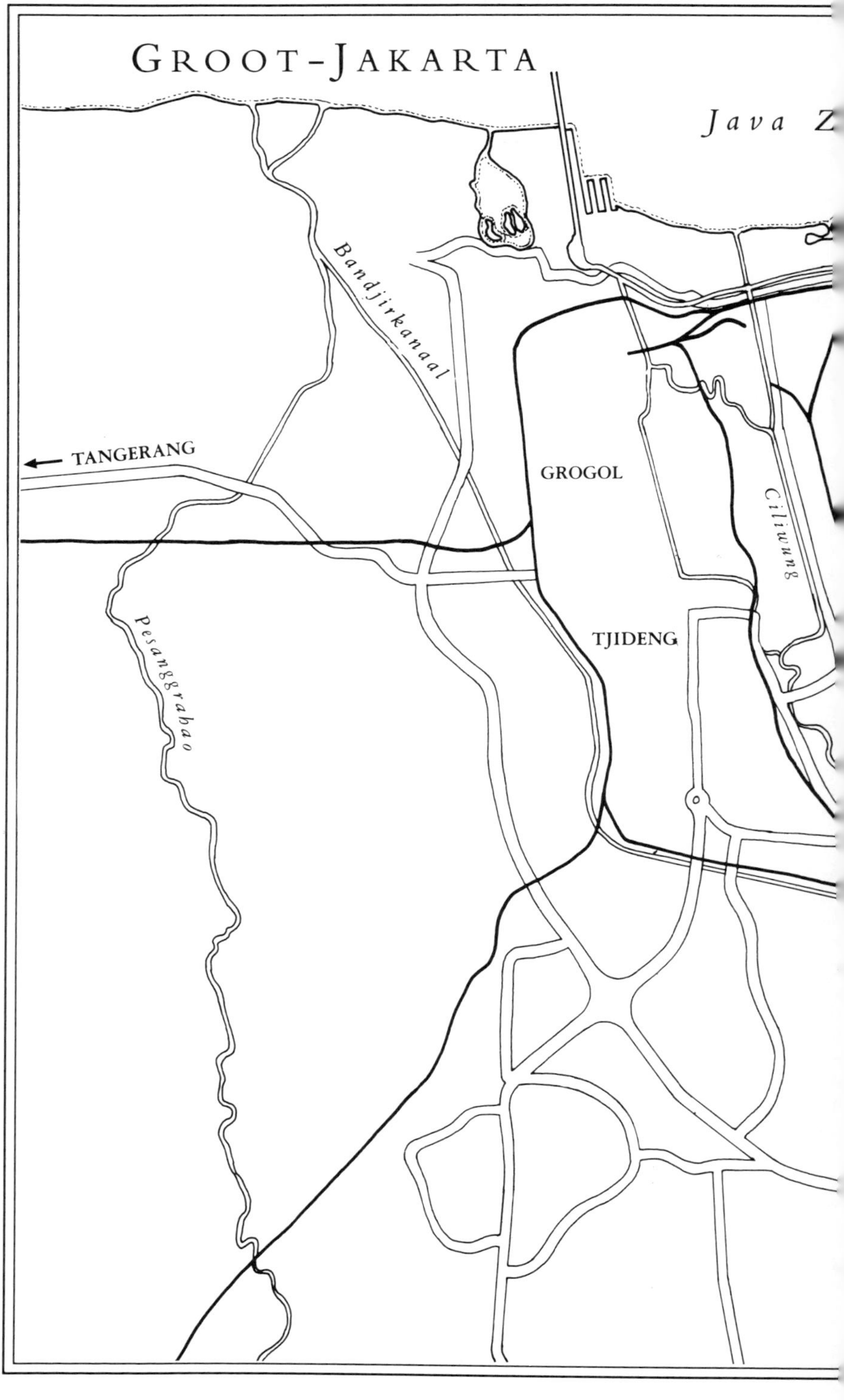
GROOT-JAKARTA
Java Z
Bandjirkanaal
TANGERANG
GROGOL
Ciliwung
TJIDENG
Pesanggrabao

De kamp-kinderen

Overlevenden van de kampen die destijds kind waren zoeken in toenemende aantallen psychiatrische hulp vijftig jaar na de oorlog. De verhalen over joodse kinderen die de holocaust (...)

... in Europa overleefden zijn goed gedocumenteerd, maar er is weinig bekend over de kinderen die de Indonesische kampen overleefden.

Dhr. A. is in 1936 in een Nederlands-Indisch gezin geboren. Het hele gezin werd geïnterneerd, zijn vader en oudere broer apart in een mannenkamp, waar de vader aan ondervoeding is gestorven. Dhr. A. overleefde het samen met zijn moeder en zus, keerde na de oorlog naar Holland terug en werd schrijver en taalkundige. In 1971, 26 jaar na zijn bevrijding, ging hij terug naar zijn kamp en ontdekte dat er niets meer van over was. Hoewel hij tevoren geen symptomen van angstgevoelens had, begon hij nu aan nachtmerries en chronische angst te lijden. Na behandeling herstelde hij, maar in de jaren tachtig kreeg hij een terugval toen hij een boek over zijn jeugdervaringen probeerde te schrijven.

Mevr. B. is in 1940 in een gezin van zendelingen in Indonesië geboren. Terwijl ze in de gevangenis zat, zorgde een Indonesische vrouw, hun huisbediende, voor haar. Toen deze vrouw vele jaren later overleed, was mevr. B., die door verdriet was overmand, niet in staat de begrafenis bij te wonen. Wreedheden waarvan ze van drie- tot zesjarige leeftijd getuige was geweest, kwamen in levendige nachtmerries opnieuw naar boven – voorvallen waarvan de artsen zeiden dat ze zich die, gezien haar leeftijd, onmogelijk kon herinneren. Volwassenen geloven vaak niet dat kinderen in staat zijn zich dingen uit hun peutertijd te herinneren, en omdat er aan hen wordt getwijfeld, kroppen deze kinderen hun herinneringen bij het volwassen worden tot schade van zichzelf op. Het wordt gewoonlijk als 'kampsyndroom' aangeduid, hoewel 'posttraumatische stress-stoornis' een correctere beschrijving is, en volgens het Nationaal Instituut voor Oorlogsslachtoffers is het nog altijd een probleem in Holland. Nog tienduizenden mensen lijden eraan. In Australië lijkt er geen specialistische behandeling voorhanden te zijn.

Toen de oorlog in de Stille Oceaan in december 1941 uitbrak, waren de Hollanders er evenmin op verdacht als de Amerikanen, Britten en Australiërs. De Hollanders waren niet alleen militair onvoorbereid, ze waren ook mentaal onvoorbereid en hadden een misplaatst vertrouwen in hun vermogen de Japanse invallers snel te verslaan. Binnen een halfjaar waren de vaders in kampen verdwenen, waarbij ze hun oudste kind bij hun vertrek vaak vermaanden: 'Zorg voor je mama en je broertjes en zusjes tot ik terug ben', en snel terug beloofden te komen.

Dit had grote invloed op veel kinderen en liet dikwijls het gevoel bij hen achter een verantwoordelijkheid te dragen die hun mogelijkheden ver te boven ging. De terugkeer van 'papa' was een droom die tijdens de gevangenschap door moeder levend werd gehouden in de gedachten van de kinderen, zodat het uitbreken van de onafhankelijkheidsoorlog tussen de Indonesiërs en hun vooroorlogse koloniale heersers, slechts enkele maanden na de bevrijding, een verpletterende schok was voor de pas bevrijde vrouwen en kinderen. In plaats van de vrijheid tegemoet te gaan, werden ze opnieuw opgepakt en in kampen ondergebracht om beschermd te zijn tegen aanvallen van Indonesische sluipschutters. Nu werden ze bewaakt door Goerkha's en, in sommige gevallen, door Japanners! Enkele onfortuinlijke vrouwen en kinderen werden door oproerige troepen ontvoerd en in stilte naar verspreide en verborgen kampen in Midden- en Oost-Java overgebracht. Transporten over weg en spoor van talloze bevrijde gezinnen, die wanhopig Jakarta probeerden te bereiken, werden aangevallen, opgeblazen en in brand gestoken. Tienduizenden stierven aan beide kanten tijdens de Indonesische onafhankelijkheidsoorlog.

Kinderen die tot het uitbreken van de oorlog in harmonie met het Indonesische volk hadden geleefd, zagen hun vrienden nu vijanden en hun vroegere vijanden, de Japanners, hun beschermers worden. Velen die zichzelf in veiligheid wisten te brengen kwamen tot de ontdekking dat 'papa' nooit zou terugkeren. Zij die ook hun moeder hadden verloren verkeerden in een nog verschrikkelijkere situatie. Veel van de kinderen beleefden het gedwongen vertrek uit Nederlands-Indië als een verbanning uit hun eigen land.

Repatriëring naar het verre Holland, voor velen een koud oord dat hun vreemd was, was iets wat vele duizenden kinderen meemaakten. Ze verhuisden van het ene huis naar het andere en van de ene school naar de andere, en sommigen werden zelfs naar andere landen, zoals Denemarken, de Verenigde Staten en Australië, gestuurd. Een beslissende periode van drieëneenhalf jaar van hun jonge leven in een levensbedreigende situatie had hen gehard in een leven waarin zelfontplooiing onmogelijk was en onderwijs nauwelijks bestond. De herinnering aan die angstaanjagende jaren raakten ze nooit kwijt. Iemand die op zesjarige leeftijd in een kamp terecht was gekomen, rapporteerde dat hij, nu hij vijfenveertig was, op een dag hevige angst voelde bij de nadering van een Japanner en een opwelling moest onderdrukken om weg te rennen en zich te verstoppen. Hij voelde ook aandrang anderen te waarschuwen door 'Kiotskay! (geef acht)' en 'Kiray! (buig)' te roepen.

Onderzoek door het Instituut voor Oorlogsslachtoffers wijst uit dat overlevenden vaak gewoonten ontwikkelen zoals buitensporige zuinigheid en hamsteren, en aandacht trekken vermijden. Ze zijn geneigd zeer gereserveerd te zijn, hebben excessieve schuldgevoelens en verwachten altijd het ergste. Velen lijden aan slaapstoornissen en sommigen worden neerslachtig, wat nu en dan op zelfmoord uitloopt. Meer dan de helft van de overlevenden is gescheiden.

Deze problemen gelden niet voor alle kinderen die geïnterneerd waren. Wat ze gemeen hebben zijn moeilijke en schrijnende ervaringen, vroeg in hun leven, die hun sporen in het volwassen leven hebben achtergelaten.

Tijdens mijn onderzoek merkte ik dat degenen die de oorlog als kind hadden meegemaakt maar al te graag over de ervaringen die ze zich herinnerden wilden praten. Ze bedankten me er zelfs voor dat ik hun de gelegenheid gaf om te praten. Velen zeiden dat eerder nooit iemand had willen luisteren, in sommige gevallen zelfs hun eigen kinderen niet. Wanda Hanning, die een kind van zes was in het kamp, zei tegen me: 'Ik hoor niet in Holland thuis. Ik hoor niet in Australië thuis. Het is me nooit gelukt het kamp achter me te laten.'

In gesprekken met meer dan honderd vrouwen merkte ik de volgende twee dingen op: vrouwen die in de twintig of dertig waren toen zij in het kamp belandden, zeggen geen bitterheid of boosheid jegens de Japanners te voelen en hebben zelfs enkele erg aardige Japanse mensen leren kennen; de meesten van hen die kind of tiener waren, geven een heel andere mening te kennen en zeggen antipathie tegen hun oude onderdrukkers te voelen en hen, heel eenvoudig, te haten.

De kinderen van Tjideng

Degenen die als kind in het kamp zaten vertellen heel andere verhalen dan de volwassenen met wie ze de ellende deelden. Ze gingen niet naar school en moesten hun jeugdige energie aan vele andere dingen besteden. De meisjes hadden geen vaste taken en zaten gewoon wat met elkaar te praten. Ze herinneren zich dingen die volwassenen helemaal niet hebben onthouden, of uit hun gedachten hebben verdrongen. Lily de Neve-Staverman en Inez Scheltema de Heere-Foch waren omstreeks 10 en 11 jaar toen ze met hun moeder, broers en zussen kamp Tjideng betraden.

Lily kwam van een rubberplantage in Tasikmalaja en werd met haar moeder, drie zussen en jonge broertje naar het kamp gebracht. Ze werden aanvankelijk naar kamp Kareës in Bandoeng overgebracht en haar levendigste herinnering is een hond die met zijn achterpoten aan de schutting was gebonden en die ze daar jankend hadden laten hangen tot hij stierf. Ze herinnert zich niet waarom hij daar hing, alleen dat niemand de moed had om hem te verlossen. Haar levendigste herinnering aan Tjideng zijn de orang-oetans die bij de poort in een kooi zaten. Ze was doodsbang van hen en hun grimassen en kwam nooit in hun buurt. Ze herinnert zich ook dat ratten 's avonds hun slaapkamer binnenkwamen en aan de harde huid van hun voetzolen knaagden. Ondervoed als ze waren, sliepen ze vast en zagen ze de ratten niet, maar 's morgens werden ze wakker en zagen ze dat al het harde vel verdwenen was. Ze droegen nooit schoenen en de kinderen speelden niet. Ze hingen gewoon lusteloos rond en verveelden zich. Daarom was ze zo opgewonden toen ze het baantje van *omroepster* van de gaarkeuken kreeg. Ze gaven haar een megafoon en ze moest tussen de barakken door fietsen, aankondigend dat er rantsoenen zouden worden verstrekt. Ze zegt dat het haar het gevoel gaf erg belangrijk te zijn.

Voor de kinderen kwam er nooit een einde aan de honger. Honger, zegt ze, is een pijnlijke toestand. Het is anders dan tijdelijk niets te eten hebben, in de zin dat het geen geestelijke hunkering naar iets om te eten is, maar een heel lichamelijke pijn – het doet zeer. Alle kinderen hadden constant honger. Veel kinderen stierven van honger. Van één gezin stierven alle drie kinderen.

Lily's eigen broertje stierf toen hij van een hek in een kuip kokende thee viel. Lily zegt dat ze zich erg schuldig voelde over zijn dood, alsof ze op een of andere manier verantwoordelijk was. Tot de geboorte van haar broertje was ze altijd haar vaders lieveling geweest. Toen de jongen geboren werd, voelde ze zich jaloers en ze was gaan geloven dat haar jaloezie zijn dood had veroorzaakt.

Ze zegt dat Tjideng een nachtmerrie was en dat, hoewel ze er maar een jaar waren geweest, het wel een mensenleven leek te duren. De Japanners stuurden technici om hun een spuitje tegen builenpest te geven. In plaats van een spuitje in de armen of benen te geven, staken ze de naald in de borst, vlak bij het sleutelbeen. Het was uiterst pijnlijk en de doodsbange kinderen dachten allemaal dat ze eraan gingen.

Ze herinnert zich dat commandant Sonei zich bij volle maan als een krankzinnige gedroeg en dat de kinderen dan bij hem uit de buurt bleven. Ze weet hoe moeilijk het voor moeders moet zijn geweest in die tijd en zegt zelfs nu nog: 'Moeders kunnen alles'. Ze beschrijft hoe haar moeder heel het lange appel van verscheidene uren in de hete zon een van haar zieke kinderen in haar armen hield. Zieke mensen werden verzocht apart te gaan staan en ze dachten dat ze mochten vertrekken – ze moesten juist langer blijven staan. Het was onbegrijpelijk gedrag van de kant van de Japanners.

Toen de bevrijding kwam, vond er een voedseldropping plaats en zagen de kinderen voor het eerst in drieëneenhalf jaar al die heerlijke dingen zoals kaas en chocola. Ze moesten ervan worden weerhouden om te veel te eten. Er waren ook grote pakken Kotex gedropt en ze vroegen zich af wat het in 's hemelsnaam kon zijn. Lily meende dat het Cutex voor de nagels was en vroeg zich af waarom ze er zoveel van hadden gedropt!

Lily en haar oudere zussen waren fit en gezond toen ze in het kamp terechtkwamen en hun gezondheid bleef betrekkelijk goed, hoewel ze verschrikkelijk mager waren en altijd honger hadden. Een van de taken die kinderen hadden was slakken vangen voor de zieken. Soms kookten en aten ze die zelf. Er werd meedogenloos jacht gemaakt op de slakken, tot er nergens in het kamp nog een te vinden was. De kleinsten leden het meest onder de honger. Ze liepen mager, bleek en lusteloos met opgezwollen buik rond. Tegen het einde waren ze stervende en hadden ze niet veel maanden langer kunnen leven.

Meisjes zoals Lily kregen een diep wantrouwen jegens mensen in het algemeen. In het kamp was iedereen zo vervuld van de eigen overleving en die van haar kinderen dat men vaak onvriendelijk was tegen elkaar. Ze hielden elkaar allemaal in de gaten om ervoor te zorgen dat niemand extra voedsel kreeg. Het werd de kinderen bijgebracht te allen tijde op te letten of mensen misschien bedrog pleegden.

De gevoelens over de Japanners zullen we volgens mij nooit kwijtraken. Mijn beide dochters gingen naar school in Queenwood en we hielden een verjaardagsfeestje voor alle kinderen van de klas, onder wie een knap Japans meisje. Ze kwam naar me toe en omhelsde me en mijn nekharen gingen overeind staan. Dit was een kind! Ik vond het echt niet te geloven dat me dit gebeurde.

Inez was even oud als Lily en herinnert zich dat ze vanuit Gedongbadak in Tjideng aankwamen en de hele nacht tot 's morgens toe op straat aangetreden stonden.

We waren echt doodsbang en hielden ons zo stil als we konden. Sonei was een tierende gek en schreeuwde tegen mensen dat ze al hun geld op de grond moesten gooien. Hij mepte mensen in het gezicht en beschuldigde hen ervan geld voor hem te verbergen. We werden met 130 mensen in een huis ondergebracht – 35 per kamer. Elke centimeter was kostbaar en mensen maten hun leefruimte elke morgen om te zien of iemand ruimte stal en hun gebied binnendrong. Er was minder dan een vierkante meter per persoon. Er was altijd ruzie doordat mensen probeerden je ruimte binnen te dringen. Mensen stalen van elkaar. We waren altijd blij wanneer er iemand naar het ziekenhuis moest, omdat er dan meer ruimte voor de anderen kwam. We boften dat we in een zitkamer woonden. Anderen moesten op het toilet of op keukenbanken slapen. Het was verschrikkelijk als je dysenterie had en je 's nachts moest, omdat er alleen een open riool was en je het deksel op moest tillen en op de rand moest zitten. Ik was altijd bang dat ik erin zou vallen. Sommige kinderen vielen er inderdaad in en verdronken.

Sonei had twee orang-oetans, die Kees en Nellie heetten. Ze kregen elke dag vers fruit en de kinderen keken er verlangend naar terwijl het onaangeroerd op de vloer van de kooi lag. Als Sonei razend was, liet hij de orang-oetans los en renden ze, iedereen terroriserend, in het kamp rond. Kinderen vluchtten naar een schuilplaats.

Thea Sloane-van der Meer kan ze zich goed herinneren, maar meent dat het geen orang-oetans, maar makaken waren.

Het waren grote, grijsbruine dieren met een humeurig gezicht. Ik keek er nooit naar wanneer ze werden gevoerd en kwam ze alleen tegen wanneer ze in het kamp waren losgelaten. Ze vervulden me echt met schrik. We waren in de laatste maanden vóór het einde van de oorlog vanuit Bandoeng naar Tjideng gekomen. Ik geloof dat het ongeveer in de tijd was dat Duitsland werd verslagen. Het was heel anders dan Tjihapit, dat niet zó beroerd was geweest. Tjideng was geen plezierige plek. Het was er erg vol en veel mensen waren ziek.

Als er wasgoed over de schutting waaide, werd dat als handelen aangemerkt en kregen mensen een pak slaag of werden ze kaalgeschoren. Kinderen hielden een oogje op drogende kleren om te zorgen dat dit niet gebeurde. Toen ze pas in het kamp was, liep Inez bacillaire dysenterie op, waarvoor destijds Imatine het enige geneesmiddel was. Haar moeder liep het hele kamp af, smekend om het middel, en slaagde er ten slotte in zeven ampullen te krijgen, die Inez het leven redden. In het hospitaal lagen vijfendertig kinderen met dysenterie en er waren elke dag sterfgevallen. Terwijl Inez in het hospitaal herstelde, schreef haar moeder haar elke dag briefjes, op minuscule stukjes papier die ze nog heeft. Ze heeft er dertig en ze behoren tot haar dierbaarste schatten. Ze schreef dingen zoals 'Vandaag kan ik niet bij je op bezoek komen, omdat ik te moe ben', of 'We hebben vandaag ieder drie zwarte bonen te eten gehad'.

Haar moeder kreeg tbc en werd in Sint-Vincentius, een isolatiebarak buiten het kamp, ondergebracht.

> *Er waren geen medicamenten, en hoewel ze na afloop van de oorlog meteen werd behandeld, was het te laat. Ze overleed op 25 september 1945. Het was een tragedie, omdat ze alle echt vreselijke tijden had overleefd. Mijn zus en broer en ik stonden er alleen voor toen ze was gestorven en niemand wilde voor andermans kinderen zorgen. Gelukkig vonden we een tante in kamp Makassar. Later gingen we naar een klein kamp, waar we door de Goerkha's werden bewaakt. Mijn zus kreeg na de oorlog een zenuwinstorting en is nooit meer beter geworden. Ze kan niet over de kampen praten en zegt altijd: 'Ik weet het niet meer.'*

Voor jonge mensen in de puberteit was het kamp, vooral als hun moeder stierf, de langste en meest angstaanjagende periode van hun hele bestaan. Voor oudere vrouwen was het een kortstondige, zij het kwellende, episode in hun leven. Ze hadden al een groot deel van het leven meegemaakt en konden de ellende van het kamp gemakkelijker achter zich laten, toen die eenmaal voorbij was. Voor velen van de jonge mensen is de herinnering aan die vreselijke tijd een overheersende factor in hun vroege ontwikkeling. Sommigen van hen zeggen zelfs: 'Ik heb het kamp nooit verlaten.'

Augusta Swart, die elf was toen ze in het kamp terechtkwam, herinnert zich een geweldig tumult dat uitbrak tussen Sonei en enkele Indonesische bewakers. Hij ranselde hen af en sloeg hun tanden en mond kapot. Er was overal bloed. In tegenstelling tot anderen herinnert zij zich Sonei als een kleine in plaats van een lange man, die op een kist moest gaan staan om de vrouwen, die groter waren dan hij, toe te spreken.

Na de kwellende treinreis van Bandoeng naar Jakarta was haar moeder net een zombie en ze was sinds die tijd helemaal van de kaart. Haar jongere broer werd naar een mannenkamp afgevoerd en erg slecht behandeld. Ze hingen hem met zijn handen achter de rug gebonden aan een muur, en hij verbrandde zijn voeten op het smeltende teer van de binnenplaats. Zijn vriend werd doodgeslagen. Hijzelf werd bewusteloos geslagen en voor dood in het lijkenhuis gelegd. Een dag later merkte iemand op dat hij bewoog en werd hij gered. Daarna kreeg hij de taak om de doden te begraven. Augusta herinnert zich:

> *Mijn broertje werd naar Tjihapit II overgebracht toen hij tien jaar werd. Ik kan me herinneren dat mijn moeder en mijn zus Willi en ik op straat stonden te kijken, allemaal ziek van de dysenterie, hoe die jongetjes wegmarcheerden onder het zingen van een Hollands lied: 'En van je hela, hola, houd er de moed maar in'. Het was een hele optocht. Ik weet niet hoe mijn moeder het kon verdragen. Nu ik zelf kinderen heb, begrijp ik hoe het voor haar moet zijn geweest. We huilden luidkeels. We kregen geen enkele uitleg en voorzover we wisten konden ze gedood zijn. Het moet iets vreselijks zijn geweest voor mijn moeder.*
>
> *Mijn vader stierf in juni 1945 in Tjimahi en de Jappen stuurden mijn moeder een pakje met zijn afgeknipte nagels, een haarlok en zijn horloge. Het was een heel intelligente man die in de kantlijn van zijn bijbel overal wiskundige formules had geschreven. Die bevindt zich nu in een museum in Holland.*

Augusta herinnert zich een paar goede Japanse soldaten. Ze zag er een met een klein kind op schoot, terwijl hij het over zijn bolletje aaide, en de tranen stroomden over zijn wangen.

Tjihapit

Toen Java op het punt stond te vallen, kreeg de vader van Wim Zylstra bevel naar Oost-Timor te gaan. Ze hadden samen met hun buren een schuilkelder, die ze in de achtertuin hadden gebouwd, en aan de muur hing een EHBO-kastje met kauwgom erin. Die was bedoeld om op te kauwen wanneer de bommen begonnen te vallen, om verbrijzeling van de tanden te voorkomen.

Toen het bommen begon te regenen, pakte Willy Zylstra haar twee jongens en duwde hen de kelder in.

'Ik heb mijn teddybeer laten liggen!' jammerde Wim, en ze stormde dus terug naar het huis om die te halen. Juist op het moment dat ze weer bij de ingang van de schuilkelder was, viel er een bom op het huis van de buren en werd ze door de kracht van de explosie de trap af geslingerd, in de armen van de ontstelde jongens.

'Hé, mam,' zei John, 'kunt u niet fatsoenlijk binnenkomen?'

Alle ramen van hun huis waren kapot en het was geplunderd, zodat ze samen met enkele andere gezinnen werden uitgenodigd om naar een heel groot huis te verhuizen. Het was van de koninklijke familie van Solo en telde 25 slaapkamers, acht tennisbanen en 50 luxe auto's, en werd verhuurd door een man die Liger Oscott heette. Hun moeder waarschuwde de jongens niet in het openbaar kwaad te spreken over de Japanners, omdat leden van de familie Oscott op zeer goede voet met hen stonden. Alvorens hun vernielde huis achter te laten, begroef Willy haar sieraden in de tuin, in de hoop ze op te kunnen halen zodra de oorlog voorbij was.

Binnen drie maanden waren de vrouwen en kinderen door de Japanners geregistreerd en op ras, godsdienst en leeftijd geclassificeerd en begon de verhuizing naar de kampen. Hoewel ze donkerbruin haar en donkerbruine ogen had, maakte Willy geen aanspraak op de status van Euraziër, zoals vele andere donkere Hollanders hadden gedaan. De Japanners verlieten zich vaak alleen op uiterlijk bij het categoriseren van de vrouwen. Haar jongens hadden allebei blond haar en blauwe ogen, zodat ze meende dat het veiliger was om bij de Hollandse groep te blijven. Op dat moment waren de Hollandse vrouwen nog optimistisch en geloofden ze dat het allemaal snel voorbij zou zijn. De kinderen gingen niet naar school, maar het deed er niet toe omdat iedereen geloofde dat het om een tijdelijke regeling ging, en ze mochten hun gang gaan op de 8 hectare parkland en hadden veel nieuwe speelkameraden.

Het gezin belandde in 1943 in de Rhiostraat, Bloemencamp, en kreeg een garage om in te wonen, bij een zeker mevr. Cassa en haar baby. Ze wilden niet dat er meer mensen bij hen in de garage zouden worden ondergebracht, en verstopten de bagagenetten dus achter een gordijn waar de jongens sliepen om de ruimte kleiner te laten lijken. Er kon gekookt worden in de garage. Het gas was nog aangesloten en ze konden gaten in de koperen leidingen boren om het zelf te kunnen gebruiken. Er was ook waterleiding en er waren toiletten met waterspoeling.

Als de oorlog al langer duurde dan de Hollanders hadden verwacht, ze duurde zeker veel langer dan de Japanners hadden gepland om de totale overwinning te behalen. Het tij van de oorlog begon ten nadele van hen te keren en het zag er nu naar uit dat Tokio de geïnterneerden en krijgsgevangenen misschien volledig zou moeten onderhouden. Ze zagen ook de mogelijkheid dat gevangenen de geallieerde zaak zouden steunen als er landingen op door Japanners bezet gebied zouden worden uitgevoerd. In de tweede helft van 1943 besloten ze dat gevangenen onder toezicht van het leger zouden worden geplaatst en dat burgergeïnterneerden de status van krijgsgevangenen zouden krijgen. Kampreglementen, die uit de Russisch-Japanse

John (LINKS) *en Wim Zylstra in 1938.*

oorlog dateerden, verboden uitdrukkelijk het verrichten van lichamelijk werk door geïnterneerden, en de gevangenen zouden misschien een draaglijk bestaan hebben gehad, als deze reglementen waren nageleefd. Het mocht echter niet zo zijn. De reglementen werden in vrijwel alle kampen in de wind geslagen en gevangenen werden voor slavenarbeid gebruikt.

De kampen raakten steeds voller omdat er niet meer kampgebouwen bijkwamen, en de woon- en slaapaccommodatie nam in extreme gevallen af tot een halve meter per persoon. Op Sumatra, Borneo en Celebes werden kampen naar het binnenland verplaatst, weg van plaatsen waar men landingen van de geallieerden verwachtte. Op Java werden vrouwen, kinderen en zieke oude mannen, die men zwakker achtte, nabij de kust geconcentreerd, terwijl mannen die gezond van lijf en leden waren naar het binnenland werden overgebracht. Ze onderschatten de kracht en moed van de Hollandse vrouwen in hoge mate.

Fietsen werden verbeurd verklaard. Om dit te ontduiken, haalden de vrouwen ze uit elkaar om er *velo's* met vier wielen en trappers van te maken, waarop mensen met z'n tweeën naast elkaar zaten.

Thea C. was in verwachting en had al een dochtertje toen ze in kamp Tjihapit belandde. Vrienden hielpen haar naar het katholieke Borromaeusziekenhuis voor de bevalling. De nonnen waren niet behulpzaam omdat ze geen geld had, en zeiden dat er geen bed vrij was. Ze zat nog in het portiek, toen er een Chinese dokter langskwam die ermee instemde voor een bed en hulp bij de bevalling te zorgen. Peter kwam levend ter wereld, maar 'de nonnen hadden er weinig van gebrouwen met de baby. Zijn navel was ontstoken en zijn gewicht nam niet naar behoren toe. Dokter Kramer zorgde voor hem in Tjihapit. Ze gaf me wat poeder en zei dat ik het aan de baby moest geven. Ik wist niet hoe ik het bij hem naar binnen moest krijgen en deed het dus maar op de navel, die tot mijn verbazing genas.'

Tegen het begin van 1944 zaten er 14.000 vrouwen en kinderen in Tjihapit, omdat er groepen uit afgelegen gebieden heen waren gebracht. Het andere grote kamp in Bandoeng was Kareës, dat 6000 vrouwen en kinderen huisvestte. Zelf koken was verboden en alle maaltijden werden in een centrale keuken bereid. Het hele kamp was afgesloten met *gedek* en ruilhandel voor voedsel van buiten was streng verboden. Verborgen doorgangen via de riolen werden echter weldra een vaste route voor de vastberaden vrouwen, en handelen was gebruikelijk. Degenen die werden betrapt werden geslagen en kaalgeschoren. Wim zag dit vele malen gebeuren en wist dat de vrouwen die een hoofddoek droegen om hun kaalheid te verbergen heldinnen waren. Terry Loyen haalde vaak melk en boter via haar eigen ontsnappingsroute, maar werd nooit betrapt.

Een van de moeilijkste regels voor de vrouwen, die we al hebben besproken, was buigen voor de Japanners. Nu zeggen ze dat ze het als Japans gebruik begrijpen, en zien ze het Japanners overal voortdurend naar elkaar doen, maar tijdens hun gevangenschap was het feit dat ze zich er zo moeilijk toe konden brengen een teken van hun weigering ondergeschiktheid aan de overwinnaar uit te drukken. Oene was een *fourageur*, die met een kar voorraden uit het pakhuis haalde. Balen rijst van honderd kilo werden op de ruggen van de meisjes gelegd en vervolgens op de karren gegooid. Het was zwaar werk voor vrouwen, maar ze moesten het doen.

> *We kwamen langs een paar Indonesische soldaten en we vroegen ons af of we voor hen, net als voor de Japanners, moesten buigen. Toen kwam er een Jap die ons liet buigen, zeggend dat we voor alle soldaten moesten buigen, waar ze ook vandaan kwamen. Op een dag was ik met mijn vriendin aan het fietsen, voordat we de fietsen hadden moeten inleveren, en stapten we bij het zien van een Jap af en maakten een diepe buiging naar hem. Terwijl we dat deden, zei mijn vriendin heel hard: 'Val dood!' en blééf ik er zowat in, maar hij lachte alleen maar en zei: 'Dank je.' Hij moet hebben gedacht dat we iets aardigs zeiden.*

Het aantal Japanse stafleden was klein – nog geen tien in de grootste kampen. Interne zaken in de kampen werden geregeld door een kampbestuur, en vrouwelijke blokhoofden voerden bevelen uit die ze van de Japanners hadden gekregen. Halverwege 1944 kwam de hoofdvrouw van het stuk straat waar de Zylstra's zaten vertellen dat ze moesten verhuizen, maar dat jongens van boven de tien niet mee mochten. Willy pakte hun spullen, 'twee matrassen en een tas, en Wim en ik maakten ons klaar om te verhuizen. John en de andere jongens moesten tot 4 uur 's middags achter een schutting blijven en maakten gaten in de *gedek* om hun moeder te kunnen zien. Daarna kwamen er enkele grote vrachtauto's om hen allemaal op te halen.' Wim vervolgde: 'Mijn moeder huilde, net als alle andere moeders, omdat ze niet wisten waar hun jongens naar toe gingen.'

Hoewel de vrouwen niets werd verteld over de bestemming van hun zoons, was het in sommige gevallen om bestwil, omdat ze naar de mannenkampen werden gebracht, waar sommigen van hen met hun vader werden herenigd. John Zylstra legt uit:

> *We waren allemaal elf tot vijftien jaar, en toen we in het mannenkamp, een oude kazerne, kwamen, kregen we wat onderwijs. We hadden geen papier, maar de man die met ons was belast was onderwijzer en leerde ons rekenen en spelling. Schrijven deden we op witte vloertegels. Je gomde uit door erop te spugen en uit te wrijven. We verzamelden altijd brandhout in karretjes, waarbij de een duwde en de ander trok. Soms kochten de Jappen fruit voor ons terwijl we met dit werk bezig waren.*
>
> *Ik kreeg een paar keer tandpijn in dat kamp, maar we hadden een tandarts die het verhielp. Ik heb ook enkele rare knobbels op mijn knie, die het gevolg zijn van ondervoeding. Als je ze aanraakt, spring*

Willy Zylstra, wier zoon John bij haar werd weggehaald. Dit gedenkteken in Kali Banteng is opgedragen aan de jongens die in het Jongenskamp stierven. Jongens van tien jaar en ouder werden naar het kamp gestuurd.

ik uit mijn vel. Toen ze ons in onze barakken onderbrachten, waren we met te veel mensen, zodat ze ons bevel gaven onze matrassen in te leveren om ze kleiner te laten maken. Maar ik vertrouwde hen niet. Ik maakte het mijne zelf kleiner.

We gingen allemaal onze vader zoeken. Ik vond een paar Zylstra's, maar geen familie. Ze hadden lijsten die je kon doornemen. Er zaten 800 jongens in onze barak en er overleefden er maar 400. Ze stierven hoofdzakelijk aan dysenterie en malaria. We voetbalden en knikkerden. We schreven ook brieven. Ik schreef brieven aan mam, maar ik geloof niet dat ze ze ooit heeft ontvangen. Ik wist dat ze in Struiswijk zat, omdat ik daarvandaan een brief van haar had gekregen. We maakten ook vliegers en lieten ze op wanneer we maar konden.

Nadat de jongens waren weggevoerd, werden de overgebleven vrouwen en kinderen met vrachtauto's opgehaald en naar het station van Bandoeng gebracht. Ten slotte vertrok de trein, maar er werd voortdurend gestopt. Wim herinnert zich: 'Veel mensen hadden erge diarree en het was allemaal zo donker en primitief. De stank van het rondklotsende spul was vreselijk. Mijn moeder mocht met me naar buiten, zodat ik buiten de trein kon plassen.' En Terry vertelt het volgende verhaal: 'Mijn moeder had een riem gemaakt waaraan tassen hingen, en had de documenten van mijn vader tot het einde van de oorlog bij zich gehouden. Het treinstel waar ze ons in hadden geladen was geen passagierswagon, maar een goederenwagen. We zaten op de vloer. Sommige vrouwen hadden een potje voor hun kleine kinderen, wat een zegen was. We konden echter niet naar buiten kijken om te zien waar we heen gingen, behalve door de kieren. Het duurde 24 uur voordat we aankwamen en we hadden al die tijd niets te eten of te drinken gehad. Het was erg zwaar voor de kinderen. Zo'n reis zou in vredestijd ongeveer vier uur hebben geduurd.'

Struiswijk

Vrouwen en kinderen werden vanaf december 1944 op deze manier in groepen van ongeveer 600 van Bandoeng naar Jakarta overgebracht, en daarna naar Struiswijk, een oude Hollandse gevangenis aan de rand van Jakarta, verhuisd. Vijftienhonderd Britse en Amerikaanse vrouwen en kinderen waren in december 1943 van deze gevangenis naar Tanahtinggi verhuisd.

Struiswijk was een ronde gevangenis met hoge muren. Toen de vrouwen arriveerden, werden ze nauwgezet gefouilleerd. Onder de gefouilleerden waren vrouwen en kinderen, zoals de Zylstra's. Wim zei: 'Moeder had haar lange haar opgerold om elektriciteitsdraad en een dompelaar aan het oog te onttrekken. Sommige mensen die op het verbergen van radio-onderdelen waren betrapt, kregen problemen, zodat ze haar haren losmaakte en de draad weggooide toen niemand keek. Ik herinner me dat al haar haar los viel.'

Willy herinnerde zich:

> *Ze hielden ons bij de poort tegen en lieten een bepaald aantal tegelijk door de hoge deuren binnen, tot de eerste cellen vol zaten. Daarna werd de poort dichtgetrokken tot een volgende groep werd doorgelaten. Die arme Wim werd samen met een vreemde vrouw naar binnen geduwd en ik vond hem pas veel later terug, toen ik zelf binnen was. We hadden, samen met mijn vriendin Jenny Cassa, een plaats op een paar pingpongtafels in een cel rechts van de poort. De cellen waren gesitueerd rond een open gebied met in het midden een douche en een put.*

Thea Sloane-van der Meer herinnert zich de beklemmende details van de gevangenis:

> *Bewakers patrouilleerden op de muren en ook wij vrouwen moesten 's nachts wachtlopen. Er zaten veel ratten en het was erg angstaanjagend. Het mooie was dat je 's nachts soms de volle maan kon zien en het net daglicht leek.*

Oene van Oest herinnert zich:

> *Er zaten al 1200 mensen in Struiswijk toen wij aankwamen, en het wemelde er van kruipend ongedierte. Wandluizen waren het ergst. We*

hadden elke morgen om 7 uur appel en moesten in het Japans het nummer roepen dat op ons nummerplaatje stond. Als ontbijt kregen we nasi tim, waterige soep en 100 gram brood en nog eens 100 gram 's avonds. Ik hield een dagboek bij. Onze baas noemden we pa en we hadden ook nog Jan de Mepper. Sommige mensen werkten in het varkenskot. De varkens waren voor de Jappen, niet voor ons. Ik maakte 'droom'-tekeningen van alle dingen die je niet kon krijgen, zoals limonade, cake, rozijnenbrood, roomijs, een wijnglas en een fles wijn. Het was zo moeilijk om zonder iets te eten in slaap te komen dat we altijd een klein beetje van ons voedsel bewaarden om te eten voordat we gingen slapen, omdat we anders de hele nacht wakker zouden liggen. We noemden het brood spekbrood, omdat het plakkerig en taai als spek was.

Ik was als de dood voor de Jappen en mam zei dat ik uit hun buurt moest blijven en elke keer dat ik er een zag gewoon moest buigen. Behalve pa en Jan de Mepper hadden we nog Humpty Dumpty en Piggy Pigman.

Wim herinnert zich de Brilslang. Hij was onderbevelhebber en een bijzonder gemene figuur:

Vijf vrouwen die op handelen met de Indonesiërs waren betrapt, moesten aantreden. De Brilslang begon hen in het gezicht te slaan. Sommige vrouwen vielen flauw. Wij jongetjes stonden met uitpuilende ogen te kijken, vooral toen de laatste vrouw een bloedneus kreeg en het bloed zijn witte uniform onderspatte. Het maakte hem woedend, omdat zijn uniform naar de maan was, en wij vonden het prachtig. De vrouwen werden uit het kamp afgevoerd en een dag of zo later zagen we ze over de muur van de binnenste poort naar ons wuiven. Ze moesten tien dagen tussen de muren blijven.

Toen ik op een dag met mijn vriend Peter in de keuken toekeek hoe mijn moeder de steenovens klaarmaakte, kreeg ik zelf met hem te maken. Er kwam een Japanse officier langs en de vrouw die de leiding had riep het vereiste 'Kiotskay! Kiray! Nowray!', waarna mensen hun werk konden hervatten. Ik was zo geïnteresseerd in wat mijn moeder deed dat ik niet boog of in de houding ging staan. De Jap begon te springen en te schreeuwen en wij jongens werden met ons tweeën in korte broek en op blote voeten uit het kamp weggevoerd, en moesten in de volle zon tussen de binnen- en de buitenmuur staan. In het begin was het oké, omdat we dingen zagen die we nog niet eerder hadden gezien, maar later werd het moeilijk omdat we niet mochten bewegen. Met het verstrijken van de tijd raakte mijn blaas vol en uiteindelijk moest ik plassen. Een donkere vlek breidde zich snel uit over mijn lichtblauwe, verschoten korte broek. Ik schaamde me geweldig toen de honderden vrouwen die in de tuinen hadden gewerkt voorbijkwamen en mijn erbarmelijke toestand zagen. Ik begon te huilen. Maar ze fluisterden in het voorbijgaan: 'Kop op. Laat ze niet zien dat je bang bent.'

Dat maakte me des te meer aan het huilen, maar ten slotte mochten we naar binnen na nogmaals te zijn toegeschreeuwd. Mijn moeder was erg blij ons te zien, omdat ze niet wist wat er was gebeurd. Van toen af boog ik altijd twee keer zo diep als nodig was.

Jonge kinderen hebben over het algemeen betrekkelijk blije herinneringen aan de kampen, tenzij ze een traumatische ervaring hebben gehad die ze niet aankonden. Wim en zijn vrienden speelden zoals normale jongens in het kamp en mochten binnen de muren rondzwerven waar ze maar wilden. Ze moesten schoonmaakwerk doen in hun eigen barak en veegden met bezems van kokospalmblad. Ze hadden ook opdracht om ratten voor de ziekenzaal te vangen. Ze groeven uiengras uit, dat afschuwelijk smaakte, maar weer eens wat anders was om te eten.

Vrouwen die onderwijzeres waren geweest, boden aan om les te geven en kregen brood als beloning. Wims moeder stond voor dit doel bereidwillig wat van haar broodrantsoen af. Ze gebruikten stukjes lood van het dak als potlood en schreven op tegels. Onderwijs was streng verboden, zodat ze hun lessen in het geheim moesten volgen en iemand op de uitkijk moest staan om voor naderende Japanners te waarschuwen. Sommige mensen gaven de kinderen zondagsschoollessen, maar ook die moesten in het geheim plaatsvinden.

De kinderen speelden hoogst bizarre spelletjes.

We waren erg nuchter over heel het kampleven, vooral over de dood. Elke dag vergeleken we onze bevindingen wat betreft het aantal mensen dat was gestorven.

'Hoeveel doden had jij? Maar twee! Wij hadden er zes!'

Het was een spelletje voor ons. Je voelde je volkomen de mond gesnoerd wanneer de volgende ons toeriep: 'Nou, wij hadden er negen! Toen mevr. Brouwer stierf had ze zó erg beriberi dat er zestien vrouwen voor nodig waren om haar in etappen weg te dragen.'

Er was weinig hout voor doodkisten, zodat ze planken gebruikten met in de hoeken stijlen waar het lichaam, afgedekt met een laken, tussen werd gelegd. De vrouwen die het moesten dragen waren erg zwak, zodat het dragen in ploegen werd gedaan, vooral in gevallen van ernstig oedeem omdat de lichamen dan zo zwaar waren.

Indonesische toiletten zijn ongewoon omdat je de tenen van degene naast je kunt zien. Wim ontwikkelde de gave om mensen aan hun voeten te herkennen en riep bij het zien van voeten vrolijk: 'Hallo Julie [of wie dan ook], hoe gaat het met je vandaag?' Hij kreeg weldra de reputatie een gluurder te zijn.

Kinderen maakten hoepels van twijgen en rolden ze voort. Meisjes en jongens speelden samen, en het merendeel van hun spelletjes draaide om extra eten vinden. In het kamp stonden bomen met witte bloesems en minuscule rode zaadjes. Ze noemden ze Japanse kersenbomen, en de kinderen brachten eindeloze uren door met pogingen rijpe zaadjes te vinden om te eten. Soms gingen zowel jongens als meisjes naar borduurles. Hetzelfde oude garen werd steeds opnieuw gebruikt.

Jonge meisjes van vijftien, zoals Terry Loyen, zochten het gezelschap van andere tieners, en hoewel ze een beetje over hun vroegere vriendjes praatten en over vrijen en zoenen fantaseerden, zoals alle meisjes op die leeftijd doen, gingen de meeste van hun gesprekken nu over manieren om aan meer eten te komen.

Ik maakte me zorgen over de gezondheid van mijn moeder, en omdat mijn werk in de keuken bestond uit het stoken van de vuren en het wegbrengen van het afval, kon ik mezelf op de lijst laten zetten voor het schoonmaken van de tonnen. Er plakte vaak voedsel aan de binnenkant en ik goot dus heet water over mijn aandeel en nam het mee naar huis voor haar. Wanneer ik langs de cellen liep waren aller ogen op me gericht om te zien of ik extra eten had. Eten was voortdurend in onze gedachten.

Wanneer 's avonds de lucht er zo schitterend uitzag, ging ik met mijn moeder naar buiten. We liepen naar een grasveldje dicht bij de ziekenzaal. Het was geen echte ziekenzaal, maar de mensen daar wisten iets van geneeskunde. Ik ging met mijn moeder op dit grasveld zitten en we keken naar de sterren en praatten over mijn vader en vroeger. Ik was een heel positieve denkster en werd daarin door mijn moeder aangemoedigd. Ze gaf me veel zelfvertrouwen. Eigenlijk verbazend, omdat ze zelf heel nerveus en gespannen was.

Oene herinnerde zich:

Wanneer we de vuren in de keuken stookten, droegen we een dikke broek die van militaire overjassen en schorten was gemaakt. We vervoerden de 200-litertonnen op grote palen en liepen vaak brandwonden op onze benen op, wanneer we ze, gevuld met soep of zachte, gekookte rijstachtige pap, wegbrachten. We sneden handdoeken doormidden en maakten er driehoeken van om onze borst te bedekken. Ze werden plastrons genoemd. We hadden geen zeep om ons te wassen, maar niettemin wasten we ons elke dag. 's Avonds hadden we tot een bepaalde tijd licht, maar er was niets te lezen. Mijn moeder was altijd aan het haken. Wanneer ze iets af had, trok ze het uit en begon ze weer opnieuw. Ze overleed op 19 juli 1945, midden in de nacht om halfeen. Het kwam door ondervoeding in combinatie met ernstige diarree. Er waren geen medicijnen. Naast haar in bed lag een meisje dat aan flauwtes leed. Het was gebruikelijk bij kleine kinderen die niet genoeg te eten kregen. Moeder zei: 'Alstublieft, God, neem mij, niet de kleine Jenny.' Ze vertelde me dat ik me geen zorgen moest maken en stierf rustig. Ze werd om 4 uur die middag begraven. Vlak na de oorlog ging ik met een paar Engelse soldaten op zoek naar het graf, maar we moesten uitkijken voor sluipschutters. We waren met een groep van 600 naar Struiswijk gekomen, en tegen het einde van de oorlog was de helft dood.

Verkrachting kwam in de kampen van Jakarta nauwelijks voor, maar er waren wel bordelen waar sommige gevangenen bij betrokken waren. Thea beschrijft zo'n geval:

Er was een achttienjarig meisje dat voor haar twee jongere zussen zorgde. Haar ouders waren kort voordat ze in het kamp terecht waren gekomen bij een auto-ongeluk omgekomen. Ze hoorde dat er buiten het kamp werk was waarvoor meisjes zich konden aanmelden, en vanwege haar verantwoordelijkheid voor de jongere zussen besloot ze zo'n baantje te nemen. Ze begon als maîtresse van twee officieren, maar belandde ten slotte bij de gewone soldaten. We hoorden dat ze de meisjes, wanneer ze ermee klaar waren, in een vliegtuig meenamen en ze in zee gooiden.

Verbroedering met de Japanse soldaten kon voordeel opleveren. Terry herinnert zich:

De meisjes die ingingen op het aanbod van de Jappen om het kamp te verlaten en prostituée te worden, kwamen terug met eten en andere luxe-artikelen, en begonnen ook weer te menstrueren. Als ze meenden dat ze het geheim hadden gehouden, werden ze weldra opgemerkt wanneer ze hun handdoeken aan het wassen waren. De meesten van ons waren tamelijk onschuldig in die tijd. We bespiedden altijd graag liefdespaartjes en als we iemand zagen kussen, jee, dat was echt iets fantastisch.

Wim herinnert zich het einde van de oorlog:

Tegen eind augustus kwamen er vliegtuigen over die pakketten boven het kamp afwierpen. Er zat melkpoeder bij en kauwgom, die we uit ons haar moesten houden, zo werden we gewaarschuwd. Een deel ervan kwam daar natuurlijk toch terecht. 's Avonds kwamen veel vrou-

wen in het midden van de gevangenis bij elkaar en hoorden we ze dat vreemde lied, het Nederlandse volkslied, zingen. De kinderen moesten in de barakken blijven en de vrouwen die voor ons zorgden barstten in tranen uit. We konden dit helemaal niet begrijpen en we wisten niet dat het betekende dat de oorlog voorbij was. We meenden dat leven zoals wij het deden normaal was. Ik nam aan dat mijn moeder, toen ze even oud was als ik, ook in de gevangenis had gezeten. Ik kon me niet voorstellen hoe het zou zijn om niet in de gevangenis te zitten, en het kwam geen moment bij me op wat er zou gebeuren als mijn moeder dood zou gaan.

Over vaders werd weinig gesproken. De moeders zeiden dingen zoals: 'Weet je nog dat papa die roze schelp van het strand had meegebracht?', maar het zei ons eigenlijk niet veel. We waren echt opgewonden toen er een vliegtuig over het kamp kwam en vroeg of een bepaalde persoon zich in het kamp bevond. We moesten allemaal in een rij gaan staan en met onze lichamen de woorden 'ja' of 'nee' spellen.

Er kwam een bommenwerper over het kamp die op zoek was naar Australische vrouwen. Ze hadden een grote luidspreker boven het luik waaruit de bommen vielen.

'Zit mevr. S. hier? Zo ja, vorm een "ja" op de grond. Morgen terug.'

Ze bevond zich in ons kamp en we hielpen haar met wit geschilderde stenen 'ja' te schrijven. Ze kwamen haar halen en wierpen ook voedsel uit het luik om de gelegenheid goed te benutten. We moesten heel erg oppassen bij het eten van het voedsel om niet misselijk te worden.

Ook andere mensen herinneren zich deze gebeurtenis. Oene zegt dat ze een briefje lieten vallen waarin naar Toni Koenemann werd geïnformeerd, en dat ze met meel 'NIET HIER' op het dak schreven.

Thea herinnert zich het volgende van haar laatste dagen in het kamp:

Het eerste wat de Japanners aan het einde van de oorlog deden was hun vlag weghalen. Aanvankelijk namen we er geen notitie van, omdat ze dat af en toe deden om haar door een fris gewassen exemplaar te vervangen. De vlag kwam niet terug, en kwam nog steeds niet terug, maar we hadden de hoop opgegeven. Toen klonken er walsen van Strauss uit de luidspreker. We werden door emotie overmand en barstten in tranen uit. We hadden drie jaar naar Japanse muziek geluisterd en dachten door God en de wereld te zijn vergeten. Er was veel activiteit buiten het kamp, maar we konden niet zien wat er aan de hand was. We konden de Jappen, gekleed in witte pakken, bij een paar tafels zien staan. Al hun goud en hun strepen waren verdwenen. Ze droegen een groene broek, wit overhemd en groene pet. Onze commandant, pa, was een goede man. Hij was niet sadistisch en we hadden veel geluk dat het een goede man was. We noemden hem Adachi-san. Hij was vriendelijk en billijk en maakte er nooit een marteling van als hij ons liet straffen. Als we niet bogen, liet hij ons in de zon staan, maar deed niets wat al te erg was.

Toen de oorlog ten einde liep, moesten we naar het centrale terrein komen en mochten we in een kring om hem heen staan, niet in rijen zoals gewoonlijk. Hij vertelde ons dat er een bom was gevallen en de oorlog voorbij was, maar dat we binnen moesten blijven omdat het buiten niet veilig was. Er zouden weldra Hollanders komen om ons te helpen met de latrines en met zwaar werk. Om 10 uur 's morgens stond iedereen aan de poort te wachten tot de Hollanders kwamen. Ze waren KOLOSSAAL na de kleine Japanners.

De Hollandse vrouwen stortten zich natuurlijk op hen, en de Australiërs die deel uitmaakten van de groep bleven alleen en verstoken van belangstelling achter. Een jongetje pakte een Australiër bij de hand, leidde hem naar de ziekenzaal waar zijn zieke moeder lag en zei: 'Kijk, moesje. Ik heb een papa voor je om je beter te maken.'

Tekening van Struiswijk door Penelope Zylstra, gebaseerd op herinneringen aan Wim Zylstra's gevangenschap daar, vijfenveertig jaar geleden, toen hij een jongen van acht was.

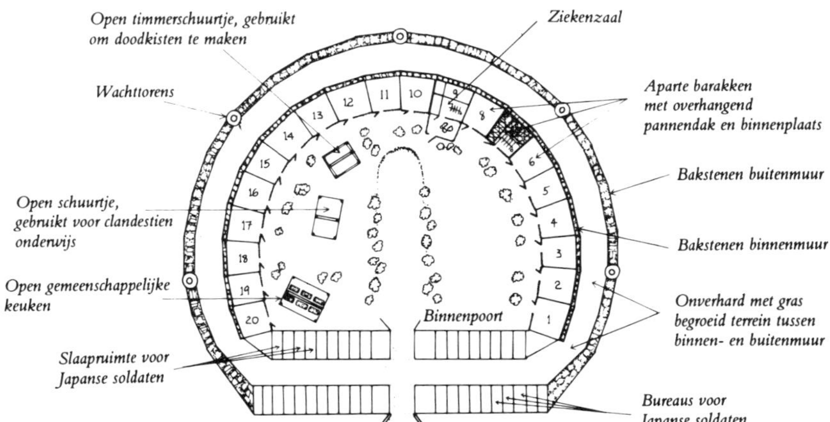

STRUISWIJK

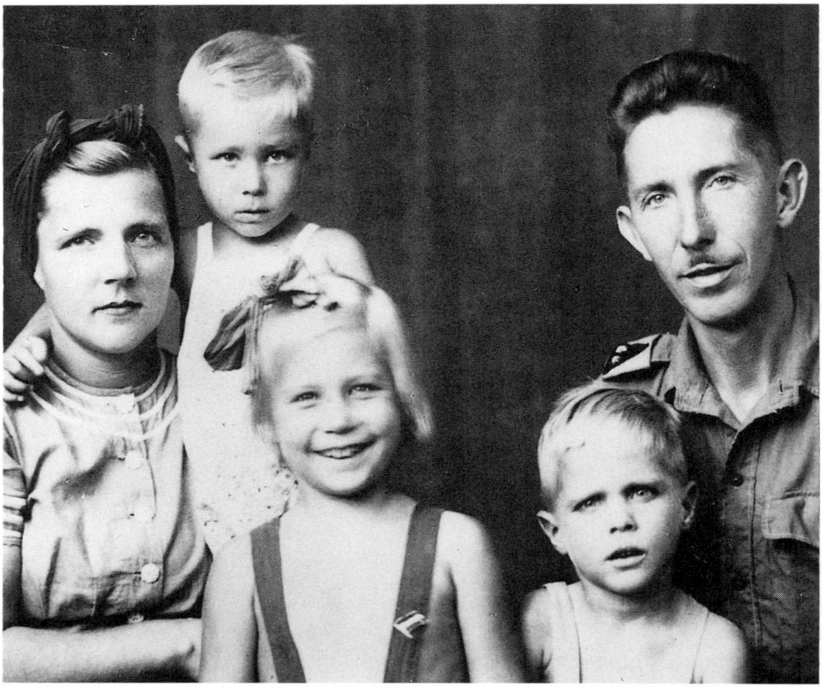

Betty Berghuis met haar gezin in Thailand, 1946. (BOVEN)
Zus Keuchenius, met familie en vrienden vóór de oorlog. (ONDER)
Van de hier afgebeelde mensen hebben velen de oorlog niet overleefd.

Lyde van Hennekeler en haar gezin na de oorlog.

De oorlog eindigt

Er waren veel vrouwen die de kampen wisten te vermijden. Amy Plante stond als Euraziër ingeschreven en dook onder bij de familie van haar eerste echtgenoot, die half Indonesisch was.

Haar latere echtgenoot, een marine-officier die naar kamp Kesilir in het oosten van Java was afgevoerd, werd voor executie naar Soerabaja teruggebracht toen hij probeerde te ontsnappen. Hij had een poging gedaan om vanuit Banjoewangi met een boot naar Australië te komen. Ze staken naalden onder zijn vinger- en teennagels, bonden zijn handen achter zijn rug en sleepten hem met een auto in geknielde houding over het grind. Hij herstelde van die beproeving en werd naar Birma gestuurd om aan de spoorweg te werken.

Amy zei:

'Mijn vriendin Jopie had blond haar en blauwe ogen, maar had een Dajase grootmoeder en een Engelse grootvader, zodat ook zij erin slaagde uit het kamp te blijven. In Malang waar wij woonden was het gemakkelijk om zulke dingen voor elkaar te krijgen.

Ik zocht werk en de Japanners boden me een baantje als gastvrouw in hun officiersclub aan. Dat was beslist mijn soort werk niet, zodat ik een baantje nam als huishoudster voor een zekere meneer Provoost, die een ijsfabriek had. Het was een heel aardige man met twee dochters, en hij bleef uit de kampen omdat de Japanners de aanvoer van ijs in stand wilden houden. Ik woonde met mijn dertienjarige dochter bij mijn tante.

Meneer Provoost deed nog iets voor de Japanners – hij zorgde dat hun zwaarden mooi bleven glimmen. Hij dompelde ze in een of ander chemisch bad en ze kwamen er fraai zilverachtig uit tevoorschijn. Behalve dat hij mij betaalde, zorgde hij ook dat er geld was voor een vrouw om mijn dochter onderwijs en pianolessen te geven. Ik had het toen goed naar mijn zin.

Op een dag stond ik op het perron van station Goebeng in Soerabaja op een trein te wachten, toen er wat rollend materieel binnenkwam en we opmerkten dat de wagons geladen waren met varkenskooien. Mijn vriend zei plotseling: "O mijn God! In die kooien zitten geen varkens. Het zijn mensen!" We konden hun vingers door het bamboe zien wriemelen en hun erbarmelijk gekreun horen. Het ging om veel volle wagons. Het was een allervreselijkst gezicht. Japanse bewakers renden schreeuwend naar ons toe en duwden ons weg van de spoorlijn en tegen de muur.

Toen de oorlog was afgelopen, verklaarden de Indonesiërs zich onafhankelijk van de Hollanders, waarna de problemen begonnen. Alle mannen die niet in kampen zaten of juist waren vrijgelaten, werden opgepakt en in de Werfstraatgevangenis opgesloten, en stonden net op het punt hun eerste rijstmaal te gebruiken toen de Britten arriveerden en hen redden. Het eten was vergiftigd. De Engelsen bombardeerden de stad vanuit de haven en de Goerkha's kwamen en bliezen de achterste muur van de gevangenis op, zodat de mannen in legertrucks konden ontsnappen. Sommigen hadden geluk, maar anderen werden ver-

moord. Twee trucks vol vrouwen en kinderen stonden in de Brugstraat en werden door de vrijheidsstrijders aangevallen en in brand gestoken. Ze verbrandden allemaal.

Het was niet veilig om uit huis te gaan. Er waren overal roversbenden en bamboe roensing (bamboespeerdragers).

We werden geboycot en mochten geen boodschappen doen of naar de markt gaan om eten te kopen. Een van onze bedienden zag kans ons midden in de nacht voedsel te brengen. Ze zette het achter de kamerplanten op de veranda en wij legden op dezelfde plek geld voor haar klaar.

Dit duurde tot oktober 1945, toen alle vrouwen en kinderen door de vrijheidsstrijders werden gedwongen hun huis te verlaten en in een kamp aan Speelmanstraat, een voormalig Japans interneringskamp voor vrouwen en kinderen, werden ondergebracht.

Op 10 november moesten we vandaar met al onze bezittingen te voet naar station Goebeng. De Britten vielen het station uit de lucht aan en er vielen overal bommen. Verschillende groepen Indonesiërs vochten nu tegen elkaar. Toen het donker werd, vertrokken we in een gepantserde trein, waarvan alle ramen gesloten en verduisterd waren, uit Goebeng.

Tien november wordt in Soerabaja gevierd als Heldendag. Mallaby, de Britse generaal, was uitgenodigd voor een bijeenkomst met de vrijheidsstrijders, maar kwam niet verder dan de deur, waar hij van achteren werd neergeschoten. Zijn aide-de-camp vluchtte, zwom een gracht over en sloeg alarm. De Engelsen kwamen in actie en begonnen de vrouwen en kinderen te evacueren. Voor Amy en haar dochter was het echter te laat.

De volgende morgen kwamen we in Modjokerto aan en werden we naar de wedana, het districtshoofd, gebracht. We kregen ieder een vuistgrote bataat, maar ik had pech omdat de helft van de mijne houtachtig was. Om vijf uur 's middags kregen we wat rijst. De volgende morgen werden we na een tweede bataatontbijt in open wagons naar Brankal, een vervallen suikerfabriek, vervoerd. Er waren geen toiletten en we moesten zelf een gat graven. Er waren geen badkamers en er was maar één pomp voor 1078 vrouwen en kinderen.

Eind januari 1946 werden sommigen van ons in open vrachtauto's naar Patjet, een plaats in de bergen, vervoerd en in een verlaten nonnenklooster ondergebracht. Niemand had een deken, wat voor iedereen vreselijk was omdat het klimaat op die hoogte koud was. Opnieuw was er maar beperkt water, met één drinkwaterkraan en een ijskoude bergbeek als enige plek om te baden.

Later werden sommige vrouwen naar Sombito overgebracht om daar te werken, en mijn dochter en ik werden naar Donodjo, een weverij, gebracht. Ze stond leeg en alle machines waren weggehaald. We moesten op de aarden vloer slapen, maar moesten daarvoor eerst de grindlaag verwijderen. We deden dat met de hand, omdat er niets anders was dat we konden gebruiken. Er waren hier geen toiletten of badkamers en we moesten de rivier in de buurt gebruiken. We waren een zeer neerslachtige groep van 800 vrouwen en kinderen en een paar oude mannen.

In juli 1946, na zes maanden, werden we naar een station gebracht voor transport naar Solo, vervolgens naar Semarang en ten slotte naar Jakarta. Het Rode Kruis nam ons over en we kregen voor het eerst sinds tien maanden goed eten, kleren en wat geld.

Eindelijk dook mijn man op. Hij had de Birma-spoorweg overleefd, maar was blind geworden. Heel die tijd dat wij in de Merdeka-kampen hadden gezeten, was hij in Singapore behandeld. Tegen de tijd dat hij ons vond kon hij weer zien. Na viereneenhalf jaar waren we weer allemaal bij elkaar.'

De laatste dagen...

TJIDENG – In augustus gaf een Japanse hoofdofficier de vrouwen bevel naar de poort te komen en maakte bekend dat de Amerikanen een 'laffe daad' hadden gepleegd. Ze hadden springstof in een van Japans vulkanen laten vallen. Dit had een ontploffing van zo'n grote omvang veroorzaakt dat duizenden mensen waren omgekomen. De Japanners hadden zich overgegeven en de oorlog was voorbij.

De vrouwen waren bang om deze buitengewone informatie te geloven. Ze dachten dat het weer zo'n Japanse truc was om hen naar buiten te lokken zodat ze wegens poging tot ontsnapping konden worden neergeschoten, maar toen Britse officieren met voedsel en mooi gebakken vers brood arriveerden, wisten ze dat hun bevrijding ophanden was. Toen functionarissen van het Rode Kruis lijsten van gevangenen en overlevenden kwamen maken en nieuws brachten over wat er met hun echtgenoten was gebeurd, was er zowel blijdschap als droefheid. Sommigen vernamen dat hun echtgenoot, zoon of broer aan de Birma-spoorweg of in de mijnen in Japan had gewerkt. Sommigen hadden het overleefd, velen niet.

Tenzij hun mannen hen zelf kwamen halen, werd er bij de vrouwen op aangedrongen dat ze in het kamp zouden blijven, omdat de Indonesische Onafhankelijkheidsbeweging actief was en de Hollanders opnieuw als vijand werden beschouwd. Er werden Sikhs en Goerkha's gestuurd om de vrouwen te beschermen en er werden feestjes en reünies georganiseerd om hun pasverworven vrijheid te vieren. Velen leerden in de eerste maanden na de bevrijding hun toekomstige echtgenoot kennen, en binnen een jaar werden in veilige en rustige omstandigheden vele baby's geboren. De wereld waarin de vrouwen waren opgegroeid zou echter nooit meer terugkomen. Er woei een harde wind van verandering in Indonesië en er verstreken nog vier gevaarlijke en moeilijke jaren voordat de rust op de geplaagde eilanden weerkeerde.

KAMPONG MAKASSAR – Fiep van As herinnert zich het einde van de oorlog, en haar teleurstelling.

> *Op 25 augustus maakte kampcommandant Tanaka bekend dat we meer rantsoen zouden krijgen. Het gonsde van de geruchten dat de oorlog afgelopen was. Op een avond keken we over het prikkeldraad en zagen we de Jappen, ingekwartierd in een groot Hollands huis, met*

hun allen zingen en op de tafels dansen. Tanaka hield om middernacht tenko en zei dat hij een belangrijke mededeling had, maar dat er niet mocht worden gejuicht of anderszins mocht worden gereageerd. De oorlog was voorbij. We voelden ons diep teleurgesteld. We huilden. We hadden gedacht dat de bevrijding heel anders zou zijn. We hadden gedacht dat troepen het kamp zouden binnenkomen en we bloemen naar hen zouden gooien en hen zouden kussen en zouden dansen. Maar er gebeurde niets van dien aard. Er gebeurde zelfs helemaal niets. De volgende twee maanden brachten we door met nietsdoen.

Lyde van Hennekeler lag in de ziekenzaal toen ze Indonesiërs langs de bedden hoorde lopen, terwijl ze fluisterden: '*Prang soedah habis* (de oorlog is voorbij).' Omdat ze opgezwollen was door beriberi, werd ze als een der eersten naar het ziekenhuis in Jakarta gebracht. De Hollandse artsen die haar onderzochten geloofden dat ze nog maar enkele dagen te leven zou hebben gehad, zo slecht was ze eraan toe.

Ik schommelde gewoon helemaal als ik zelfs maar probeerde in een stoel te gaan zitten. Toen mijn lichaam het overtollige vocht kwijtraakte, hing mijn vel los over mijn botten. Wat me deprimeerde was dat er nog elke nacht mensen stierven. Doordat mijn bed vlak bij de deur stond, werden hun lichamen met nog geen meter tussenruimte langs me gereden. Nu de oorlog voorbij was en ze al die jaren ellende hadden gehad, was het een hoogst deprimerende zaak om ze de wereld op zo'n moment te zien verlaten. In onze zaal lagen zeventig vrouwen, en de dokters maakten zich er zorgen over dat we ondanks alle medicijnen niet zo snel vooruitgingen als we zouden moeten. Iemand suggereerde dat het misschien kwam doordat we zo ver van onze kinderen waren, zodat degenen onder ons die kinderen hadden naar het Militair Hospitaal werden overgebracht en onze kinderen in het verpleegstersgebouw werden gehuisvest. Ik wist niet waar mijn man was, maar ik schreef hem een brief op toiletpapier en bond die dicht met uit een handdoek getrokken garen. In de hoop dat het me mee zou zitten, stuurde ik hem naar het Rode Kruis in Singapore. Hij kreeg hem twee dagen later, wat een wonder moet zijn geweest.

Ik ging geweldig vooruit en daarna kwam het fantastische nieuws. Ik kon naar Singapore worden overgebracht om mijn man te ontmoeten zodra ik kon lopen. Ik verzamelde al mijn wilskracht en spoedig waren we allemaal op weg naar de grote hereniging. Ik had nog een blouse en rok, maar geen van ons had schoenen. De zusters bemachtigden een paar sandalen voor me, in ruil voor een katoenen overhemd dat ik had gekregen, en twee paar sandalen voor de kinderen. Na vijf maanden bedlegerig te zijn geweest, moest ik weer helemaal opnieuw leren lopen.

Op 25 oktober vlogen we naar Singapore, naar het Seaview Kallang Hotel, waar Frank ons stond op te wachten. Ook Corrie Vonk was in het Seaview, wachtend om zich bij haar echtgenoot Wim Kan in Bangkok te voegen, en droeg aan de vrolijkheid van de herenigingen bij door een paar voorstellingen te geven.

Maas, de verloofde van Zus Keuchenius, overleefde de oorlog en kwam in oktober 1945 naar Makassar om haar te zoeken. Ze waren van plan samen terug te gaan naar Bandoeng en namen met tien andere stellen op hun gemak plaats in de trein. Omdat het vanwege de revolutionaire situatie de laatste was die vertrok, weigerden de autoriteiten plotseling de mannen te vervoeren en moesten ze terug naar het perron. Het was hartverscheurend voor de jonge geliefden en voor de echtgenoten, maar een week later werden ze naar Bandoeng gevlogen en voegden ze zich weer bij hun dierbaren. Zus en Maas trouwden op de laatste dag van 1945.

Na in Iran voor de Verenigde Naties te hebben gewerkt, keerden ze terug naar Indonesië, maar ze besloten naar Australië te gaan toen de Hollanders het land moesten verlaten en kwamen in maart 1958 in Sydney aan. Ze hadden al drie zoons en de vierde werd in Australië geboren. Sindsdien woont Zus met haar gezin in Australië.

Heidi Hlawatsch had rugletsel en werd naar een hotel in Jakarta-centrum gebracht, dat als hospitaal werd gebruikt. Toen ze daar lag, kreeg ze een boodschap van haar man in Bandoeng: 'Gelukkig met Lunik.'

Ze begreep het cryptische briefje. Haar man leefde nog en had hun beide zoons Lutz en Nick bij zich. Binnen drie maanden na de capitulatie waren Heidi en haar gezin op weg naar Sydney om aan het einde van de Tweede Wereldoorlog als enkelen der eerste immigranten Australië te betreden.

Tenzij geïnterneerden officieel toestemming hadden om kampong Makassar te verlaten, moesten ze in het kamp blijven om beschermd te zijn tegen het Indonesische Republikeinse Leger. Nieuws over zoons, broers en echtgenoten die gewond, gesneuveld of anderszins overleden waren werd, wanneer het binnenkwam, bij stukjes en beetjes aan geïnterneerden verteld. Een op de drie vrouwen zag haar geliefde nooit meer. Oorlogsverslaggevers werden in het kamp toegelaten en registreerden de omstandigheden – in woord en beeld. Ten slotte werden alle vrouwen en kinderen overgebracht naar Jakarta, Bandoeng en andere steden, of naar landen overzee. Op 29 oktober werden de laatste vijf mensen geëvacueerd en werd het kamp gesloten. Het Verbluffende Kamp, zoals het door Ko Luijcky, geïnterneerde en schrijver van het boek met die titel werd genoemd, was niet meer.

BANJOE BIROE – De eerste bevrijders die Banjoe Biroe bereikten waren de Sikhs, kort daarna gevolgd door de Goerkha's. Zoals in veel andere kampen, kwam het grote gevaar nu van de vrijheidsstrijders, die vastbesloten waren de kampen binnen te dringen en de Hollandse vrouwen en kinderen te doden. Ze installeerden overal rondom het kamp mortieren en slaagden er na wat missers in het begin uiteindelijk in om bommen in het centrum te laten neerkomen. De Goerkha's kwamen in met matrassen beklede trucks en brachten de vrouwen naar Ambarawa en ten slotte naar Semarang, terwijl ze naast de trucks liepen, voortdurend slag leverden en aanvallen van de Merdekers afsloegen.

In Semarang werden ze gehuisvest in een andere gevangenis, die aan één kant in brand stond als gevolg van een aanval van oproerlingen. Het Rode Kruis kwam hen te hulp en verstrekte ook informatie over familieleden. Toen Ank Berg-van Vliet te horen kreeg dat haar man dood was, stemde ze ermee in om voor het Rode Kruis te werken tot ze naar Ceylon kon worden gestuurd om op verhaal te komen. Toen ze op het punt stond te vertrekken, kwam er een telegram aan waarin stond dat haar echtgenoot levend en wel in Manila was. Het was eindelijk weer eens een vrolijke dag na al die jaren van duisternis, en ze ging met haar kind naar Jakarta om zijn repatriëring af te wachten.

Jakarta was zó in beroering dat ze geen enkele bekende kon vinden om bij te logeren, zodat het Rode Kruis haar in het kolossale, leegstaande Paleis van Justitie onderbracht. Toen er een bataljon soldaten introk, moest ze opnieuw verhuizen en liep ze naar Tjideng in de hoop er iemand te vinden die ze kende. Het geluk was met haar. In Laan Trivelli kwam ze een oude Euraziatische vriendin tegen.

> *Het was tante Ellie, die ze niet hadden geïnterneerd. Ze nam ons in huis en bracht ons weer bij hoe we ons netjes moesten gedragen en netjes moesten eten – zonder het eten met onze vingers in de mond te stoppen zoals we in de voorafgaande jaren hadden gedaan. Ze leerde ons hoe we weer normaal moesten zijn. Toevertrouwd aan haar zorg ontspanden we ons geleidelijk en wachtten we rustig de komst van mijn man en onze terugkeer naar gelukkiger tijden af.*

AMBARAWA – Op 15 augustus 1945 werkte Wilma Ebbers met haar zus in de keuken, toen er een Japanse bewaker binnenkwam en hun heel terloops vertelde dat de oorlog voorbij was. Hij zei dat er wat voedsel naar het kamp zou worden gebracht, niet met door de vrouwen getrokken zware karren, maar met vrachtwagens! Het was niet te geloven. Ze kregen te horen dat ze het kamp mochten verlaten als ze wilden, maar veel mensen meenden dat het een truc was en vermoedden dat ze in de rug zouden worden geschoten als ze de poort uit liepen. Toen Britse soldaten met een vrachtwagen vol voedsel arriveerden, geloofden ze echt dat de oorlog afgelopen was.

De Britten bleven niet, maar lieten het kamp onder bescherming van de Japanners achter! Het had ook bescherming nodig – de Indonesische vrijheidsstrijders waren overal, erop gebrand elke Hollander, ongeacht leeftijd of sekse, aan te vallen. De Japanse soldaten, die zeer gedisciplineerd waren, volgden deze nieuwe bevelen letterlijk op. De vrouwen werd verzocht in de kampen te blijven tot regelingen konden worden getroffen voor hun vertrek en hereniging met hun manvolk. Wilma herinnert zich:

> *We waren vrij! Vrij! Het was een heerlijk gevoel. Inheemse Indonesiërs kwamen het kamp binnen en brachten ons voedsel, cadeautjes, cake en snoep. Elke dag kwamen er vliegtuigen over die Rode-Kruispakketten afwierpen. Deze keer kregen we het echt. We liepen buiten het kamp en het was alsof we in het paradijs rondliepen. We deden boodschappen. We gingen op visite bij vrienden in nabijgelegen kampen, mensen die we vóór de oorlog hadden gekend. Sommige vrouwen die hun manvolk hadden gevonden gingen weg, maar anderen, zoals ik, die geen man hadden, bleven.*
>
> *Een vrouw werd achter in een koeliehuisje ondergebracht, maar vrouwen die de voorkant toegewezen kregen, hadden ook een veranda. Haar zoontje zei: 'Mam, als we weer naar een ander kamp moeten, vraag er dan een met een veranda.' Naar een ander kamp! Dat was alles wat hij kende – kampleven. Hij was pas zes.*

De kampkinderen hadden drieëneenhalf jaar alleen vrouwen en kinderen en foto's van hun vader gezien. Toen ze ten slotte werden herenigd, zeiden ze: 'Kijk! Deze papa's hebben benen!' Wilma herinnert zich het voorval:

> *Ik lag in het ziekenhuis toen de oorlog voorbij was en de kinderen kwamen binnen rennen met de woorden: 'De papa's komen eraan! De papa's komen eraan!' Ik vroeg hun hoe ze wisten dat het de papa's waren en ze zeiden dat het kwam omdat ze haar op hun benen hadden. Ze zagen de Jappen niet als mannen.*
>
> *Toen waren we ineens weer gevangengenomen, ditmaal door de Indonesiërs. Jongens van veertien jaar en jonger kwamen in hun revolutionaire uniform het kamp in en bewaakten ons. Ze waren erg fanatiek. De Japanners hadden geen wapens en de Britse Goerkha's, die toen de enigen waren die geweren hadden, probeerden ons eruit te krijgen, maar het was onmogelijk door de zwaarbewapende Merdekatroepen. Ten slotte werd ons duidelijk wat oorlog nu eigenlijk was. We brachten onze dagen en nachten onder ons bed door, terwijl vliegtuigen overkwamen, kanonnen over ons heen schoten, lichte toestellen zoals Spitfires duikvluchten maakten en met hun lading geweldige branden veroorzaakten, en mortier- en kanonvuur ons dag en nacht wakker hield. Dit was echt de hel! Bommen vielen rondom en in ons kamp, overal waren gaten geslagen en veel mensen verloren hun leven. Waarom hadden ze al die vreselijke jaren overleefd, nu op het laatst de dood hen wachtte?*

De Amerikaanse legerleiding droeg het opnieuw innemen van Indonesië op 24 augustus 1945 over aan de Britten. De Britten adviseerden de eerste geallieerde landingen niet door Hollandse troepen te laten uitvoeren, omdat Indonesische vijandigheid de evacuatie van krijgsgevangenen in gevaar zou kunnen brengen. De Hollanders geloofden stilzwijgend dat de nationalisten slechts een kleine groep ontevreden intellectuelen waren, en dat de meerderheid der Indonesiërs Hollandse bescherming nodig had en wenste. Ze waren bitter verontwaardigd over het Britse gezag na de Japanse capitulatie. Omdat de Hollanders in Australië geen transportmiddelen hadden, waren ze niet in staat aan de eerste landingen deel te nemen. De havenwerkers in Australië, die de Indonesische onafhankelijkheid steunden, boycotten werk aan Hollandse schepen en immobiliseerden Hollandse strijdkrachten in Australië.

Bij kamp 9/II zaten veel sluipschutters in de bomen, en op 22 november deed het Indonesische Revolutionaire Leger een verrassingsaanval op het kamp en gaf alle vrouwen en kinderen bevel naar het plein te gaan. Lukraak schietend, doodden ze dertien mensen en velen raakten gewond, onder wie Wilma, die twee kogels in het onderbeen en granaatscherven in het bovenbeen kreeg. De oproerlingen gooiden de volgende dag handgranaten in kamp 6, en op 28 november nog eens, waardoor vijf kinderen en twee volwassenen omkwamen.

De zevenjarige Martin Coopmans zag met eigen ogen hoe zijn moeder en zusje van vier werden doodgeschoten. Zijn twee oudere zussen pakten hem beet, renden via de achterkant van de gebouwen naar buiten, sprongen in een rioolgreppel en hielden zich dood. Ze hielden zich schuil tot een groep Goerkha's arriveerde en hen redde.

Omdat hun vader dood werd gewaand, werden de overlevende kinderen Coopmans door het Rode Kruis als wezen geclassificeerd en naar Amsterdam overgebracht. Martin werd naar een klooster gestuurd, waar nonnen voor hem zouden zorgen. Hij verloor het licht in een van zijn ogen door de schietpartij en groeide, in zijn ontwikkeling belemmerd door de ziekten die hij als kind had gehad, nooit tot de normale lengte uit.

Hun vader had de Birma-spoorweg echter overleefd en had te horen gekregen dat zijn hele gezin was omgebracht. Na zijn bevrijding ging hij opnieuw bij de marine, en enkele jaren later praatte hij met een vriendin over zijn gezin dat hij had verloren. Haar zus was non in het klooster waar Martin heen was gestuurd.

'Ik heb een verrassing voor je,' zei ze en ging met hem naar het klooster, waar hij zijn verloren zoon terugvond en het verhaal van de dood van zijn vrouw en kleine dochtertje hoorde.

De Ambonezen waren niet populair bij de revolutionairen, die hen als verraders van het onafhankelijkheidsideaal beschouwden. Yo-Yo herinnert zich dat ze vreselijk gegil hoorde in een door Ambonezen bewoond huis tegenover de poort van het kamp. Toen de overvallers waren vertrokken, stak ze over en zag ze dat het hele gezin was vermoord – aan stukken gehakt en in een put gesmeten. Temidden van dit bloedbad vonden ze een baby die nog leefde. Het kindje werd naar het ziekenhuis gebracht, waar zijn snijwonden werden behandeld, en overleefde de beproeving.

Veel gezinnen namen het gevaar van de rebellen voor lief en gingen liever op eigen houtje terug naar hun huis in verschillende delen van Java dan met deze levensbedreigende situatie te worden geconfronteerd. Kort na de aanvallen werden degenen die zich nog in het kamp bevonden door Goerkha's naar Semarang geëvacueerd. Het was een angstaanjagende reis; ze moesten vele malen van de trucks springen om aan de kant van de weg beschutting te zoeken. De revolutionairen bestookten de trucks onophoudelijk met mortiervuur en handgranaten, en vele mensen kwamen om op deze tocht, na drie jaar Japanse kampen te hebben overleefd.

Betty M., een gediplomeerde verpleegster, behoorde tot de eerste groep gevangenen die uit het kamp vertrok, en ging werken in een ziekenhuis in Magelang, waar ze vóór de oorlog had gewoond. Ze nam vrijwillig dienst, denkend dat het de beste manier zou zijn om haar man te vinden. Ze kwam erachter dat hij naar Changi was overgebracht en daarna naar Japan om in een fabriek te werken. Ze wist niet of hij leefde of dood was. Het ziekenhuis was echter geen veilige plek. De revolutionairen ontdekten al snel dat er Hollandse vrouwen en kinderen waren, en begonnen met verkennende aanvallen om te zien of er weerstand zou worden geboden. Er vloog een Japans vliegtuig over het ziekenhuis en Betty en de verpleegsters schreven met grote letters een boodschap op een cementen pad: 'Red ons, alstublieft! De Indonesiërs willen ons doodschieten.' Die dag verschenen er Japanse transportmiddelen en werden de vrouwen en kinderen allemaal naar Semarang gebracht. Gered door hun vroegere vijanden!

Mijn man werd door de Amerikanen bevrijd en teruggevlogen naar Indonesië om met zijn gezin te worden herenigd. Mijn kleine kinderen, nu vier en zes jaar, hadden geen idee wat een gezinseenheid was, omdat ze hun hele leven in een kamp hadden gewoond. Toen de oudste zijn papa opeiste, vroeg de kleine: 'Wanneer krijg ik mijn kleine papa?'

Marie Hoogenboom had in Ambarawa 6 en later in Ambarawa 8 gezeten. Het was een van de sterke meisjes die zwaar werk moesten doen. Vele maanden lang moest ze samen met anderen rotsblokken dragen om mitrailleurnesten voor de Japanners te bouwen. Toen de oorlog voorbij was, werd ze met haar moeder naar Semarang gebracht en op een Brits vliegdekschip gezet – een verbazende ervaring voor iedereen. Ze werden in het ruim neergelaten met de gigantische lift die werd gebruikt om vliegtuigen naar boven en naar beneden te brengen. Ze waren allemaal in sterk verzwakte conditie en niet bepaald schoon, zodat de marine besloot dat ze een goede schrobbeurt nodig hadden. Een ziekenbroeder zei tegen Marie dat hij haar een bad wilde geven, maar ze geneerde zich zo dat ze weigerde en het zelf deed. Omdat ze door malaria zwak en erg ziek was, werd ze voor onderzoek naar een dokter gebracht, die zei dat ze een lekker, pittig drankje nodig had. Ze gaven haar een glas brandewijn, dat ze versuft naar binnen werkte, om vervolgens om een tweede met meer suiker te vragen. De officieren vonden het een geweldige mop dat ze het verschil tussen thee en brandewijn niet proefde, maar de borrels hielpen de malaria om zeep.

Het vliegdekschip bracht de vluchtelingen naar Ceylon, waar ze in Colombo aan land werden gezet en per trein naar Kandy in de bergen werden vervoerd. Ze werden in een seminarie ondergebracht om uit te rusten en er weer bovenop te komen, en bleven er de daaropvolgende negen maanden. Marie zegt dat het er allemaal erg mooi was en dat het seminarie niet ver lag van Lord Mountbattens eigen vakantiehuis, dat een bijzonder adembenemend oord was.

Op 22 november kreeg Betty Berghuis een brief van haar man in Thailand. Hij schreef: 'Het is zo geweldig dat we allemaal nog leven en dat we op een dag weer bij elkaar zullen zijn.'

> *Diezelfde dag, de achtste verjaardag van ons dochtertje, hadden we al zó in de misère gezeten dat ik er niet meer zo zeker van was. We hadden allemaal zo goed als geen verwachtingen en dromen meer.*
>
> *Deze vreselijke situatie duurde tot 6 december 1945. Er kwam een einde aan onze angsten toen we de grote trucks vol Goerkha's ons kamp binnen zagen rijden. Tussen zware beschietingen door legden we de matrassen en de stukjes en beetjes die we hadden bewaard bij de kinderen in de trucks, en daar gingen we, zonder ook maar één keer om te kijken naar de plek waar we drie jaar hadden gewoond. Na een afschuwelijke reis, waarin we vele malen uit de trucks moesten springen en aan de kant van de weg een schuilplaats moesten zoeken, arriveerden we in Semarang. We werden opnieuw in een kamp gehuisvest, maar wel een totaal ander kamp. We hoefden alleen maar te zitten en te eten en te slapen en voor de rest werd gezorgd. We moesten op formulieren invullen waar we heen wilden. Het was net als vroeger – op reis gaan en alle voorbereidingen treffen.*
>
> *Het idee om zonder vader naar Holland te gaan stond ons niet aan en het leek niet eerlijk om hem achter te laten. Toen we een mooi Australisch pakje met breinaalden en een heleboel huiselijke verrassingen kregen, besloten we dat Australië een fijne plek zou zijn om ons weer te vestigen. Het lag niet ver van Java of Thailand en we konden daar op de komst van onze 'Man' wachten. Onze kleine jongen bleef maar op elke nieuwe man die hij zag af stappen met de vraag: 'Bent u onze Man?'*
>
> *We hoorden dat de grote steden op Java niet zo gezond waren en dat*

Betty Berghuis en haar gezin waren tegen 1947, toen deze foto werd gemaakt, naar Holland gerepatrieerd, maar verhuisden later naar Australië.

iedereen er op iedereen schoot. Toen vond plotseling de verandering plaats waar we op hadden gewacht. Er was een schip dat rechtstreeks naar Thailand voer. Of er soms vrouwen waren die daarheen wilden? We veranderden onze plannen, vulden opnieuw formulieren in en gingen zitten wachten. Het enige dat we bezaten waren de kleren die we droegen, het enige dat we hoefden te doen was op de kinderen letten. We zorgden dat er altijd schone kleren voor de kinderen waren, door ze elke avond te wassen zodat ze klaar lagen.

We hadden de pech dat die ene dag waarop we dit niet deden de dag was dat het schip kwam, maar het deed er niet toe. Ik ging met groezelige kinderen aan boord en omdat we tot de laatsten behoorden, mochten we aan dek slapen. Degenen die als eersten aan boord waren gestormd, werden diep benedendeks gestuurd. Zoals mijn vriendin zei: 'Zij die geloven, haasten niet.' We hadden alle vertrouwen dat we het geluk tegemoet gingen en ons niet hoefden te haasten.

Betty en haar kinderen werden uiteindelijk naar Bangkok gebracht om op hereniging met haar man, die aan de Birma-spoorweg had gewerkt, te wachten. De kinderen stelden constant vragen over 'onze Man'. Hoe zag hij eruit? Moesten ze hem gaan zoeken? Wanneer kwam hij? Het hotel in Bangkok was net sprookjesland voor hen, met tapijten om op te lopen, schoenen en sokken om te dragen, liften, toiletten en lichten die aan en uitgingen.

Ze verhuisden naar een kamp in Nakorn Paton en Kerstmis 1945 kwam en ging zonder hereniging. Het was er heet en ongerieflijk en nog altijd geen papa. Op een dag kwamen er een paar vrachtauto's aanrijden, waaruit enkele mannen sprongen.

> *Mijn magere zoontje stelde zijn gebruikelijke vraag, 'Is dat onze Man, mam?', toen een man naar ons toe rende en ons allemaal in zijn armen sloot. Ik herkende hem niet meteen en het was ons kleine meisje dat het eerst wist dat dit haar eigen, echte papa was. Toen we elkaar aankeken, was het alsof alle jaren van teleurstelling en lijden wegvielen. We hadden het overleefd en waren eindelijk bij elkaar.*

LAMPERSARIE – Bien van Kammen herinnert zich het einde van de oorlog. 'De commandant kwam naar buiten en vertelde ons dat de oorlog voorbij was. Hij zei dat het hem speet dat Japan had verloren, maar dat het alleen een kwestie van tijd was. Ze zouden in Indonesië en Australië en in alle veroverde gebieden terugkeren, en uiteindelijk zouden ze allemaal weer tot Japan behoren.'

Een paar dagen later vlogen er vliegtuigen over, die pamfletten afwierpen waarop stond dat de oorlog voorbij was. Het was allemaal te veel om te geloven en de vrouwen wachtten gewoon onverschillig af, zich afvragend of het weer een truc was. Sikhs en Goerkha's arriveerden om hen te beschermen, zeggend dat het te gevaarlijk voor hen was om het kamp te verlaten. Op een nacht werd het kamp door Indonesiërs aangevallen en vlogen de kogels over straat. Iedereen was doodsbang. Ze hadden van recente bloedbaden in Halmahera en Ambarawa gehoord. De soldaten die hen kwamen redden waren met weinigen en niet opgewassen tegen de Indonesiërs. Het was een erg zorgwekkende tijd, tot er ineens een geweldig tumult was en een grote macht gewapende Japanners arriveerde die de aanvallers snel op de vlucht joeg! Joeke van Vlaardingen herinnert zich een bijzonder dappere Japanse soldaat die, slechts gewapend met een pistool en zijn zwaard, naar voren liep om de bende het hoofd te bieden.

De volgende verrassing was de komst van 'De Mannen' – blanke mannen. Sommigen van de vrouwen geneerden zich, omdat ze geen nette kleren hadden om te dragen en geen deuren om zich achter te verkleden toen de mannen door het kamp liepen en door ramen keken om hun vrouw en kinderen te vinden. Daar kwam nog de vreselijke verleiding bij om uitgehongerd aan te vallen op het voedsel dat nu arriveerde. Degenen die dat deden werden vreselijk misselijk en sommigen stierven zelfs. Het duurde vele maanden voordat hun lichaam leerde om met normale hoeveelheden voedsel overweg te kunnen.

De zus van Sylvia Kampman praat helemaal niet over haar kampervaringen. Ze is alcoholiste en heeft nooit enige hulp gehad. Hoewel Sylvia zelf uit het kamp is gekomen met beriberi en slechte ogen, en zonder tanden, heeft ze een normaal leven kunnen leiden. Ze was bereid van Sydney naar Queensland te komen om over haar ervaringen te praten. Zoveel mogelijk praten is haar therapie geweest.

Ondanks de algehele ontwrichting van persoonlijke relaties die zich in dit zeer moeilijke kamp voordeed, is een grote kameraadschap blijven bestaan, en werd in oktober 1990 in Holland een reünie gehouden en een krant gepubliceerd met bijzonderheden over andere reünies en foto's van verleden en heden in Lampersarie.

Zoals verscheidenen van de vrouwen opmerkten: 'Degenen onder ons die het overleefden hebben er waarschijnlijk veel baat bij gehad. De meesten van ons leidden een erg verwend leven in het Indië van vóór de oorlog, en ik denk dat de kampen ons een nieuw perspectief hebben gegeven. We leerden dat klassegrenzen gewoon gekunsteld zijn en begonnen veel meer waarde te hechten aan de dagelijkse dingen in het leven, zoals eten, een dak boven het hoofd en de liefde van familie en vrienden.'

Op 27 augustus 1945 behoorden N. en haar moeder, die met al haar zeven kinderen in Lampersarie had gezeten, tot de eersten die werden vrijgelaten, omdat ze niet zuiver Europees waren. Terwijl ze niet goed wisten waar ze heen moesten, hadden ze het geluk te worden opgenomen door een Chinees gezin, dat ervoor zorgde dat ze in een school konden trekken die lager op de heuvel bij hun oude kamp lag. De Chinezen gaven hun heerlijk eten en de moeder waarschuwde de kinderen niet te snel en te veel te eten, omdat ze anders misselijk zouden worden. Geen van hen sloeg acht op de waarschuwing en ze werden dus erg misselijk.

*Pemoeda*bendes begonnen hen lastig te vallen en probeerden de school binnen te dringen om hen te doden, zodat de moeder besloot dat het tijd was om te vertrekken en op weg te gaan naar hun huis op Oost-Java. Ze speldde alle kinderen hun naam en adres op voor het geval ze zoek zouden raken, en ze begonnen aan de lange, gevaarlijke reis. Het zat hun mee en ten slotte arriveerden ze weer in Lawang. Hun oude bedienden waren er nog, maar hun huis was nu bewoond door een Chinees gezin, zodat ze in een ander deel van de stad huisvesting moesten zoeken.

Ook N.'s vader vond zijn weg terug naar Lawang, maar het duurde niet lang voordat de revolutionairen in groten getale verschenen en hen arresteerden, waarna ze opnieuw in een gevangenkamp werden opgesloten. Hun tweede gevangenschap duurde veertien maanden.

'Ik ben in Indonesië geboren en daar opgegroeid. Het was mijn land. We droegen het Indonesische volk geen wrok toe. Er was nooit sprake

van discriminatie tegen hen. We voelden ons verraden. De plaatselijke politieagenten waren allemaal jongens met wie we waren opgegroeid.

Uiteindelijk zaten we met 700 personen in dit kamp, Lawang Sari. Vader en de andere mannen werden in kamp Oranje School ondergebracht. Het was allemaal heel anders dan gevangene zijn van de Jappen. Op de eerste plaats moesten we op ons eigen eten uit. Geld was schaars, maar moeder herinnerde zich dat ze in 1942 wat sieraden in de goot van ons oude huis had verstopt, en ik ging dus naar de kampcommandant, die bij me op school had gezeten. Ik vertelde hem wat ik van plan was en hij liet me in de zijspan van zijn motor stappen en reed naar het huis, waar ik de sieraden terugvond. Door ze te verkopen konden we eten kopen.

In een poging geld te verdienen, gaven mijn zus en ik voor 25 cent per les dansles. We hadden een oude grammofoon met een kapotte veer, zodat een van de jongere kinderen er bij moest staan om de plaat elke keer dat die stopte met de vinger aan te duwen. We vertelden mensen dat ze goed moesten leren dansen om klaar te zijn voor de Amerikanen, wanneer die kwamen. Er zouden bals en feesten plaatsvinden, zeiden we. We zetten ook alle boeken die we konden vinden klaar om ze, in wat we een bibliotheek noemden, te verkopen en uit te lenen.

We vormden ook een begrafenisploeg. Er waren geen vrachtauto's om de lichamen af te voeren, en dus fabriceerden we een platform op wielen dat we naar het kerkhof trokken. Familie van de doden gaf ons er voedsel voor.

Een andere taak was oude kleren en stof ruilen voor voedsel. Mijn moeder had een kudde geiten, zodat ze die welke geen melk gaven één voor één slachtte om ons te eten te geven, en de geiten ook molk en de melk verkocht. Wanneer we bij elkaar zaten, moedigde ze ons altijd aan om over de leuke dingen te praten, niet bij de slechte stil te staan.

N. herinnerde zich:

Net als vele anderen prostitueerde ik me om aan eten voor de kinderen te komen. Ik bedoel niet echte prostitutie met vreemden op straat, maar met één man. Ik kende hem vanaf mijn kinderjaren, omdat hij een van onze tuinlieden was. Hij was nu een tamelijk rijk man. Hij zei dat het fijn zou zijn als hij me mocht main soesoe. *Hij bedoelde met mijn borsten spelen en ik liet het hem doen. Ik ben er nog altijd ontzet over. Zijn handen waren erg vuil. Al is het nooit gebeurd, ik wist dat, als hij gemeenschap had gewild, ik ermee akkoord zou zijn gegaan. Ik liet hem vier keer* main soesoe *en kreeg vijf* katies rijst. *Vrouwen zoals ik, die zich hebben geprostitueerd, hebben nu de grootste problemen.*

Ten slotte werd het gezin uitgewisseld tegen enkele Indonesische gevangenen en reisde het per trein van Lawang naar Solo. Vandaar werden ze naar Jakarta overgevlogen. N. werd in die tijd gedeeltelijk blind door gebrek aan vitaminen. Alles wat zich verder dan vijftien centimeter van haar af bevond was vaag. Op school leek ze scheel te kijken en kon ze het schoolbord niet zien, maar uiteindelijk werd haar gezichtsvermogen door beter voedsel en vitamineninjecties weer normaal.

Toen ze weer in Holland aankwamen, was de ontvangst vreselijk. De dokwerkers zeiden hun terug te gaan naar waar ze vandaan kwamen en noemden hen 'broedermoordenaars'. Het waren communistische vakbondsleden die niets begrepen van wat dit arme, geplaagde gezin had doorgemaakt. Mensen van gemengd ras waren niet populair en werden *katjang katjang* (pinda's) of halfbloeden genoemd. Hun vader was in Indië zelf vakbondslid geweest en had de grieven van de arbeiders ter harte genomen, en hij vond deze Europese houding bijzonder schokkend. Hij probeerde de weg naar meer begrip te wijzen en werd adviseur van het Indonesisch Instituut, dat de Nederlandse regering raad gaf over Indonesische aangelegenheden, maar hij overleed voordat zijn werk vrucht afwierp.

> *Mijn zus doet niet aan Kerstmis, Pasen of verjaardagen. Ze zegt dat het komt doordat ze bang is dat de mensen om wie het gaat zullen sterven en de pijn van het terugdenken aan hun verjaardag ondraaglijk zal zijn. Mijn zusjes herinneren zich hun vader niet. Ze beschouwen ons, de ouderen, als hun ouders. Ik voelde me nooit gelukkig in Holland en ben in Australië komen wonen. Ik heb Indonesië vele malen bezocht en koester geen wrok. Alleen tegen de Japanners.'*

HALMAHERA – Toen het eerste geallieerde vliegtuig over Halmahera vloog, wuifden de vrouwen beschroomd, bang dat ze zouden worden gestraft, maar tot hun verbazing gebeurde er niets. Toen er meer vliegtuigen overkwamen, vatten ze moed en gingen naar het bureau van de commandant om te vragen wat er aan de hand was. Ze kregen te horen dat ze konden geloven wat ze wilden en stormden terug naar hun huizen om aan een wilde zoektocht naar voedsel te beginnen. Niets was belangrijker dan voedsel. Er werden grote kampvuren van bedden en palen gemaakt. Kleren werden buiten de poort geruild voor vlees en eieren. Alle orde was nu zoek.

Rita S. zegt:

> *In augustus ging overal in het kamp het gerucht dat de oorlog afgelopen was, maar ik was er erg sceptisch over. Ik dacht dat het de zoveelste Japanse truc was. Toen riep onze kampcommandant, een goede vrouw, ons allemaal bijeen en zei dat Tenno Heika had gezegd dat de oorlog voorbij was. We gingen met zo'n 400 personen naar een straat*

in de buurt waar een paar nonnen woonden, en ze hesen de Nederlandse vlag en we zongen het Wilhelmus.

Nu het Japanse gezag er niet meer was, werd de toestand in het kamp chaotisch. Niemand bekommerde zich om het schoonmaken van de toiletten of putten en mensen bereidden hun eigen eten op vuren overal in het kamp. Veel mensen raakten vergiftigd doordat ze ineens te veel eiwitten binnenkregen, met als gevolg vreselijke constipatie of diarree. De mannen kwamen uit hun kampen om te proberen hun gezin te vinden, en waren ontzet over de toestand waarin de vrouwen verkeerden.

Rita, die ongeveer 65 kilo had gewogen, woog nog maar 35 toen ze uit het kamp kwam.

Ik was gewoon vel over been. De eerste Europeanen die we zagen waren twee Australiërs die het kamp binnenliepen. Wat het meest aan hen opviel was de helderheid van hun ogen. We merkten het allemaal op. Onze ogen waren net dode dingen.

Al was de oorlog voorbij, we vochten nog als beesten om voedsel dat we te pakken konden krijgen te beschermen. Ik slaagde erin een stuk vlees van een marktvrouw te krijgen, in ruil voor wat kleren, en ik moest vechten om het te houden. Vrouwen gebruikten de vreselijkste taal tegen me. Ik braadde het in de keuken in wat olie die ik van de Jappen kreeg en mijn moeder at het helemaal op. De volgende dag zag ik een gat in de schutting en hield ik er een korte broek voor. Een hand pakte die en duwde een kip naar binnen. Ik hakte met een bijl haar kop af, plukte en kookte haar, iets wat ik mijn hele leven nog niet had gedaan.

De moeder van Maria Boeren-Lambert had haar sieraden aan een Indonesische vriendin in bewaring gegeven, toen ze voor het eerst naar een kamp moest, en stuurde Maria er nu op uit om te zien of ze die terug kon krijgen.

Waarachtig, de vriendin had de sieraden goed bewaard en moedigde me aan, na ze te hebben overhandigd, om te blijven slapen voordat ik terug zou gaan naar het kamp. Ik weigerde en zei dat ik snel terug wilde naar mijn moeder. Het was een fortuinlijke beslissing, omdat de Pemoeda *(Jeugdbrigade) het Indonesische huis die nacht binnendrong, nadat ze achter hun relatie met en sympathie voor de Hollanders was gekomen. Het huis werd geplunderd en al onze vrienden werden gedood.*

Het was een erg gevaarlijke tijd, en het was nu binnen de kampen veiliger dan erbuiten. Niettemin, en hoewel het hun werd afgeraden, besloten veel mensen het kamp te verlaten en te proberen hun weg naar huis te vinden.

Ook Annekes familie deed dit en zocht haar toevlucht in het huis van enkele oude Indonesische vrienden, na liftend met vrachtauto's en paard-en-wagen Malang te hebben bereikt. De man was advocaat en zijn vrouw was Hollandse.

Dit gezin had helaas de pech dat hun zoon zich bij de *Pemoeda* had aangesloten en fel anti-Hollands was. Deze jonge mannen, die verscheidene jaren door de Japanners waren getraind, waren vervuld van revolutionair vuur en dreigden de aangekomenen te doden. Terwijl hun gastheer het terrein van het huis met een geladen geweer verdedigde, barricadeerden de gezinsleden zich met matrassen tegen ramen en deuren in een slaapkamer. Omdat ze geen hoop hadden daar te kunnen blijven, gaven ze zich over, waarna ze samen met andere vluchtelingen in een kamp van de Indonesische revolutionairen werden opgesloten. Ze hadden geluk dat ze tijdig uit Halmahera waren vertrokken. Vlak nadat ze waren weggegaan, viel de *Pemoeda* het kamp binnen en werden veel mensen omgebracht. Halmahera was volledig onbeschermd tot de Goerkha's kwamen en de aanvallers verdreven.

Het Indonesische kamp in Malang werd ten slotte bevrijd en Anneke en haar familie werden per trein naar Jakarta gebracht. Het was een angstaanjagende reis door revolutionair gebied, waarbij ze elke keer dat de trein stopte muisstil moesten zijn voor het geval hun aanwezigheid zou worden ontdekt. Bij verschillende gelegenheden hoorden ze de revolutionaire groepen op het perron twisten over de vraag of de trein mocht vertrekken. Ze kwamen er veilig door, maar de twee treinen die volgden vielen in een hinderlaag en werden in brand gestoken. Alle passagiers werden vermoord. In Jakarta, dat nog in Hollandse handen was, werden ze luidruchtig ontvangen – fanfares en koele drankjes. Een onvergetelijk moment voor vrouwen die over een periode van meer dan vier jaar tweemaal door vijandige troepen gevangen waren genomen.

Jakarta was een eindeloze reeks herenigingen en feestjes van familie en geliefden die elkaar ontmoetten. Riante huizen werden gevorderd en snel woekerwinsten maken met oorlogsbuit kwam algemeen voor. Na maanden van vrolijkheid ontmoette Anneke ten slotte haar echtgenoot, die in Thailand gevangen had gezeten. De Britten hadden hun eigen redenen om repatriëring van Hollandse krijgsgevangenen pas vele maanden na afloop van de oorlog toe te staan, wat aanleiding gaf tot veel hartzeer bij de vrouwen en kinderen die in Jakarta op hen wachtten. Rita S. herinnert het zich levendig.

Alvorens terug te keren naar Soerabaja, werd onze groep door een Australische dokter onderzocht, en als ik hem ooit terugzie is hij er geweest, zoals ze zeggen. Hij liet ons al onze kleren uittrekken op beha en broekje na, wat in die tijd bijzonder gênant was, waarna hij ons voor en achter besproeide met een chemische stof uit een blik muskietenspray. Hij zei dat we gedesinfecteerd moesten worden voordat we in de trein stapten. Veel vrouwen klaagden over een brandend gevoel, vooral onder hun borsten, en tegen de tijd dat we weer in Darmo, Soerabaja, waren, zaten we allemaal onder de vochtige blaren. Wat een onverschillige dokter!

Niet lang na hun aankomst in Soerabaja braken er gevechten uit tussen de Merdeka-beweging en de jonge, door Japanners getrainde, *bamboe roensing* of speerdragers. Toen de toestand erger werd, bezetten de Engelsen het nabijgelegen ziekenhuis van Darmo.

Er was een gang met een brandtrap tussen onze verblijfplaats en de ziekenhuistuin. Het Rode Kruis werd naar het centrum van de stad overgebracht en wij vrouwen en kinderen bleven onbeschermd achter. Sommigen van de Pemoeda *kwamen ons huis binnen, maar ze waren aardig voor ons en er werd niet verkracht. Een van hen wilde zelfs met me trouwen! Ze gingen weg, maar we wisten dat de volgende groep misschien niet zo vriendelijk zou zijn, zodat ik de brandgang door rende en over de muur naar het ziekenhuis klom. Iemand schreeuwde tegen me dat ik moest stoppen, en ik zag dat het een Goerkha was. Ik vertelde hem dat ik naar de officieren wilde en hij liet me binnen, terwijl hij uitlegde dat ik dwars door het schootsveld van een mitrailleursnest was gelopen. Ze zeiden dat ze niets voor ons konden doen, ook al herkende ik één van hen als een Hollander in Brits uniform. Ik vroeg me af waarom hij ons niet wilde helpen. Ze stelden voor dat we naar het oude kamp Darmo zouden gaan om te proberen aan boord van een schip naar Singapore te komen.*

Vijftig van ons vatten moed en vonden onze weg naar kamp Darmo, vanwaar we in landingsvaartuigen naar torpedobootjagers werden gebracht. Toen we aan boord gingen, keken we om en zagen dat het landingsvaartuig voor onze ogen aan flarden werd geschoten. Mijn dysenterie was zo erg dat de scheepsarts me een pepermuntdrankje en twee grote pillen gaf. Ik nam één pil en stak de andere in mijn zak, en hij vroeg me waarom ik ze niet allebei nam. Ik legde uit dat ik dacht dat het beter was om wat medicijn voor morgen te bewaren. Hij lachte en zei dat er veel meer medicijnen waren, voor morgen en voor alle dagen erna. De kamptijd was eindelijk echt voorbij.

Holland en Australië

Nu de oorlog tegen Japan voorbij was, moesten de mensen wier leven door het conflict zo ingrijpend was verstoord de scherven bijeen beginnen te rapen. De situatie zou nooit meer hetzelfde zijn als ze was geweest en de eerste paar maanden vrede brachten de bevrijde gevangenen evenveel droefheid als vreugde. Lijsten van het Rode Kruis die in de kampen werden opgehangen vermeldden de namen van mannen die bij de Birma-spoorweg, in Changi en in Japan waren gestorven. Sommige huwelijken waren niet meer te redden, andere herenigingen gingen gepaard met veel mysteries en hartzeer. Eén op de vier Hollanders was in de kampen gestorven. Er werden ook lijsten opgehangen met namen van jongetjes die bij hun moeder waren weggehaald en in kampen waren gestorven. De vrouwen hadden elkaar nu nodig om elkaar te troosten.

Sommige kinderen hadden één ouder verloren, anderen beide ouders. In Struiswijk werd Oene van Oest tijdelijk gedetacheerd om voor enkelen van deze kinderen te zorgen en te proberen hen weer bij hun overlevende ouder te krijgen. Ze reisde vaak in een militair vliegtuig heen en weer tussen Jakarta en Bandoeng – reizen over land was te gevaarlijk – en slaagde erin veel kinderen naar hun familie terug te brengen. Hollanders en Goerkha's kwamen de nog op bevrijding wachtende vrouwen helpen met het zware werk, en kwamen toezicht houden op de Japanners, die nu gevangenen waren.

WIM, JOHN EN WILLY – Willy Zylstra herinnerde zich:

> *Het laatste werk dat we vóór het einde van de oorlog deden, was varkensvoer lossen uit grote vrachtauto's. We moesten het eruit halen en in de wachtlokalen opstapelen. Het schonk ons enige bevrediging om het nu Japanners onder Engelse supervisie te zien doen, maar we waren teleurgesteld toen we zagen dat de Engelsen hun haken hadden gegeven om de zakken omlaag te trekken. Wij moesten het met onze blote handen doen.*

Willy en Wim, die nu bijna negen was, namen op een dag de lijsten met overlevenden en hun verblijfplaats door, toen ze tot haar grote vreugde de naam van haar zoon John op de Bandoeng-lijst zag staan. Terwijl ze de mogelijkheid besprak om hem in Bandoeng te gaan halen, zei de ambtenaar tot haar ontsteltenis ineens: 'Ik heb nieuws voor u. Uw man, kapitein Zylstra, is juist met de eerste groep Australiërs uit Borneo in Jakarta aangekomen. Nadat hij na de Hollandse capitulatie in maart 1942 uit Timor was ontsnapt, nam hij dienst in het Australische leger en was hij betrokken bij gevechten van Australische troepen op Borneo.'

Ik vergat mijn zoon John en zei: 'Zeg me alstublieft waar mijn man is.' Ze zeiden dat hij in een hotel ergens in de buurt zat, en een dokter die op het bureau was zei dat hij me erheen zou brengen. Het hotel waar we heen gingen stond ogenschijnlijk leeg, hoewel ik er zeker van was dat ik een gordijn zag bewegen. Het was allemaal erg geheimzinnig. Ik riep: 'John Zylstra, ben je daar?' en er kwam een kolonel naar buiten die zei dat John zich in een kamp bij het vliegveld Tjililitan aan de rand van Jakarta bevond. 'Ik kan u er niet naar toe brengen,' zei hij, 'maar deze heer zal u zeker naar uw man brengen.' De arme dokter was voor het blok gezet en moest toegeven, maar zei dat hij eerst een geweer en wat munitie moest gaan halen, omdat we door een gebied moesten waar de Merdekers vochten. We kwamen er veilig aan en ik moest aan de poort naar kapitein Zylstra vragen. Ze lieten ons binnen en al gauw werd bekend dat er een vrouw in het kamp was, wat vanwege het gevaar streng verboden was. Er liep een bewaker met ons mee, en toen we bij het hoofdbureau waren aangekomen, kwam mijn man naar buiten en zei, toen hij me zag: 'Wat doet deze vrouw hier?'

'Meneer,' zei de bewaker, 'dit is uw echtgenote.'

Hij werd bleek en ik kon zien dat dit ongelooflijke nieuws hem van zijn stuk bracht, omdat hij tot niet meer in staat was dan mijn hand vastpakken en vervolgens de bewaker opdragen me naar de kantine te brengen, zeggend dat hij later ook zou komen.

'Ik zal moeten bekijken wat ik hieraan kan doen,' zei hij tegen de bewaker. 'Laat haar maar eens goed eten. Ze heeft het nodig.'

Ik voelde me zo klein en uitgeknepen. Het was afschuwelijk. Ik had het eten zeker nodig, zoals hij had gezegd. Hoewel ik nu 70 kilo weeg, woog ik er toen 50 en leed ik aan beriberi. Hij was niet alleen ontzet dat ik zo erbarmelijk mager was, maar ook over het feit dat hij me levend terugzag. Tot op dat moment had hij gedacht dat we allemaal dood waren. Toen de bom op het huis in Bandoeng was gevallen, waren we allemaal als dood opgegeven. Dat was het nieuws dat hij in 1942 in Sydney had gekregen.

In de kantine at ik een vol bord rijst met groenten en dronk ik een glas met iets dat ik voor thee hield, maar dat whisky bleek te zijn! Arme John. Niet alleen was zijn dode vrouw opgedoken, hij had haar niet eens herkend.

We reden samen terug naar Jakarta en toen we bij een overweg kwamen, waren de spoorbomen dicht omdat de revolutionairen een beroving ensceneerden. Hij zei dat ik geen Nederlands moest praten en we kwamen er veilig door, vermoedelijk omdat beide mannen een Australisch uniform droegen. Ze openden de bomen en gebaarden dat we door mochten rijden.

Ze reden naar Struiswijk, zodat hij zijn tweede zoon Wim kon ontmoeten, maar opnieuw was hij zo overstelpt door het zien van deze geestverschijning, het kind dat hij zo lang als dood had beschouwd, dat hij niet meer kon uitbrengen dan: 'Je moet naar de kapper.'

Zoals Wim het zich herinnert:

Hier had je die reusachtige man, felgeel van de malariatabletten, zijn middel omhangen met een gordel handgranaten, een Australisch uniform en een flambard dragend. Ik was doodsbang en zei: 'Hoe maakt u het, meneer.' Ik was erg mager en gewend het enige voorwerp van mijn moeders aandacht te zijn. Mijn vader was echt zo'n type dat van jagen, schieten en vissen houdt en besloot dat, omdat ik zo'n verwend moederskindje was, plagen de beste manier was om me te harden. Hij noemde me 'Spin' vanwege mijn lange, magere armen en benen, en ik schreeuwde zó en ging zó tekeer dat hij me buiten met mijn hoofd onder de koudwaterkraan hield.

Mijn broer was nog in Bandoeng in een mannenkamp en had totaal andere ervaringen dan ik tijdens de oorlog. Hij kwam er vloekend en goklustig uit vanwege de jaren die hij met de mannen had doorgebracht. Hij kon alleen worden vrijgelaten als hij door een ouder werd opgehaald, zodat hij na een paar weken door de sergeant van mijn vader werd gekaapt en naar Struiswijk werd gebracht. Hij was ongeveer dertien jaar en ongeschoold, maar hij rookte, speelde bridge en schaakte en was een geweldig gokker – al die mannelijke eigenschappen. We waren totaal andere mensen geworden. Hij was drieëneenhalf jaar lang omringd geweest door mannen, terwijl ik vrouwen om me heen had gehad.

In Hollandse gezinnen zeggen mensen jij tegen elkaar, maar mijn broer sprak mijn moeder altijd met u aan, omdat ze net een vreemde voor hem was, en ik deed hem na omdat hij ouder was. Toen we naar Holland gingen, lachten mensen ons er echt om uit.

Als gezin weer bij elkaar komen was voor de Zylstra's misschien moeilijker dan voor de meesten. John, die dacht dat hij weduwnaar was en die zonder gezin in Australië woonde, had zich met een Australische verloofd. Hoewel ze niet echt waren getrouwd, had hij haar tot begunstigde van zijn militaire salaris en pensioen gemaakt, voordat hij in 1945 uit Australië vertrok voor de aanval op Balikpapan.

Enkele jaren later ontmoetten we elkaar allemaal in Australië, en werden zij en mijn moeder goede vriendinnen. Ze trouwde later met een

Australiër en heeft zelf een zoon. Ze gaf het geld natuurlijk terug toen we in 1950 naar Australië kwamen, en het was een zegen voor ons omdat Soekarno onze rekening had bevroren en het enige geld dat we hadden het geld op de bankrekening van de vroegere verloofde was.

Het leven in een vrije wereld betekende een reeks schokken voor jongens zoals John en Wim. Wim had nooit naakte mannen gezien, wat dus een verrassing voor hem was, en John had nooit naakte vrouwen gezien, die niets nieuws waren voor zijn broer. John gelooft dat het op die kritieke leeftijd allemaal een diepgaand effect op hen en hun latere leven en ontwikkeling moet hebben gehad.

Het pas herenigde gezin kreeg huisvesting in Jakarta en de jongens gingen niet naar school, omdat door de stad reizen te gevaarlijk was. Kinderen van Hollandse en pro-Hollandse gezinnen werden soms door de woestere elementen van de oproerige strijdkrachten ontvoerd, en later met afgehakte armen en benen drijvend in de kanalen gevonden. Lugubere foto's van de slachtoffers werden in kranten afgedrukt en de kinderen Zylstra namen er gretig notitie van. Hun vader bezocht de huizen van Chinese families die door *tjing-tjang*, zoals de verminking werd genoemd, waren getroffen. De afgehakte ledematen werden heel vaak in putten gegooid.

John en ik liepen van ons huis naar een reusachtig open terrein, vele straten verderop, waar de Japanners duizenden auto's en vrachtwagens hadden achtergelaten, en we eigenden ons die toe. We hadden een heel wagenpark. Niemand scheen belang in ons te stellen en maandenlang speelden we maar wat met de auto's. Het was een fantastische tijd, die van september 1945 tot april 1946 duurde. Dit was de tijd waarin het oproer op zijn ergst was, maar er is ons nooit iets overkomen. Onze auto's en jeeps en trucks waren ons rijk en we deden er dag in dag uit de prachtigste spelletjes mee.

In april 1946, toen het hele gezin naar Australië werd gestuurd om tot rust te komen en op te knappen, kwam er een einde aan het Mad Max-paradijs van de jongens. Kapitein John had longontsteking en Willy leed nog aan kampziekten, zoals beriberi, trombose en vlekkerige littekens op haar benen.

Op weg naar Australië overnachtten ze in Koepang, Timor, en hier zag Wim voor het eerst groepen mannen douchen. 'Ho, ho,' dacht hij, 'wat zullen we nu hebben?'

Ze landden in Darwin en Katherine en overnachtten daarna in Cloncurry.

Het was net iets uit een wild-westfilm. We logeerden in een hotel met een emoe en een kangoeroe in de tuin, zodat we sindsdien natuurlijk een beeld van Australië hadden als een land dat wemelde van kangoeroes en emoes. De mannen daar in het binnenland vonden het verbazend om jonge jongens met wit haar, zoals wij, te zien die geen Engels kenden, en ze noemden ons allebei Sneeuw en kochten flesjes limonade voor ons. We leerden veel Engelse woorden van hen. In de eetzaal zette onze vader ons aan een aparte tafel, zodat we ons eigen eten moesten bestellen en Engels moesten leren. We bestelden soep, omdat dat hetzelfde woord was als in het Nederlands, en gelatinepudding en roomijs door ernaar te wijzen en te kijken.

Alle woorden die de jongens van de mannen in Cloncurry leerden werden door hun vader volstrekt verboden.

Ze gingen eerst naar Wacol, in de buurt van Brisbane, en daarna naar de Dandenongs, in de buurt van Melbourne. Het geluid van hun eerste kookaburra's was angstaanjagend voor de jongens, die dachten dat een paar gekken achter de bomen hen om hun slechte Engels uitlachten.

Ze meldden zich aan op een school met één onderwijzer, die acht klassen onder zijn hoede had. Wim zegt:

Het was er een chaos. Alle kinderen hadden te horen gekregen dat er twee arme Hollandse jongetjes zouden komen, die in een gevangenkamp hadden gezeten, en in het speelkwartier dromden ze allemaal om ons heen. De enige woorden die we konden gebruiken waren 'soup', 'jelly' en 'icecream', en 'yes' en 'no', en toen een van hen zei: 'Do you like the Japanese?', zeiden we dus 'yes'. We zagen hun ontzette blikken en wisten dat we het foute antwoord hadden gegeven, zodat we zeiden: 'No, no, no.' Het was een vreemde ervaring voor ons, tot we meer Engels leerden. Het was voortdurend vallen en opstaan.

Toen hun gezondheid hersteld was, keerde het gezin met de *Abel Tasman* naar Holland terug, maar het was een moeilijke tijd aan boord, omdat Australische en Hollandse zeelui en dokwerkers ter ondersteuning van de Indonesische onafhankelijkheidsbeweging in staking waren. De kinderen wisten hier niets van, alleen dat ze allerlei karweitjes moesten doen, zoals de toiletten en dekken schoonmaken. Omdat ze gevangeniservaring hadden, ontdekten ze al snel hoe ze zo weinig mogelijk konden werken en toch hun volle loon konden krijgen.

Ze woonden bij verwanten in Den Haag, die moesten lachen om hun koloniale accent en om het feit dat ze de plaatselijke dialecten niet verstonden. Er waren speciale scholen voor ex-gevangeniskinderen, maar het gezin kon er niet goed wennen. Het klimaat was hard en de omgangsvormen te benauwend, met bekrompen zienswijzen en een drukke manier van leven, zodat ze naar Indonesië terugkeerden en een poos in Semarang woonden. Opnieuw werd het leven te moeilijk onder de sinds kort onafhankelijke regering. Een schoolvriend van de jongens werd op zijn eigen veranda doodgeschoten en zijn zus verwond, inbraak kwam algemeen voor, alle ramen en deuren moesten dag en nacht met luiken worden gesloten en op het nachtslot, en de openbare orde leek te zijn ingestort. Ze lieten glasscherven op hun muren metselen en staken in vuur geharde, aangepunte bamboestokjes in hun grasperken om insluipers te betrappen.

Wim herinnert zich:

> *Vaak gingen we 's morgens naar buiten en bleek er bloed van een gestoorde indringer aan de stokjes te zitten. Mijn vader bracht een booby-trap aan om elke indringer te betrappen die aan de glasscherven en puntige stokjes was ontsnapt, en over de muur was geklommen die de voorkant van het huis van de achterkant scheidde. Hij installeerde een dun koord, door de luiken geregen en vastgebonden aan de haan van een geweer dat bij de geringste ruk zou afgaan en degene die het huis bereikte zou doden. Het was allemaal heel angstaanjagend. We leefden drie maanden op die manier, waarna mijn vader ontslag nam uit het leger en we voorgoed naar Australië verhuisden.*

John Zylstra sympathiseerde niet met de Nederlandse regering en haar verzet tegen de onvermijdelijkheid van Indonesische onafhankelijkheid. Hij nam ontslag als officier en ging, omdat hij geen geld of bezittingen had, als boerenarbeider werken op verscheidene schapen- en veeboerderijen in de Riverina, waar hij nu degene was die moest gehoorzamen. Een grote verandering ten opzichte van zijn vorige beroep, waarin hij degene was die voortdurend bevelen gaf! Ook de jonge John werkte en Wim deed schriftelijke cursussen en ging later naar een school in Wagga, waar hij bij een plaatselijk gezin in de kost was. Er werd hem op het hart gedrukt dat hij een studiebeurs moest zien te krijgen, omdat zijn ouders hem geen financiële hulp konden bieden. Ze hadden door harde en bittere ervaring allemaal geleerd dat materiële zaken, zoals huizen, meubels en spaargeld, zomaar ineens kunnen verdwijnen, maar dat onderwijs een onvervreemdbaar en blijvend bezit is. Hun ouders kochten ten slotte hun eigen boerderij en de jongens leerden een goed vak – Wim werd dokter. Ze kregen nog een zoontje dat, omdat het in Australië was geboren, de verbindende schakel werd die hen met alle leed en pijn uit het verleden verzoende.

VESTIGING – Wanda Hanning, die zes jaar was toen ze met haar vijf broers en zussen in kamp Chaulang belandde, zag hoe haar moeder door de Japanners werd geslagen. Ze herinnert zich niet waarom en haat hen sindsdien.

Hoewel ze in Indonesië is geboren, voelt ze zich er niet thuis. Ze zegt dat ze zich ook in Holland en Australië niet thuis voelt. Ze heeft het kamp nooit achter zich kunnen laten – haar geest is er blijven hangen.

Toen het gezin in 1950 naar Holland terugging, was ze vijftien jaar en werd ze op school ongenadig geplaagd, en elke keer dat ze verscheen beschimpt met 'Pinda, pinda! Lekka, lekka!' ('pinda's, lekker, lekker' of, eigenlijk, 'hé, hé, pinda-eter!'). Ze had donker haar en donkere ogen die contrasteerden met de blonde, blauwogige Hollanders.

Je moest tien jaar zonder onderbreking in Holland wonen, voordat je de 7000 gulden schadeloosstelling kon krijgen. Als je in een ander land ging wonen, onderbrak je de periode en kon je geen aanspraak maken. De Hollanders waren vóór de oorlog echt jaloers op de Indische Nederlanders, maar toen we na de onafhankelijkheidsoorlog verschenen, waren we alles kwijt. Niet alleen onze huizen en bezittingen, maar ook onze kleren. Ze zeiden: 'Moet je die madammen zien die hier komen om ons te vragen hen te helpen. Wij hebben de Duitsers gehad – zorg maar voor jezelf.'

Toen mijn familie de regering om hulp vroeg, werd hun verteld dat het misschien beter zou zijn als ze naar Zuid-Afrika, Nieuw-Guinea of Australië emigreerden. Ze volgden deze raad op en gingen naar Australië, waar ze vervolgens merkten dat elke vorm van bijstand door de Hollandse regering automatisch ophield. Ze werden niet gewaarschuwd voor het grote aantal oplichters dat destijds in Sydney actief was en werden meermalen afgezet met sleutelgeld.

Toen de vrouwen zich in Australië hadden gevestigd, hadden ze geen gelegenheid meer om over hun ervaringen in de kampen te praten. Ze waren getrouwd, hadden kinderen, waren geëmigreerd naar een nieuw land en hadden zich er genesteld. Mannen hadden in clubs en op Anzac (Australian and New-Zealand Army Corps) Day meer tijd om bij elkaar te komen en over vroeger te praten, maar de vrouwen hadden die mogelijkheden niet. In de kampen dachten ze dat de wereld fantastisch zou zijn wanneer ze eruit kwamen, maar voor de meesten liep het op een teleurstelling uit. In Holland wilde niemand horen wat hun was overkomen, zodat ze er hun mond over hielden.

We moesten gewoon verder met ons leven en de verloren tijd inhalen. Maar de mannen kregen het te verduren op hun werk als ze geen goed Engels spraken, omdat Australiërs er in die tijd niet aan gewend waren om vreemde accenten te horen. Ze wisten niet wat ze met mensen uit andere landen aan moesten.

De moeder en grootmoeder van Ettie Haarman-van der Leeuw waren allebei in de kampen gestorven, en Ettie bleef alleen met haar zus achter. In een onverwacht vriendelijk gebaar stonden de Japanners haar broer toe zijn kamp te verlaten en samen met haar het graf te bezoeken. Hij mocht overblijven en beloofde geen poging te doen om te ontsnappen, maar Ettie was

Ettie Haarman-van der Leeuw, gefotografeerd met een vriendin in Indonesië vóór de oorlog, en in 1952, nadat ze met haar gezin naar Australië was geëmigreerd.

geschokt toen ze hem zag omdat hij er zo mager en afgetobd uitzag. Aan het einde van de oorlog vloog ze met haar zus naar Balikpapan, waar ze allebei hun vriend zouden ontmoeten, en moesten ze door de bommenluiken van de oude bommenwerper uitstappen. De mannen, in hoopvolle verwachting, zeiden toen ze eerst de benen naar buiten zagen komen: 'Nee, dat is Ettie niet. De benen zijn te dik. Nee, die zijn te dun. Misschien de volgende.'

Iedereen was geschokt dat we naar Balikpapan gingen, waar er voor elke vrouw honderd mannen waren. We hadden echter veel plezier, er waren altijd feestjes. Ik trouwde er en kreeg mijn eerste baby in een tent, de enige accommodatie die er was.

Net als Wanda hadden Marie van Buren-Kluyt en Ettie en Tietie de Haas allemaal problemen met de taal toen ze in Australië arriveerden. Hoewel ze goed Engels konden lezen en schrijven, vielen ze met hun uitspraak door de mand.

Etties echtgenoot meende dat iedereen Mike heette. Overal waar hij kwam hoorde hij mensen zeggen 'G'day Mike' – zo klonk 'G'day mate' voor hem althans. Bij het kaarten werd er gebulderd van het lachen wanneer ze het over 'arse of spades' (schoppen-'aars') in plaats van 'ace of spades' hadden.

Niet alle Australiërs waren onaardig. Een gezin kreeg sleutelgeld toen het tot zijn verslagenheid ontdekte dat het de contanten niet had om deze onvoorziene post te betalen. Een ander gezin had problemen met de huur en Aussies vertelden hun hoe ze hulp konden krijgen bij de Huuradviescommissie. Op het werk werden ze echter allemaal 'koffieboon' genoemd, waardoor ze zich diep beledigd voelden, zonder te weten wat het betekende, maar er niet aan twijfelend dat het spottend bedoeld was.

Marietta van Bergen heeft er altijd verbaasd over gestaan dat er nooit iets werd gedaan voor de moeders die in de kampen geïnterneerd waren.

Het lijkt me dat de meesten van hen nu dood zijn, in veel gevallen als gevolg van hun kampervaringen. Al die tijd geen woord van de achtereenvolgende Hollandse regeringen, afgezien van gepraat over smartegeld.

Sylvia, die verpleegwerk had gedaan in kamp Lampersarie, kwam direct na de oorlog met het hospitaalschip *Abel Tasman* naar Australië.

Onze eerste aanloophaven was Perth, en toen we aan land gingen gaven alle winkels ons al het voedsel dat we wilden zonder dat we ervoor hoefden te betalen. Ook gaven ze ons eten voor onderweg mee, en ik ging met een kip en een zak druiven terug naar het schip. Ik zal het nooit vergeten. Natuurlijk waren we naderhand allemaal ziek omdat we te veel hadden gegeten. In Sydney kreeg ik 90 pond sterling en ging ik met mijn zieke patiënten naar het ziekenhuis van Sydney. Ik herinner me dat ik met mijn geld naar David Jones ging en een jurk, een jasje, een koffer, een duster, wat ondergoed en een leuke blouse kocht. Van Sydney ging ik naar kamp Columbia in Brisbane, dat later Wacol werd genoemd. Ik werkte daar in het hospitaal en kreeg uniformen en dekens en jassen. Later was ik verbonden aan het achttiende eskadron. De officieren kwamen altijd naar ons hospitaal in New Farm Park en daar leerde ik mijn echtgenoot kennen. We wilden hier wonen, zodat ik mijn diploma verpleegkunde kon halen en mijn man kon afstuderen, maar we gingen wegens familieomstandigheden terug naar Holland.

Truus en Herman de Vos hadden elkaar nog niet leren kennen, maar beiden hadden het verlies van hun moeder en de vreselijke, duistere kamptijd overleefd. Het verhaal van de marteling van mevr. Kieboom laat Truus tot op de dag van vandaag nog steeds niet los. De moeder van Truus was niet gestorven, maar raakte dement, hoewel het nog een jonge vrouw van in de veertig was. Truus nam de verantwoordelijkheid voor het gezin op zich en moest, toen ze in 1947 weer in Holland kwamen, de vijf schooljaren die ze had verspeeld inhalen. Zij en Herman kwamen elkaar op een feestje tegen en werden ter plekke verliefd. Hermans vader was in 1947 met zijn zoons teruggegaan naar Holland, en toen Herman klaar was met zijn studie besloot hij naar Australië te emigreren en Truus later te laten overkomen, wanneer hij eenmaal op orde was.

In 1952 ging hij naar Sydney en werd ondergebracht in kamp Bonegilla, dat hij na de andere kampen die hij had meegemaakt heel plezierig vond, hoewel velen van de andere migranten vaak klaagden. Hij meende dat Australië misschien niet voorbereid was op de komst van zoveel mensen en dat er te veel migranten tegelijk waren.

Hij reageerde op een advertentie voor een baan in Theresa Park bij Camden in Nieuw-Zuid-Wales. De boer nam hem op en zei: 'Kun je een tractor rijden?'

'Ik had al geleerd dat je een paar leugens moest vertellen, omdat je anders nooit een baan zou krijgen, en ik besloot dus een fikse leugen te vertellen en zei dat ik een bulldozer kon rijden.'

'Goed,' zei hij. 'Als je een bulldozer kunt rijden, dan red je het wel met een tractor. Je bent aangenomen.'

'Hij had me de eerste paar weken nog niet nodig en gaf me dus een lift naar de poort.'

Hij deelde een kamer met enkele Hollandse arbeiders, liet zich op de hoogte stellen hoe hij tractor moest rijden, nam de baan ten slotte en liet Truus overkomen. Er moesten echter moeilijkheden worden overwonnen voordat ze toestemming kreeg om af te reizen. Omdat haar vader uit Suriname kwam, probeerden de Australische immigratie-autoriteiten haar komst tegen te houden op grond van regels van de Blank Australië-politiek. Na veel vertraging voor het jonge stel werd permissie gegeven op voorwaarde dat het huwelijk binnen veertien dagen na haar aankomst in Australië zou plaatsvinden.

We moesten een borgsom van 100 pond sterling betalen als waarborg dat we binnen twee weken na mijn aankomst zouden trouwen, zodat er voor mij geen weg terug was. Honderd pond was veel geld in die tijd, toen Herman maar vijf pond per week verdiende. In de trein stappen en dan dit grote, lege land in rijden was echt een geweldig avontuur. Er zat een heel oude dame dicht bij me die op een of andere manier vergat om op haar station uit te stappen en, geloof me of niet, de trein rangeerde achteruit om haar te laten uitstappen! Ik had het gevoel in een film over het Wilde Westen te zitten. Ons huwelijk werd door een Hollandse dominee in een mooi kerkje in Camden voltrokken.

De kerk zat vol, omdat de dominee zijn gemeente had medegedeeld dat de Hollandse mensen die op het punt stonden te gaan trouwen geen familie hadden in dit land. Op de bruiloft deed zich één onregelmatigheid voor, die destijds gelukkig door niemand werd opgemerkt. In Holland is het de gewoonte om bij een huwelijksplechtigheid met de schaal rond te gaan, hoewel dat in Australië niet gebruikelijk is. Omdat de rijke boeren het gebruik nog niet eerder hadden meegemaakt, meenden ze allemaal dat de schaal rondging om geld in te zamelen als huwelijksgeschenk voor het bruidspaar en legden ze er vele pondbiljetten in. Het geld was echter voor de dominee bestemd! De kerk zat zo vol dat er zelfs mensen moesten staan, en hij had zo'n overvloedige opbrengst nog nooit meegemaakt. Truus hoorde het verhaal van de collecteschaal pas enkele jaren geleden.

Truus had in Holland Engels geleerd, maar herinnert zich dat ze niet wist hoe ze het had met sommige van de Engelse woorden die in haar nieuwe land werden gebruikt. De boerin zei bij haar aankomst tegen haar: 'Ik zal je de geitjes later laten zien, als ze thuiskomen van school (kids = kinderen/jonge geiten).'

Geitjes op school! Het werd allemaal steeds eigenaardiger. Ze leidden een echt Australisch plattelandsleven, met een houtkachel en petroleumlampen, en kregen na het droevige verlies van hun eerste kind, een dochtertje, twee zoons en nog een dochter. Terwijl Herman op verschillende plaatsen als bankwerker en draaier werkte, woonden ze nu eens in Zuid-Australië, dan weer in Nieuw-Zuid-Wales, tot Herman uiteindelijk werd uitgeschakeld door een pijnlijke heupoperatie, die nog voortvloeide uit de misère die hij in zijn kinderjaren in de kampen had meegemaakt. Herman stopte met werken en ze verhuisden naar Nambucca Heads, maar een buurman die een in heupaandoeningen gespecialiseerde arts was, zei dat hij de heup kon genezen. Herman was weldra weer aan het werk en hij en Truus keerden terug naar Sydney.

~

Johanna's verjaardag op 8 augustus 1945 was onvergetelijk. 's Morgens hoorde ze dat er vrede was gesloten en 's middags kreeg ze een pakket van het Rode Kruis.

Er gebeurde verder niets, tot twee maanden later de Goerkha's arriveerden en aan de vrouwen vroegen of ze briefjes wilden sturen naar elke plek waar ze meenden dat hun echtgenoot zou kunnen zijn. Johanna probeerde Singapore en Sumatra. Ze ging elke dag naar het Rode-Kruisbureau om te kijken of er iets was, en op een dag hing er een berichtje – van Van Anholt!

Ik danste en danste omdat ik hem had gevonden. Ik wist niet dat hij nog in leven was.

Ze keerden naar Holland terug, waar ze niet prettig werden ontvangen, omdat de Hollanders afgunstig waren op hun extra voedselbonnen. In 1950 emigreerden ze naar Australië omdat het zo'n prachtig oord leek.

Ze staken met hun drie kinderen op eigen kosten over en kwamen met 50 pond sterling aan. Van Anholt kreeg een baan in een migrantenpension in Melbourne en besloot een boerderij te kopen toen ze er de financiën voor hadden. Ze wisten geen van beiden iets van dieren, maar ze waren een gelukkig en enthousiast gezin. De boerderij lag in de buurt van Wilson's Promontory en Anna leerde koeien melken, lammetjes castreren en schapen scheren.

Maar genoeg! Mijn mooie moestuin werd door een paard naar binnen geschrokt en ik moest elke dag wel een slang doodslaan. We hadden nu vier kinderen en geen geld, zodat mijn man de boerderij opgaf en boekhouder werd. Maar ik vind het hier fijn. Ik ben een echte Aussie en hetzelfde geldt voor al mijn kinderen.

~

Nell Messemaeckers-van der Graaff, wier eigen verhaal over haar overleving van de kampen met vier kleine kinderen bijzonder ontroerend is verteld in haar boek *We Survived*, had een ervaring waaruit blijkt hoe diep de wonden zijn die deze belevenissen uit de oorlogstijd in de psyche van de overlevenden hebben achtergelaten.

Ze kreeg bezoek van een man die als heel klein kind in Tjideng had gezeten en wiens moeder sindsdien was gestorven. Nell had de vrouw in het kamp gekend. Na jaren onwillig te zijn geweest om erover te praten, was de vrouw net begonnen haar kampverhaal tegen haar inmiddels volwassen zoon te vertellen, toen ze bij een auto-ongeluk om het leven kwam. Hij was door haar plotselinge dood in een leemte terechtgekomen en had zijn gevoel van verlies pas kunnen overwinnen toen hij Nells boek las, waarna hij haar persoonlijk opzocht. In tranen sloeg hij zijn armen om haar heen en zei: 'Dit is echt geweldige therapie voor me geweest. Nu heb ik vrede met mezelf.'

Na dit bezoek leidde een reeks toevallige en schijnbaar losstaande ontmoetingen tot een telefoontje van ene John Zwart, die als krijgsgevangene in Pakan Baroe, Sumatra, aan de spoorweg had gewerkt. Deze oerwoudspoorweg was het toneel van evenveel leed als krijgsgevangenen in Birma hadden ervaren, maar veel minder bekend. Nells broer had er gewerkt en was er gestorven, maar verdere bijzonderheden waren er niet. De familie wist niet eens waar hij begraven lag. Ze vroeg John of hij Jan Broers kende en hij antwoordde:

> *'Hij was een van mijn beste vrienden. Ik ben meer dan twee jaar met hem samen geweest en ik was bij hem toen hij stierf. We hebben hem op een kleine begraafplaats buiten het kamp begraven.'*

Nell zegt:

> *Jans vrouw was twee jaar tevoren gestorven, zodat ik mijn nichten schreef en ze eindelijk gemoedsrust hadden over het overlijden van hun vader. We kunnen dit eigenlijk geen samenloop van omstandigheden noemen en ik moet erkennen dat hier sprake is van een zeer subtiele vorm van leiding.*

Naschrift

Hoewel ik het op dat moment niet besefte, hield ik deze verhalen in gedachten vast, nog niet in staat ze op papier te zetten. Toen ik terugging naar Sydney, merkte een bevriende psycholoog die zich met stressproblematiek bezighoudt mijn gespannen manier van doen op. Peilende vragen brachten aan het licht dat mijn slapeloosheid, hoofdpijn, warrig denken, en het gevoel dat er mieren onder mijn huid krioelden, een toestand was die dringend behandeld moest worden.

Mijn vriend stelde vast dat hij hoogstwaarschijnlijk verband hield met alle verhalen die op me af waren gekomen, waarvan er sommige voor het eerst sinds 45 jaar het daglicht zagen. Veel vrouwen vertelden me dat ik de eerste was die ooit naar hen had willen luisteren, en dat zelfs hun familie de verhalen die ze me hadden verteld niet kende. Voordat ik verder kon, moest ik mezelf dus ontgiften. Ik kreeg het advies me in verbinding te stellen met de afdeling marteling en trauma's van Liverpool Hospital in Sydney. Het feit dat zo'n afdeling bestond was een verrassing voor me. Hoeveel mensen zijn er, die gebukt gaan onder ervaringen uit het verleden?

Literatuurlijst

Bartlett A G, *A Garden Continuum*, Amerasian Ltd, Singapore, 1974.
Bergamini D, *Japan's Imperial Conspiracy*, Heinemann, Londen, 1971.
Brackman A, *The Other Nuremburg*, Collins, UK, 1989.
Braddon R, *The Other Hundred Years War*, Collins, Londen, 1983.
Caldwell M, *Indonesia: An Alternative History*, Ernest Utrecht, APCL, Sydney, 1979.
Chapman I, *Tokyo Calling: The Charles Cousens Case*, Hale & Iremonger, Sydney, 1990.
Cramwinckel O, *The Netherlands and Australia*, Amsterdam, 1988.
Deibler Rose D, *Evidence Not Seen*, Harper and Row, 1988.
Edward H, *Port of Pearls*, Rigby, Adelaide, 1983.
Fairchild D, *Garden Islands of the Great East*, Charles Scribner, New York, 1944.
Fenton Huie S, *And the Second Prize Is: Across Australia By Bus*, William Collins, 1989.
Graaff N van der, *We Survived: A Mother's Story of Japanese Captivity*, UQP, St. Lucia, 1989.
Hall, D G E, *A History of S E Asia*, Macmillan, Londen, 1981.
Hennekeler F van, *Gentle Heroes*, Hennekeler M & H van, Bundaberg, 1990.
Hobma T Y, *Bandjir*, Glastra, Lunet Naarden, Amsterdam.
Holledge J, *Bushido*, Horowitz, Melbourne, 1963.
Jeffrey B, *White Coolies*, Angus & Robertson, 1954.
Kenny C, *Captives: Australian Army Nurses in Japanese Prison Camps*, UQP, St. Lucia, 1989.
Kuniyasu S, *The Indonesia Trial 1946*, Red. Shijitsu k, senso saiban Ran-In Hotei, Tokio, 1968.
Lewis J R, *The Uncertain Judgment: A Bibliography of War Crimes Trials*, ABC-Clio.Inc., Santa Barbara, Cal, VS, 1979.
Lockhart R H, *Return to Malaysia*, Putnam, Londen, 1936.
Malla B A, *The Double Tenth Trial*, Malayan Law Journal Office, Singapore, 1946.
Manning P, *Hirohito: The War Years*, Bantam, VS, 1986.
McDonald H, *Suharto's Indonesia*, Fontana, 1980.
Moffitt A, *Project Kingfisher: Midnight in Borneo*, Collins/Angus & Robertson, Sydney, 1989.
Piccagallo, *The Japanese Trials*, University of Texas, 1979.

Post L van der, *The Seed and the Sower*, Hogarth Press, 1970.
Post L van der, *Night of the New Moon*, Hogarth Press, 1970.
Post L van der, *Yet Being Someone Other*, Hogarth Press, 1982.
Prefer W, *Dutch Administration in the Netherlands Indies*, F W Cheshire, Melbourne, 1944.
Queensland POWS Committee, *Nippon Very Sorry: Many Men Must Die*, Boolarong Publications, Brisbane, 1990.
Reid Banks L, *Casualties*, St. Martins Press, New York, 1986.
Scidmore E R, *Java: the Garden of the East*, The Century Co, New York, 1912.
Simons J E, *While History Passed*, Heinemann, 1986.
Slattery R, *Samurai: The Sword of Horror*, Horowitz, Sydney, 1962.
Smith, brigadier, the Right Honourable Sir John, baronet, V C, M C, *The Will to Live*, Cassell, Londen, 1970.
Smits J A, *Herinneringen/Memories*, L E Aberdeen, Gailes, Qld, 1990.
Sohn, Pow-Key, *The History of Korea*, UNESCO, Seoul, Korea, 1970.
Sugamo H I, *Senpan Saiban No Jisso*, Maki Shobo, Fuji: Shuppan, Tokio, 1986.
Takashi N, *Crosses and Tigers*, Allied Printers, The Post Publishing Co, Bangkok, 1990.
Toland, *But Not in Shame*, Panther, Londen, 1964.
Tuchman B, *The Guns of August*, Macmillan, Londen, 1962.
Velden Dr D van, *The Japanese Internment Camps During the Second World War*, uitgeverij Wever BV, Franeker, 1963.
Warner L & Sandilands J, *Women Beyond the Wire*, Michael Joseph, 1982.
Williams B, *Blood Oath*, Collins/Angus & Robertson, 1990.
Zainu'ddin A, *A Short History of Indonesia*, Prager, New York, 1970.

Noten

VÓÓR DE TWEEDE WERELDOORLOG

De Heeren Zeventien, naar wie op bladzijde 15 wordt verwezen, vormden de Raad van Beheer van de V.O.C. (Vereenigde Oostindische Compagnie). Deze was opgericht om overheersing van de V.O.C. door Amsterdam, dat over vijftig procent van de stemmen beschikte, te voorkomen. De compagnie was een politieke en maritieme macht die voor bescherming een beroep kon doen op de vloot van de Republiek.

De informatie in de derde alinea van bladzijde 16 is ontleend aan *A Garden Continuum*, van A.G. Bartlett, blz. 110.

De informatie in de laatste alinea van bladzijde 16 is ontleend aan *A Short History of Indonesia*, van Ailsa Zainu'ddin.

IN DE KAMPEN

Het citaat op bladzijde 34 is afkomstig uit *Gentle Heroes*, van Frank van Hennekeler.

De verwijzing naar gebeurtenissen aan het einde van de oorlog, op bladzijde 63-64, strookt met de bevelen van Soetan Sjahrir, toen de revolutionaire Pemoeda's zich uit de stad hadden teruggetrokken en zich daarbuiten hadden gegroepeerd. De bedreiging van de veiligheid van vrouwen en kinderen werd nu minder. Operation Pounce, van 27 december 1945 tot 4 januari 1946, was een zuiveringsactie. Tineke Zulver, wier waarnemingen hier zijn gerapporteerd, werkte voor de 'zuiveringscampagne'. Over de gebeurtenissen werd in de pers bericht door Berkenvelder, een Hollandse verslaggever.

Asahi Shimbun, waarnaar op bladzijde 65 wordt verwezen, is een bekende Japanse krant. Het artikel dat Masa Kawai voor *Asahi Shimbun* schreef had als titel 'Shikeishu' ('Veroordeelde misdadigers'). Het werd oorspronkelijk in 1952 gepubliceerd door Sugamo Homu Ilnaki. Later werd het herdrukt in *The Real State of Affairs of Judgement of Political Prisoners*, onder redactie van Sugamo Homu Ilnaki.

Masa Kawai moest zijn rechtbankverslagen uit Java smokkelen, omdat de Hollanders ze wilden censureren. Ze werden vervolgens opnieuw geredigeerd om ze een gunstiger aanzien te geven voor de staf van generaal Macarthur in Tokio.

In zijn ongecensureerde artikel schreef Masa Kawai dat de vonnissen voor oorlogsmisdaden gerechtelijke vergelding waren omdat: ze de doodstraf uitspraken zonder verweer toe te staan; de processen in het Hollands werden gevoerd; gevangenen alleen met 'ja' of 'nee' mochten antwoorden en ze, als ze aanvullende verklaringen probeerden te geven, met onmiddellijke executie werden bedreigd; zieke Japanse gevangenen medicijnen werd onthouden; de rechter gedaagden en hun advocaten beschimpte; en plaatselijke kranten het proces sensationeel voorstelden en kapitein Sonei als 'De duivel van Tjideng' aanduidden.

Het citaat op bladzijde 108 en de informatie over het sterftecijfer in Halmahera zijn afkomstig uit *The Japanese Internment Camps During the Second World War*, van dr. D. van Velden, blz. 517.

De informatie in de tweede alinea op bladzijde 119 is ontleend aan *A Short History of Indonesia*, van Ailsa Zainu'ddin, blz. 211.

DE OORLOG EINDIGT

Informatie over het opnieuw innemen van Indonesië door de Britten op bladzijde 190 is afkomstig uit *A Short History of Indonesia*, van Ailsa Zainu'ddin, blz. 224. De Hollanders waren verbolgen over de Britse mening dat Hollandse troepen niet mochten deelnemen aan de eerste geallieerde landingen omdat Indonesische vijandigheid de evacuatie van krijgsgevangenen in gevaar zou kunnen brengen. De Britse troepen bestonden voornamelijk uit Indiase soldaten en India protesteerde omdat het geloofde dat ze werden gebruikt om kolonialisme in een Aziatisch broederland te herstellen.

Personen die een bijdrage aan dit boek hebben geleverd

Els Abbas, Anneke, Miep B., Janny Belzer-van Donselaar, Ank Berg-van Vliet, Betty Berghuis, mevr. M.C.C. Boeren-Lambert, Catharina Paulina Philippina Boin-van Huizen, Connie Broekman Wessendorp, Louise Calvert-Veenman, Yoke Case-Klinkhamer, Martin (Coopmans), mevr. H. Coté, Elsie David, Rie de Beer, Ria de Haas, Tietie de Haas, Lily de Neve-Staverman, Herman de Vos, Truus de Vos, Rie de Zwart, Adé Dekker, Riet Dekker-de Roder, Darlene Deibler, Elly Dijkstra, Wilma Ebbers, Tine Esser, Anna Groeneveld-Bausch, Hendrika (Ettie) Haarman-van der Leeuw, Wanda Hanning (Mieke Dieters): opgedragen aan mijn moeder Phien Dieters zonder wier krachtige steun onze familie nu niet op deze wereld zou zijn, Vera Harms-Radó, Wally Harrison (Stegman), Essie Hartman, mevr. N.J. Hartwig-van Werkum, Elly Herrewijn-Raidt, Hadwige (Heidi) Hlawatsch, Marie Hoogenboom, C. Huig, Sylvia Kampman, Zus Keuchenius, Betty Kickhefer, Mieke Klinkhamer, Mary Kluyt, Annie Kool-Innemee, Betty Landzaad, Lineke Laurense, Ina Leenaars, Sophia LeFaucheur (Fiep van As), Kees Lodewijks, Loes, Betty M., Margaretha Marcus, Yvonne Mecherez, Nell Messemaeckers-van der Graaff, Marijke Micola von Fürstenrecht, Tonny Moller, Edith Muysken-Kingma, N., Juul Paasse, Anne Marie Blomberg-Peelen, Amy Plante, Greet Plink-Jongkind, Elizabeth Powell geb. Emmink, Nan Reedijk-Pelser, Freddy Rogan (geb. Raesfeldt), Catherine Rouhard, Rita S., Jean Sande, Inez Scheltema de Heere-Fock, Marjorie Sirks, Thea Sloane-van der Meer, Noortje Smit, mevr. Truus Smits-Spruit, Trees (Terry) Stannard-Loyen, Willy Swart, Augusta Swart, Daya Teding van Berkhout, Eve ten Brummelaar-Loos, Pamela Thane, Thea, Bino Todd, Trudy Toonen, Francisca Valkenburg, Mary Valois, Johanna van Anholt, Marietta van Bergen, Coby van de Spreng, G.M. van der Griend-Visser, Ingeborg van Epenhuysen-Tuckermann, Marga van Gennip, Lyde van Hennekeler, Anneke van Kammen, Mathilde van Leewin, Bien van Kammen, Oene van Oest, Tilly van Schuylenburch, Joeke van Vlaardingen, Miep Verbeek, Sophie Walker, Helga Weiss, Freddy Wiebenga, Riet Willems-Sprengers, Gus Winckel, Yvonne Winckel, Henny Wolters-Haagedoorn, Mieke Vink, Yo-Yo, Wim Zylstra, Willy Zylstra, Jan Zylstra, Penelope Zylstra-Dadswell.

Register personen

Register kampen